U0100858

医学史简编

The Concise Edition of Medicine History

陈小卡 ◎ 编著

中山大學出版社
SUN YAT-SEN UNIVERSITY PRESS

·广州·

图书在版编目（CIP）数据

医学史简编/陈小卡编著.—广州：中山大学出版社，2022.6
ISBN 978 - 7 - 306 - 07395 - 2

Ⅰ.①医…　Ⅱ.①陈…　Ⅲ.①医学史—世界　Ⅳ.①R - 091

中国版本图书馆 CIP 数据核字（2022）第 018770 号

YIXUESHI JIANBIAN

出 版 人：王天琪
策划编辑：杨文泉
责任编辑：杨文泉
封面设计：林绵华
责任校对：谢贞静
责任技编：靳晓虹
出版发行：中山大学出版社
电　　话：编辑部 020 - 84110283，84113349，84111997，84110779，84110776
　　　　　发行部 020 - 84111998，84111981，84111160
地　　址：广州市新港西路 135 号
邮　　编：510275　传　　真：020 - 84036565
网　　址：http://www.zsup.com.cn　E-mail：zdcbs@mail.sysu.edu.cn
印 刷 者：广州市友盛彩印有限公司
规　　格：787mm×1092mm　1/16　15 印张　353 千字
版次印次：2022 年 6 月第 1 版　2022 年 6 月第 1 次印刷
定　　价：98.00 元

前　言

本书从医学史的视角，以概要的方式，展现医学从起源到现代的历史，分为古代编、近代编和现代编三部分。本书以多方位视野，观察医学演进的曲折进程，尝试探寻医学发展的基本特征与共性特点，并试比较在各异的社会背景与文化传统下医学体系的演进轨迹，了解各地域医学的相互关系或影响。全书按历史时序分述医学各阶段的发展，呈现各时期医学发展的特点，试探寻不同时期社会形态、经济水平、历史文化和宗教传统对当时医学的影响；同时，亦探讨医学各发展时期的相互联系或彼此影响。书中概略地述及医学体系中的基础研究与理论、诊治方法、辅助手段、医事医政管理体制、公共卫生及防疫机制、教育方式等各个方面，展现不同医学学科的发展变化与分合延续。希冀读者能在医学史的流变中，观来瞩往，览史知变。

目　　录

▶▶▶▶▶▶ 现代编 ▶▶▶▶▶▶

绪　　论

医学史是一门反映医学演进的学科。其研究医学演进发展的进程、动因、条件和变化特点。

（一）医学与医学史

医学是延续人类生命与处理疾病的学科。医学的发展有着自身演化的规律，并与社会、政治、经济、哲学、科学和文化的关系非常密切。医学发展史上一切重大事件的出现，皆与当时的社会环境、政治背景、经济条件和文化因素相关。

医学史是研究医学发展历史的科学。它不但要研究医学自身的发展规律和变化特点，还要将医学置于人类历史发展进程的大环境中进行考察，研究医学演进与政治、经济和文化发展的联系，探寻不同地域的医学发展与其所处社会的相互关系，探讨影响医学演化的各种社会与自然的因素，记录人类的医疗卫生活动。

医学史是医学与史学的交叉学科，其既有医学发展的内容，又有历史学的结构特征；也是跨越自然科学与社会科学的一门综合学科，兼具自然科学与社会科学的双重属性。医学史研究是以医学的发展为研究领域，包括对生命现象与本质认识的演化历程，覆盖疾病预防、治疗和康复的发展历史，囊括医事医政管理体制的发展史，涵盖卫生保健制度及公共防疫体系的建立与发展的历史。其既关联着生物学、化学、物理学等自然科学类学科，也关联着人类学、考古学、社会学、宗教学、哲学和文学等许多社会科学门类，还涉及政治、经济、文化及民俗传统等领域。

古希腊《希波克拉底文集》中的"论古代医学"，是西方医学史现存较早的文献。中国汉代司马迁的《史记·扁鹊仓公列传》是中国最早的医学家传记。

最早的医学史教学始于18世纪末巴黎医学院设立的医学史教习。19世纪以后，德国、英国和美国的一些著名医学院陆续设立了医学史教习，使医学史成为一门独立的学科。

对西方医学史研究贡献较大的学者，有德国的苏德霍夫（K. Sudhoff，1853—1938年）、奥地利的纽伯格（M. Neuburger，1868—1955年）、美国的嘉里逊（F. Garrison，1870—1935年）、意大利的卡斯蒂格略尼（A. Castiglioni，1874—1953年）、瑞士的西格里斯（Sigerist，1892—1957年）、英国的辛格（C. Singer，1876—1959年）、日本的富士川游（1865—1940年）等。

在中国历朝历代的史书中，有关于医事制度、疾病流行、医药交流及医家传记等的史料。如汉代司马迁的《史记·扁鹊仓公列传》，唐代甘伯宗的《名医传》，宋代周守忠的《历代名医蒙求》，明代李濂的《医史》，清代王宏翰的《古今医史》、徐灵胎的《医学源流论》等都是中国医学史专著。在中国近代，又有陈邦贤的《中国医学史》，王吉民、伍连德的《中国医史》，李涛的《医学史纲》等医学史研究著作的出现。

（二）医学史的分类与研究范围

医学史有多种分类方法，一般可将其分为综合类的医学通史与专门类的医学学科史两大类。医学通史是对医学的演进历程及其与社会、政治、经济和文化之间相互关系的综合研究，包括世界医学史、国家医学史、地区医学史、民族医学史、断代医学史等，专门研究医学发展的特征与内容，以时间延续为序，以揭示医学发展过程及其延续特征为根本目的。医学学科史则是针对医学的某一分支、某一专题进行的历史研究，如对医学各分支学科的学科史、疾病史、医疗技术史、医学交流史的研究，以专门研究医学各门学科的发展过程及其延续特征为目的。

医学史的研究领域很广，不仅囊括了医学各学科，还涉及人类全部的医疗卫生活动。

古代编

第一章 原 始 医 学

原始医学发端于医药的起源。医药的起源极为复杂，至今存有多种不同观点与论述。如有医源于圣人、医源于巫师、医源于动物本能、医源于劳动、医源于多因等。从医学的本质是研究与认识如何保持和增强人体健康、预防和治疗疾病的学问与知识来看，从医学的根本目的是治病救人着眼，医药知识是人对疾病及其防治方法的认识，是人类在长期的生存斗争及生活体验中产生并丰富起来的。在原始医学发端与发展的过程中，巫术产生过重大的影响和作用，医巫混杂是原始医学的基本特征之一。

一、药 物 之 源

人类关于药物的知识，可能是在寻求食物的过程中发现并积累起来的。人为了生存，在采食野菜、野果、种子和植物根茎的过程中，发现进食某些植物能获得营养，维持生命；进食某些植物后会呕吐、腹泻，甚至昏迷、死亡；进食某些植物后，原有的病痛得以减轻乃至痊愈。日积月累，人便逐渐熟悉了一些植物的形态和性能，体验了某些植物的治病疗效或毒性和副作用，人通过亲身验证总结得到这些认识和经验。这一过程极为漫长。原始人在食用动物的过程中，也逐渐发现一些动物的治疗作用，从而积累起一些动物药知识。原始社会末期，随着采矿、冶炼业的出现，人对矿物的性能有所了解，并认识到某些矿物对疾病的治疗作用。植物药、动物药、矿物药等药物知识，是人类在长期生存活动与日常生活中逐渐认识和长久积累起来的，人类对此经历了漫长的认知过程。

(一) 植物药

人类在为求生存而长期食用植物的过程中，逐渐认识某些植物的催吐、泻下和止痛等功能。这些认识经长久积累形成了药物方面的知识。中国自古称药物为"本草"，欧洲自古称药物为"drug"（即干燥的草木），均说明人类最早使用的药物是植物药，药物最初是从植物中得来的。在不同的地区，会发现不同的药物。如石器时代的北美印第安人能使用多种草药，中国古人发现大黄能泻下、麻黄能止喘，秘鲁人使用金鸡纳治疗寒热病。在畜牧活动中，牧人能观察到植物对动物的作用，进而又促进了对植物药的认识。如据希腊史家的记载，牧人米拉姆皮发现了藜芦有止痛的作用。

（二）动物药

随着人类狩猎及畜牧活动的开展，人类在食用动物的过程中，熟悉了动物的营养和作用，并认识到某些动物的脂肪、血液、骨髓、内脏及其他器官可以治疗某些疾病，动物药也随之出现。

（三）矿物药

人类在长期接触矿泉的过程中，发现矿泉对疾病有疗效。在原始社会末期，随着采矿和金属冶炼技术的发展，人类又发现某些矿物的治疗作用。例如，通过煮盐发现盐水明目和芒硝泻下的功用，通过冶炼得知硫黄壮阳和水银杀虫的功用，矿物药于是被应用。人类也从利用天然矿物质作为药物发展至人工炼制矿物药。

二、医疗手段的萌发

人类在其生存活动中发现了治病防病的医疗手段，并在运用医疗手段的过程中总结出经验，然后逐渐完善为系统的医疗知识。

（一）火的治疗作用

人类使用火以后，就开始食用熟食。烧烤食物及其他对食物进行加热的方式具有极好的消毒作用，大大减少了消化道传染病的发生，火的这些作用被人所认识并积极运用。热熨和灸法等疗法的应用，对药物加热制作以发挥和增强药效，都离不开对火的利用。火的使用，对人类的卫生保健、防病治病以及对医用药物的使用都有重大意义。使用火及制造容器，使煎药和炮炙药物成为可能。远古时期，人最初只能用咀嚼生药的方法治病。后来，由于火的应用和陶器的出现，就使制作汤剂、水药成为可能。

（二）外治法的起源

从体表施治的方法属外治法。如人在发生体表部位创伤出血时，迅速用手紧压伤口的行为，是一种简单的压迫止血法，即属外治法。由有的民族中保留下来的一些较原始的敷裹创伤的方法推测，他们也可能在用泥土、灰烬、树叶、草茎、苔藓和树皮等一些物料涂敷、压迫伤口时，渐渐发现某些植物的叶子、根茎及其他物料的止血和减轻疼痛效果比较明显，这些经验积累并传承下来，于是就有了原始的药物止血、止痛法。当人出现伤痛的时候，可能会不由自主地用手抚触揉按患处，或为其他人按揉，以减轻伤者的痛苦，有时能起到散瘀消肿、减轻伤痛的作用。当人进食了某些食物引起消化不良、腹部不适时，用手抚触揉按也可以减轻痛苦。如此便渐成原始按摩疗法。

通过考古发现，在新石器时代，人类施行穿颅术已经出现。在欧洲，就发现了于公元前6000年左右乃至1万年前做过钻孔手术的颅骨。1995年，在中国大汶口文化遗址出土的一具5000年前的成年男子颅骨上有近于圆形的缺损，这是人工开颅手术的结果。在印加考古活动中也发现关于颅脑手术的壁画。牙医的最早例证来自石器时代的丹麦，考古发现在此有一具尸骨的臼齿上有用燧石钻具钻成的一个小孔，可以用于排出脓液。

作为中国传统医学重要治疗手段的针灸，包括针刺与艾灸两种治疗方法，亦可归入外治法。最早的针砭工具是以石头加工制作而成的，被称为砭石，其起源可以追溯至新石器时代，这已被考古发掘出来的新石器时代的砭石和石针所证实。考古发掘中也常有骨针出土。人在生活中偶然被一些尖硬器物，如尖石、荆棘等触刺了体表某个部位，乃至被碰伤出血后，会产生疼痛减轻的现象。类似情形多次重复出现时，会使人意识到可使用石块来刺激身体的某些部位，或者人为地刺伤造成出血，以减轻病痛。特别是当皮肤出现化脓性感染时，常常切开脓肿，将脓排出来，能够较快地痊愈。在原始社会末期，人已能使用金属针对大一些的伤口进行缝合。进入新石器时代，人已能利用掌握的技术，制造出各种有效的治病工具。

当人受寒、腹痛和关节酸痛时，用了温热的石块和草灰等进行局部热敷，这也许就是灸熨法的起源。灸法所用的材料是用作引火的艾绒，将其点燃以后，熏灼身体某个部位。因而灸法起源的时间也许可以追溯至发明人工取火的时代。在原始时代，人在烤火取暖时，有时烧灼会减轻某些疾病的症状，于是人就可能有意识地选用一些植物茎叶燃烧，进行局部温热刺激。由于艾叶具有易燃、气味芳香等特点，因此后来被用作灸治的主要原料。

（三）酒在医药中的作用

人在新石器时代之前发现了自然酿成的酒，是在畜牧时人将未喝完的畜奶存在容器里，放置久了发酵成的奶酒。这是由于含糖类的物质在受到酵母菌的发酵作用后会自然地生成酒。人也从野果与谷物的自行发酵中得到酿酒的启示。当人类有意识地采用谷物酿酒，也就能大量制酒。如考古发现，中国人在夏代就有用谷物酿制的酒，到了商代更有用小麦酿制的甜酒。人们逐渐认识到酒对人体的作用，其具有麻醉效用，可用作麻醉剂；有杀菌效用，可用作消毒剂；有挥发和溶媒的性能，可用作溶剂。其常被后世用来加工炮制药物。医药知识的日益丰富，用药经验的不断积累和药物品种的不断增多，为人们单纯用酒治病发展到制造药酒提供了条件。中国甲骨文中记载的"鬯其酒"是一种药酒，《黄帝内经》提到古人制作"汤液醪醴"的汤液指酒，其治疗作用是"邪气时至，服之万全"，《汉书》将酒称为"百药之长"。从汉字构造上看，"醫"字从"酉"，为古体"酒"字，形似酒坛，体现了医药与酒的关系。酒在医药史上有重要意义，使用酒治病为医疗上的一大发展。

（四）舞蹈疗法与体育疗法

舞蹈是一种源于远古表达与交流情感的方式，原始人会在求偶、祭祀、狩猎前后、征战前后，以起舞表达爱慕、虔诚、祈愿、祝福、庆祝之情。由于舞蹈能给人带来欢乐，还能使身体的疲劳和痛楚减轻或消失，因此舞蹈成了一种治疗和保健方式。如《吕氏春秋·古乐》载称："昔陶唐氏之始，阴多滞伏而湛积，水道壅塞，不行其原，民气郁阏而滞著，筋骨瑟缩不达，故作舞以宣导之。"这也是一种体育疗法。

三、原始医学时代的医疗活动

随着发现药物和治疗手段的增多，人类的医疗活动逐渐开展起来。人在原始时代早期的医疗活动多以自救与互救为主。在原始社会，药物用于内服与外用，治疗工具多是日常的生产与生活用具，如燧石、甲壳、骨、角等均被广泛用于穿刺脓肿、放血和去除异物等。随着狩猎和畜牧业的发展，人们也积累了许多治疗外伤的简陋救助法，如对创伤、骨折、脱臼等的治疗。人们在生活中积累如冷热水湿敷等疗法。氏族或部落间的战争又促进外伤救助办法和外科治疗知识的发展，如用草药敷贴、烧灼或压迫方法止血，用复位方法治疗脱臼和骨折。进入原始社会末期，能用金属针对较大的伤口进行缝合，并相继发现了对外伤的按摩、叩击、烫熨、敷裹等的治疗方法和包扎术以及许多治疗外伤的药物。后来，人又逐渐能够施行截肢术、阉割术、穿颅术、剖宫产术、续骨固定术和穿耳鼻术等复杂的外科手术。在史前，有些外科医生能用边缘锋利的石块和燧石作为手术器械，进行穿刺脓肿、放血、颅骨环锯和颅骨钻孔。

四、原始宗教与原始医学

上古时代，人类常把自身出现的病患归因于鬼神所降或妖魔作祟，于是出现了"驱鬼""逐疫"的巫医。

巫术是原始宗教的表现形式。其用于医疗防治上主要有两种方式：一种是采用尊敬、讨好等方式，希冀祖先或鬼神保护自己，免灾降福，护佑身心；一种是以咒骂、驱赶等方式，驱恶避邪保身，祈求安全。在法国境内的一个山洞里，发现了一块距今1.7万至2万年前的医生石雕，医生头戴巨大鹿角面具，展现了原始社会早期的巫医形象。医生戴着鹿角面具吓走带来疾病伤痛的妖魔，以这样的心理手法强化药物和治疗手段对患者的医治功效。

巫医均为通过训练，掌握宗教、星相、医药和文化知识的人。他们称己能通神，通过与神鬼对话，呈报人的请求和意愿，传达神鬼的意旨，预知吉凶祸福，为人消灾治病，因而在社会上有颇高威信。巫医诊病主要采用占卜术、骨相法和迷睡法等。巫医治病主要采用祈祷、占卜和念咒等方式，驱鬼逐疫，祛病除疾，有时也采用药物或手术疗法，出现医巫混一的现象，此为原始医学的一个重要特征。如截肢术、穿颅术等是为了释放邪恶精灵。巫医巫术使原始朴素的医疗活动充满神秘的氛围，强化了医疗效果，这种医疗方式施于当时对自然及神灵鬼怪充满敬畏的人们，有其医治功效。在原始社会晚期，巫医盛行。进入文明社会的初期，巫医依然在医界有尊崇地位。在古埃及、古印度、古巴比伦、中国等世界文明古国，早期都曾有过各种巫术性医疗活动。在中国古代文献中也有巫术性医疗活动的记述。中国的典籍中，《说苑》记载着以祷祝治病的苗文，《山海经》记述有不死之药的巫彭和巫咸，《吕览》记述以药物治病的巫。在中国殷商，巫史是一种官吏，甲骨文卜辞记有关于卜病的事例，直到西周，巫在医药活动上仍相当有影响。从汉字构造上看，"毉"是古代"医"字，为巫医治病之意，逐渐演化成"醫"。

医药知识的起源是一个漫长的过程，经过先民长期的集体经验的积累，在与疾病作斗争中产生。在原始医药的发端及应用过程中，宗教与巫术产生过重大的影响和作用。这些医药知识发展为以后的医学和药学。进入文明时代后的医学与药学，则与当时当地的社会、经济、文化及其哲学思想有密切关系。如中国的医学受"阴阳五行"思想的影响，古希腊的医学受"四体液病理学说"思想的影响，等等。

五、原始医学的传承

将社会生活和医药卫生活动方面的经验和知识传授给下一代，这就是人类最初的简单的经验式的教育活动。原始社会时期的医药卫生教育活动从原始人群产生，经过漫长的氏族社会时期的发展。然而，由于原始社会的医药卫生活动和教育活动还没有从日常生活、生产劳作、社会活动和宗教活动中分化出来，无专职的医疗工作者，亦无专门从事医药卫生教育的教育工作者，更无专门的医疗教育机构。所以，那一时期的医药卫生经验和知识的传授，是紧密地结合获取生存资源的活动和社会生活进行的。而且，这一时期还没有文字和书本，因而，传授医药卫生活动经验和知识，只能依靠口头传授和观察模仿来进行。

第二章　古埃及医学

古埃及医学的历史久远，并深远地影响世界医学的发展。

一、宗教与医学

古埃及是崇拜多神之国度，包括崇拜医神。宗教与非宗教的经验医学互相混杂，僧侣还负责为人祛除病灾，治疗通常是通过祈祷或由僧侣医生施行。古埃及最著名的医生、祭司、医神伊姆荷泰普（Imhotep，公元前3000年），被认为能够医治各种疾病。在古埃及，患眼疾的人多，鹰头神荷罗斯（Horus）的眼睛图案被作为辟邪的护符和康复的象征并流传下来，后来逐渐演变为医生处方的标记"R"。有宗教色彩的古埃及医学，有对疾病的认识和实际的治疗方法。其医学的宗教色彩对西方医学有重大影响。

二、基本医学理论

古埃及医学与古埃及人对人体的认识相关。古埃及人对人体的认识是建立在对自然的观察和类比基础之上，把气象与河流等自然现象和人体联系起来，认为人体由骨、肉等固体成分（土）及体液（水）组成，脉管相当于沟渠，体温（火）及呼吸（空气）流注其中，脉搏如尼罗河水的涨落。血液为生命的源泉，空气中的"灵气"，给予人活力，血脉与灵气失去平衡就会发生疾病；鼻和心脏是生命的中枢。这种灵气观念和原始的体液病理学说，对后来的古希腊医学有重大影响。

三、临床医学及其成就

古埃及的临床医学有一定的发展。在古埃及，医生是专门的职业，并且出现了专科医生，如眼科医生、齿科医生、内科医生等。古埃及的外科取得了相当成就，主要有去势术、阴茎包皮切除术、脓肿切开、体表肿瘤剔除、应用夹板绷带的创伤及骨折疗法、头盖骨手术、下腭及肩脱臼整复术等。其中，对骨折的处理原则已相当先进。内科的治疗，主要采用吐剂、泻下剂、灌肠剂、发汗、利尿、刺络等去除病原，应用喷嚏、嗳气、放屁排除不洁之气。妇产科有妊娠诊断、贴膏药以增加乳汁分泌、阴道内注入煎剂通经。口腔科有镶假牙术。

四、木乃伊法

木乃伊是一种干化尸。古埃及人认为如果人死后把尸体保存下来，灵魂就可以回归。为了防止尸体腐烂，大约在公元前 3000 年，古埃及人实行尸体干化法，是用香料等药品涂抹于尸体内部，清除尸体内除心脏以外的所有脏器、脑组织，风干后的尸体便形成一种干化尸，一般放置于封闭的墓室内。制作木乃伊有助于人体解剖部位的了解、外科切割及缝合包扎技术的提高。

五、医药的纸草文

纸草文（Papyrus）是书写在草本植物根茎上的文字，这是埃及最早的文献。许多医学史料都以纸草文的形式保留下来。古埃及的医学纸草书有现存最古老的医学书面记录。现存的用纸草文写成的医书有五六种，其中较著名的有卡亨（Kahun）纸草文，写于公元前 2000—公元前 1800 年，主要介绍妇科疾病；史密斯（Edivin Smith）纸草文，大约撰写于公元前 1700 年，介绍外科疾病，并按预后将疾病分为治愈、可疑和无望三类，还记载了火棍疗法、冷敷疗法、外科手术和药物治疗等治疗方法，所载资料显示当时对人体的解剖、生理和病理等已有一定认识，认为通过切脉可以知道病人心脏的情况；埃伯斯（Ebers）纸草文，大约撰写于公元前 1500 年，介绍一般的医学理论，记录了 205 种疾病和数百种药物，并对疾病进行了初步分类。在这些纸草文中，载述了各种药物，如止咳药、吸入药、熏蒸药、坐药和灌肠药等，常把动物的分泌物和动物身体的某部分作为药物。在外科方面，记载了割开法、烧灼法，还有眼科的手术。在卫生方面，对住宅和身体的清洁等均有规定。

埃伯斯纸草书中有 800 余条处方和 700 多种药物。在埃及炎热而且尘土飞扬的环境下，眼病是患病率最高的疾病，医学纸草书中详细记录了不同的治疗眼病的眼部洗液。这些洗液的成分包括鹅油、没药和蜂蜜等。

六、医疗与卫生管理

　　古埃及医疗法规规定每位医生只能专治一种疾病，如前文所述分为治眼病、治牙、治头和治肠等。医生行医受法规约束，如按法规条文医治，病人死亡，医生无罪；如违背条文，医生就要被处死。

　　古埃及注意卫生管理，其卫生法规规定：要清洁室内外的环境；注意饮食；对屠宰的动物肉要由祭司检查可否祭祀，如果不符合卫生要求，则不允许在祭祀时使用。

七、医疗与医学教育传承之所

　　古埃及的神庙既是祭祀场所，也是祭司、僧侣祈祷行医之所，亦为医学活动中心，具有世界最早医院的雏形，后世的医院的出现可见其影响。这里还有传承医学、实行医学教育之责。古埃及实习医生要在神庙中接受学校式教学训练，亦必须学习祭祀，掌握祷文和巫书。从第一王朝开始，各地神庙就有类似医学校这样的机构，通过传统方法实行医学教育，其中较著名的是伊姆荷泰普神庙的医学校。许多希腊人、犹太人、腓尼基人和波斯人纷纷来此学习。古埃及医学的传播对世界医学的发展有重要意义。古希腊著名医学家希波克拉底也曾到古埃及游学。古埃及医学对以后古希腊医学的发展产生了极大的影响，进而对西医学与中医学都产生了重大影响。

第三章 古巴比伦和亚述医学

古巴比伦和亚述均为美索不达米亚这片土地上的国家。美索不达米亚亦称为"两河流域"或"河间之地",即为西南亚的底格里斯河和幼发拉底河两河流域平原。古巴比伦王国大约建于公元前1894年,位于幼发拉底河中游。到第六代王汉谟拉比统治时期,古巴比伦王国征服了从波斯湾到地中海沿岸的广大地区,统一了西亚,大约在公元前16世纪早期被赫梯帝国所灭。大约在公元前1300年,底格里斯河上游的亚述人开始崛起。公元前8世纪到前7世纪,亚述帝国达到鼎盛时期,为地跨亚、非两大洲的大帝国。公元前612年,闪族人的一支迦勒底人推翻了亚述帝国,建立起新的巴比伦王国。苏美尔人、古巴比伦人、亚述人和新巴比伦人在这里创造了美索不达米亚文明,亦称两河文明、西亚文明和古巴比伦文明。

一、多神性宗教崇拜与医学的关系

古巴比伦人和亚述人崇拜多神,认为神主宰一切,也掌控人的健康与疾病。他们崇拜的诸神中,亦有医神。月神辛(Sim)是两河流域文明时代最古老的医神,掌管草药生长。海神埃阿(Ea)之子马都克(Marduk)能治百病,是驱除病魔、保护健康的万能之神,亦是卜师的首脑。医学由卜师掌控,祈祷、符咒、驱魔和逐疫是行医的主要治疗手段。

二、占星术在医疗上的应用

古巴比伦和亚述重视星相及占星术,将天体的变化和星体的运行与社会现象、人事吉凶、战争胜负、疾病预防等联系起来,从而发展了占星术。占星术与古巴比伦人和亚述医学有密切的关系,古巴比伦人和亚述人认为人体的构造符合天体的运行模式。亚述人就对占星术非常重视,并以其推断诊疗、手术和分娩的吉凶。古巴比伦和亚述的占星学在医学上的应用后来影响到古希腊和古罗马及中世纪的欧洲。

三、生理上的认识及其对医学的影响

古巴比伦和亚述时期对生理上的认识主要是"血液说",认为:饮食能使血液变新,并且能区别动脉血和静脉血。动脉血是明血,是昼血;静脉血是暗血,是夜血。肝脏为血液的中枢,心脏为悟性的所在,耳为意志的中枢。注意饮食、清新血液,为长寿的秘诀。古巴比伦人和亚述人均重视肝脏,视肝脏为神圣之物,认为肝脏是人体最重要的器官,是生命之本;为"灵魂"的居所;常以肝脏作为祭祀用品,对祭祀所用的动物肝脏的检视极为精细,并用陶器刻制成肝脏模型,上面还记有文字,以肝卜的方法推断疾病预后。

四、独特的治疗方法

古巴比伦人和亚述人以巫术、占卜术为主要治疗手段。经验治疗方法有香油涂擦、按摩、冷敷、热敷、沐浴、冷水灌注、灌肠和绷带包扎法等,同时也应用一些药物。当时著名的宫廷医生奥罗德·纳内(Arad-Nana)在为国王治病时所用的处方有三部分记录,第一部分是病名,第二部分是药名,第三部分是用法。当时所用的药物以植物药为主,如罂粟、曼陀罗、大麻、甘草、肉桂、阿魏、芜菁、大蒜和莨菪等;还有动物的各种脏器及矿物药,如明矾、硝石、铜盐和铁等,应用药物有百种。所用剂型有丸剂、散剂、涂敷剂和灌肠剂等。外用药膏的主要成分是芝麻油。有关外科的叙述虽然不多,但是在《汉谟拉比法典》里有白内障及泪瘘手术的名称,并有骨折、脓肿和疼痛性肿瘤等疗法的记载,还有金属手术刀在医疗中广泛应用的记载。古巴比伦医生能使用青铜刀施行难度较大的手术,显示当时的外科技术已达到一定水平。

在两河流域早期,人们已经能用楔形文字在黏土制成的板砖上书写。在出土的泥板文献上记载,古巴比伦人已按照身体部位对各种疾病进行分类,并以各种疾病症候群来观察病人,还有对风湿病、心脏病、肿瘤、脓肿、皮肤病以及各种性病的记载。有对肺结核等病的描述:病人常有咳嗽,有稠痰,痰中有时带血,呼吸有笛音,皮肤发凉,两脚发热,出汗,心烦乱;病重时经常有腹泻。古巴比伦以法律规定凡麻风等传染病病人要远离城市,反映对传染病的一种早期隔离意识。

五、《汉谟拉比法典》 有关医学的部分

公元前 1700 年左右,《汉谟拉比法典》由古巴比伦王国的第六代国王汉谟拉比制定和颁布。这是人类迄今所发现的最早的一部法典,故又称"世界第一法典"。《汉谟拉比法典》记载与医药有关的条文 40 余款,约占整个条文的 1/7。这部法典是研究古巴比伦医学的重要史料,亦是世界上最早涵盖医学的法典。其中,有些涉及医疗的条文规定了医生给不同等级病人治病的收费标准以及在医疗事故中应受到的惩罚。例如:

215 条:医生用青铜刀治愈全权自由民之重伤或眼内障者应得 10 个银币。

216 条:如患者为非全权自由民,应得 5 个银币。

217 条:如患者为奴隶,由其主人支付医生 2 个银币。

218 条:如医生用青铜刀为自由民割治,造成患者死亡或致眼损害者,应处以断指之罪。

六、医　　生

这时此地的医生已经有内、外科医生的分工。在古巴比伦和亚述有两类医生:一类医生是僧侣,治疗方法为咒文和祈祷,谙通心理疗法;另一类是有实际治疗经验的医生,由平民担任医生之职。

七、有关医学的考古发现

在亚述巴尼拔皇宫的考古发掘中发现了与亚述医学有关的泥板文献。该文献记载了一些常见疾病、服用的药物、禁忌等,以及医生出诊包中应备有的药物、器械等。泥板还记载有瘟疫和热病,认为麻风、天花等传染病患者应隔离,以防引起流行。在尼尼微出土了一套用于穿颅术的手术器械和导管等。从这些文献与考古发现中可见亚述医学的概略。

第四章　古印度医学

古印度医学历史悠久，对世界一些地方的医学有过影响，尤其对南亚的医学产生过重大影响。

一、古印度医学的三个时期

古印度医学的发展一般分为三大时期，各自展现出不同的特点。

（1）吠陀期：从公元前 2000 年至公元前 1000 年，为古印度医学的早期。

（2）婆罗门教和佛教时期：从公元前 1000 年至公元 1000 年前后，为古印度医学的极盛时期，形成以阿输吠陀系为主流的印度医学，并且取得相当高的成就。

（3）伊斯兰教医学的传入时期：亦称为阿拉伯时期，从公元 1000 年前后开始，印度传统医学发展停滞。后来，西方近代医学传入印度。

二、古印度医学及其理论

（一）《阿输吠陀》

公元前 10 世纪，在雅利安人中产生了婆罗门教，其经典为《吠陀》。"吠陀"原意为"知识"，是印度古老文献，以梵文书写，记载了公元前 2000 年至公元前 1000 年的史料。婆罗门教以《吠陀》为经典，其中重要的经典《阿输吠陀》（Ayurveda）意为"生命经"。这部经典认为，人体有 3 个要素，即气、黏液、胆汁。病是由于三者的平衡被破坏而引起。这 3 个要素构成身体的 7 种成分：血、肉、脂、骨、髓、精和经过消化的食物。其变化过程：食物—乳糜—脾脏、肝脏—血液—肌肉—脂肪—骨—髓—精液。这部经典对解剖生理、疾病症状、分类分型、诊断治疗、用药和适应证等，都有详细记载。《阿输吠陀》收集记载了比较多的医学史料，总结了对疾病的诊治经验，载录了相当数量的药物和方法，形成系统的医学理论，并首次将医学分为 8 科。这部古代婆罗门教的重要经典，亦是古印度医学的重大成就，对古印度医学影响深远。

《吠陀》经有 4 部：第一部是《梨俱吠陀》，或译为《赞诵明论》，在公元前1500—公元前 900 年写成，是 4 部中最早的一部，提到药用植物，并提及麻风、结核和外伤等疾病。第二部和第三部分别是《沙摩吠陀》和《耶柔吠陀》。第四部被称为《阿闼婆吠陀》或译作《禳灾明论》，约著于公元前 7 世纪，其中记载了 77 种病名及创伤、蛇和毒虫咬伤的病例，以及治疗这些疾病的草药，还提到了妇人病、保健术，并载有解剖方面的内容。

在古印度婆罗门各派编撰的被称为"梵书"的典籍中，有散载的医药卫生及保健学知识，作为法规和习俗而流传。后来续吠陀的书有《优婆吠陀》（Upaveda）和《阿输吠陀》（Ayurveda），又称为《寿命吠陀》。其中讲述了健康医疗和生命等内容，并将医学分为 8 科。以后的印度医学家所编医书也大致根据这 8 科分类：拔除医方，为拔除异物、敷裹绷带等外科；利器医方，为使用利器治疗头部五官等病；身病医方，普通内科；鬼病医方，古印度人认为各种精神病是受鬼的影响；小儿方，为胎儿、幼童及产妇的治方；解毒剂论；长寿药科；强精药科。

（二）佛教与医学

佛陀经常在自己的帐篷里为病人看病，其追随者认为看护病人是宗教上的义务。由于佛教的支持，古印度的吠陀医学在寺庙中得到发展。

佛教经典中有不少关于医药卫生方面的内容，如佛医经、疗痔疾经、除一切疾病陀罗尼经以及治疗白内障的金镝术等。

三、古印度著名医家

古印度有阇罗迦（Chrana）、妙闻（Susruta）和发巴他（Vaghbata）三大名医，三人的著作《阇罗迦集》《妙闻集》和《八友集》等皆是阿输吠陀系的主要医学著作，曾传入希腊、罗马、伊朗、拜占庭和中国等地。

妙闻，大约生于公元前 5 世纪，为古印度杰出外科学家。其著述被辑录为《妙闻集》，是阿输吠陀系医学的外科学代表性典籍。该书记载的外科手术包括切割、截除、划痕、截石、摘除、缝合、整骨、穿耳孔、内障切除、疝修补和鼻成形等，以及施行剖腹取胎、治疗肠梗阻和胎儿倒转等。古印度的这些手术方法对西方传统医学外科的影响相当大。

阇罗迦是古印度内科医学的奠基人。《阇罗迦集》是《阿输吠陀》医学典籍中的内科代表作。全书共 8 篇，119 章，包括通论 30 章、解剖 8 章、病理 8 章、药物 12 章、治疗术 30 章、论感觉 11 章和洁治法 12 章等。本书载有 1000 余种药物，并对其形态、功效和主治等均有详细阐述。除临床治疗之外，《阇罗迦集》中尤其重视卫生与保健，认为营养、睡眠和节食是保健的三大要素，并注重精神调养。

四、临床诊疗

古印度医学的临床诊治已有视诊、触诊、打诊、听诊等诊断方法，注意观察脉搏频率、节律，利用味觉、嗅觉检查疾病，根据尿有甜味诊断糖尿病等。有对疾病进行系统分类，并按症状的不同而分型。将疟疾的热型分为间歇热和弛张热。治疗原则根据气、黏液、胆汁三要素平衡理论而确定。治疗要点是调整消化，改善营养或减食，并重视养生。治疗常用吸入、含漱、点滴、坐药、尿道注入和泻血等方法。内用药主要为吐剂、下剂和喷嚏剂。在治疗眼疾时用药水洗，并采用一种熏烟剂熏蒸眼皮治疗眼疮。公元1世纪的相关文献就提到，外科治疗器械包括20种刀与针、30种探针、20种管状器械与26种敷料。

古印度医学中的外科有较高成就，能施行截肢术、膀胱结石摘除术、剖宫产术、胎儿倒转术和眼科手术，并能使用药物进行麻醉。古印度最重要的外科文集《妙闻集》列举了121种手术器械，其中钝器手术器械101种，锐器手术器械20种。外科以整形外科见长，能做鼻、耳、唇缺损的修补术，以鼻成形术最有名。外科对骨折的处理亦较为先进。当时，已有在头盖骨上打孔以治疗头痛等疾病的难度较大的脑外科手术。

古代印度人对毒物已有一定的认识，将毒物分为植物性毒、矿物性毒及动物性毒。误服毒物时，让患者饮冷水，服吐剂，为其泻血。印度毒蛇较多，古印度医学善治蛇咬伤，有较多的治蛇咬伤药，并有专治蛇咬伤的医生。在治蛇咬伤时，要紧缚咬伤处上方，切开伤口局部并进行洗涤、烧灼和吸引等。

五、药　　物

公元前6世纪古印度的《妙闻集》记载植物药760种；记载的动物药有蜂蜜、骨、角、脂肪、肉、血液和乳汁等；矿物药有各种金属及其盐类，如硫黄、砒石、硼砂和明矾等，其中汞用于治疗皮肤病、神经病、肺病和梅毒等；内用药主要有吐剂、下剂和喷嚏剂。

悉达（Siddha）医学的理论与《阿输吠陀》医学体系相似。其特点是用矿物药治病，其中又以汞剂为最常用的药物。因为使用矿物药治病，所以悉达派医学拥有专门的炼丹炉。

在遗址中发现了多种药品，如五灵脂，这是棕色的溶液，能治疗消化不良、肝病和风湿病等病；还有羚羊角、鹿角、珊瑚和尼姆树叶等。这些物料亦可用来制作药品的原料。

六、传统特殊疗法

印度人很早就认识到运动的强体健身作用。《阇罗迦集》第 7 篇第 31 章提到运动"能使身体发育均衡，关节坚强，并令人快乐者，即适当之运动，但不可失之过度"。该书集中介绍了一种特殊的瑜伽术（yoga），即身心锻炼术，长期坚持可避免疾病，保持健康而达到长寿。瑜伽是一种修炼方法，讲究调息、调心、调身，是将人的精神和肉体结合的运动，以此来增进身体、心智和精神的健康。作为一种修炼方法，它对于养生保健、开发人体潜能、防治多种身心疾病有功效。瑜伽术本质上是一种养生健身术，有静坐、瑜伽硬功和瑜伽体操等形式。

在印度传统医学中还有一些特殊的治疗方法，如油疗法和蒸汽疗法。油疗法是用植物油涂抹全身皮肤，治疗时病人仰卧、裸身，将眼睛和下腹用布遮盖，再配合全身按摩 1～2 小时，治疗结束后用温水冲洗全身。这种方法对治疗头痛、腰痛及坐骨神经痛等疾病疗效显著。蒸汽疗法是让病人躺在用木板制成的治疗箱内，只有头露在外，向木板箱内放入蒸汽，熏蒸一定的时间，呼吸系统病和代谢性疾病均可使用这种方法治疗。

七、医事管理制度

在古印度的孔雀帝国时期，医药行业大致上归国家管理。阿育王派人到农村，教导人们种植药草。国家建有医疗设施。阿育王铭文（第 2 号）载述："在天爱喜见王版图内的每一块地方，在属于朱达人、潘地亚人、萨帝耶补陀罗和盖罗拉补陀罗的边境地区，在向南远达弹罗波罗腻那样的地方，在雅槃那王安底瑜伽以及与这位安底瑜伽相毗邻的几位国王的领土上——在所有这些地方，天爱喜见王都安排了两种医疗设施。"这些医疗设施可能带有医院的性质。

第五章　古犹太医学和古波斯医学

古犹太医学和古波斯医学都是产生于古代西南亚地区的医学。

一、古犹太医学

古代犹太人被称为"希伯来"。早期的犹太医学具有神秘色彩，它的病因、病机、诊疗、康复均与宗教有着密切的关系。《旧约全书》是犹太教的经典。其中涉及医药卫生及保健学的内容丰富多样，不少于200个条目，多次述及灾病和瘟疫流行，以及战争给人类带来的伤亡。《旧约全书》中记述的病种不少，有痨病、热病、疟疾、痔疮、牛皮癣、疥、癫狂、麻风、肠道病、哮喘、鼻衄、难产、不孕症、梦遗、崩漏和外伤致残等。

犹太人有公共卫生管理传统，并纳入古希伯来文明体系与古犹太教体系。如要求用水洁净，保持身体与精神的清洁。将体操、按摩、月光浴及各种体育活动列入个人卫生与社会卫生的重要内容与传统。犹太人注意饮食卫生，非常注重营养调配，视饮酒过度为一种不良行为，所以，烈性酒一般被用于医疗。犹太男孩出生后第8天要行割礼，是犹太教的一种圣行。在行割礼的人中，男子的阴茎癌发病率相当低，妇女的子宫颈癌和子宫内膜癌的发病率也相当低。与医学有关的律令与法规在《旧约全书》中有记载。犹太人用药物来治病，以酒来慰藉心灵，用洗浴、贴敷、圣膏熏香、食疗、斋戒和心理治疗来医治灾病造成的创伤。外科上采用类似绷带的包扎和修脚等手术。

在著于5世纪的《犹太法规集》中，有晚期犹太医学思想的重要资料。其中，有关于解剖和生理的资料，对食管、喉、气管、肺、脑膜、生殖器等皆有详细描写，认为血液是生命的元素。人体有248块骨，其中一骨名卢兹（Luz），是生命中心，可使死者复生。书中记载了一些疾病，尤其是对流行病症状的描述比较正确，还提及了血友病是遗传性疾病。关于外科，法规中提及肛门瘘手术、脱臼整复和剖宫产术等，手术前服催眠剂。

公元前2至公元6世纪，这一时期史称犹太人的塔木德时期，因《塔木德》而得名。《塔木德》如同一部家庭医药手册。在此书中，对食管、喉头、气管、肺、脑和生殖器官均有精确描述，对肺癌、肝硬化和干酪性变质等病理变化亦阐述得相当清楚。因此可以认为，塔木德时期的医学更接近古罗马的医学解剖，用类似于实证的方式来研究病理变化规律与病理现象。在塔木德时期的犹太学校中，医术是学术课程之一。古犹太人对医生非常尊重，医生的社会地位仅次于贵族。在城市社区里必须有外科医生与内科医生。虽然当时并无专门的医院，然而一些圣所的庭堂、养育院和犹太会堂等皆可用作诊疗室和住院处。手术室要求用大理石材料建成，并保持干净清洁。医生可以在家等候病人，亦可以应邀出诊。医生对所在社区的情况较为熟悉，因而政府和民众对社区医生尤其信任。

古犹太人的一些带有医疗功能的旅馆对基督教和伊斯兰教医院均有影响。在 1 世纪时，犹太教徒为去耶路撒冷神庙朝圣的人们修建了相当多的旅馆，其中一些能够提供医疗服务，后来基督教徒也修建了许多旅馆。到了 5 世纪，在小亚细亚、意大利、北非和法国南部均可看到这样的旅馆。最早的医院多建于寺院周围。修道院是人们的避难所，修道院和教堂的医生为生病的人提供食物、庇护和祈祷的同时，也会用草药为病人治疗。拉丁文 hospitalia 的原意是旅馆、客栈，即英文 hospital（医院）的渊源。当时这种旅馆、客栈也收留老人、孤儿、残疾人，后来逐渐演变成为专供病人居住的地方。

二、古波斯医学

古波斯的医学史分两大时期，第一时期包括在波斯《阿维斯塔》文化中；第二时期属于阿拉伯和穆罕默德文化。

古波斯的史前文化发祥很早，公元前550年，阿契美民德王朝建立，古波斯帝国的历史开始。古波斯有自身的传统医药卫生文化，又从欧洲、亚洲、非洲地区吸取了医学文化来丰富自身的医学文化。

古文献《阿维斯塔》记载了古波斯帝国时期的医药文化，人们奉阿利曼为医神，崇尚洁净卫生，认为麻风病患者不洁，因而对其实行严格的隔离，让麻风病患者远离健康居民，这是有效的隔离防疫措施。《阿维斯塔》规定，身体与心灵的洁净同等重要。因此，治疗身体上的疾病时很注重精神疗法和心理调节。希罗多德的《历史》记载，在公元前6世纪至公元前5世纪的古希腊—波斯战争中，波斯大流士王在打猎时扭伤足踝。大流士召来埃及最有名的医生。他们一直留在大流士身边。古希腊医学亦传入波斯帝国，阿契美民德人聘古希腊史学家兼著名医生迪西亚斯（Tessias，公元前405—公元前359年）为王朝的御医。

公元前330年，亚历山大大帝攻入波斯，推翻古波斯帝国。226年建立的萨珊王朝，到5世纪时发展成为亚洲西部的一个大帝国，史称新波斯帝国，并于642年被阿拉伯人所灭。"萨珊国王萨卜尔（Shabur，242—272年在位）喜欢通晓医学的希腊人。当萨卜尔生病时，就请希腊医生诊治。新波斯帝国时的医药较为发达，许多药物传到国外，其品名有胡瓜、胡蒜、胡豆、胡椒、胡萝卜、番红花、茉莉、砂糖、菠菜、无花果和橄榄等。""底也迦"一词源于波斯语 tiryak，是一种可以解毒疗虫兽伤的丸剂药物，曾在波斯被广泛应用。《列王记》（Shah Nameh）载述了有关波斯医学的资料，如施行剖宫产术前必须以酒使病人"昏迷"，而后再施以手术。此外，该书还记载了药疗、心理治疗、妇女及孕妇卫生等内容。波斯医学是欧洲、亚洲、非洲各民族国家在医学和药物学方面相互交流、借鉴和融合的产物。

第六章　中国传统医学

中国传统医学源远流长，虽然经历了鸦片战争后近代医学科学的传入与中国医学体系的重构，仍发展延续至今。其于古代曾影响了日本、朝鲜、越南和蒙古等。中国传统医药的某些方法与成果还传向了世界。

一、中国传统医学的发端

中国传统医学发端久远。

（一）从传说到有记载的中国传统医药起源

中国古代有神农尝百草的神话传说，神农是农之祖，亦是医药之祖，通过遍尝百草找到治病的药材；还有伏羲画八卦、黄帝教民治百病的传说。

考古发现，中华民族的先民很早就会使用火及制造陶器皿具，使煎药和炮炙药物、制作汤剂和水药成为可能。相传商汤宰相伊尹发明了治病的汤药，并著已失传的《汤液经》一书。汤液煎剂，服用方便，易于吸收，扩大了药物的应用范围，降低了某些药物的刺激性，增加了药物疗效，亦使矿物药的应用成为可能，还为单味药向方剂过渡创造了条件，促进了复方制剂的发展。

甲骨文中有用砭法除病、用按摩疗腹疾、用艾灸治病和止痛等文字。刻有文字的甲骨中有关疾病的有 323 片，涉及 20 余种疾病，有的象形字反映了当时的医药情况，如沫、浴、龋、疟、疾。

中国的一些典籍中有对药物的介绍。《淮南子·修务训》载"神农氏尝百草"。《周礼》中，将药物分成草、木、虫、石、谷五类，可能是这时对药物的初步分类。《诗经》亦是中国现存文献中最早记载药物的书籍，所载植物药有 50 余种，如枸杞子、泽泻、益母草、菟丝子、白芷、贝母和苍耳等。《山海经》中保存不少远古关于药物、巫医等的神话传说，记载了药物 123 种，其中植物药 52 种、动物药 67 种、矿物药 3 种，水类 1 种，还说明其产地与疗效，大多是一药治一病，亦有多药治一病或一药治两病。

商朝的上层社会崇信鬼神，巫医盛行。巫医采用祈祷、占卜、念咒等方式治病，有时亦采用药物、手术、体操疗法治病。至春秋时代后期，"阴阳五行"学说兴起，巫医渐趋衰落，巫与医亦逐渐分离。

西周时期,医学开始有比较细的分科,出现各司其职的专职医生。《周礼·天官》记载有"医师、食医、疾医、疡医、兽医"的设置和分工。医师负责诊治王与卿大夫的疾病,食医负责王室的饮食疗养,疾医负责诊治平民的疾病,疡医负责治疗外科的疾病,兽医负责治疗禽兽的疾病。医生分等级。医师是众医之长,食医是高等医生,疾医次之,疡医更次,兽医是末等医生。战国时增加了儿科、妇科和针灸科。

(二) 中国早期的传统医学理论

1. 阴阳五行

中国古代典籍中有伏羲氏画八卦、创阴阳传说的记载。阴阳的概念,最初是指男女;继而引申出光为阳、暗为阴,天为阳、地为阴,上为阳、下为阴,动为阳、静为阴,气为阳、形为阴等。中国古人把自然现象分为阴阳两类,认为自然现象的变化均为阴阳消长的结果,在阴阳达到顶点时,就会朝其相反的方向转化。认为宇宙有木、火、土、金、水五种原质,此即五行。五行之间相生的关系是指:木生火、火从木焚而得;火生土,所有物质燃烧后均成土;土生金,金属矿物都在土中;金生水,所有金属加热后都能熔化成液体;水生木,植物生长离不开水。五行之间相克的关系是指:木克土,植物生长在土上;土克水,用土可以堵水;水克火,水能灭火;火克金,火能熔化金属;金克木,可用金属砍伐植物。中国古人将"阴阳学说"和"五行学说"应用至医学领域,解释医学现象。

2. 医和的"六气致病说"

秦国名医医和提出"六气致病说",认为"天生六气,降生五味,发为五色,征为五声,淫生六疾。六气曰'阴阳风雨晦明'也。分为四时,序为五节,过则为灾,阴淫寒疾,阳淫热病,风淫末疾,雨淫腹疾,晦淫惑疾,明淫心疾。女阳而晦时,淫则生内热,惑蛊之疾"。(《左传》)此处的阴、阳、风、雨、晦、明六气,是大自然的现象,大自然变化过剧,使人产生疾病。阴即冷,阳即热。冷热变化、风雨气象的变化,能使人体致病。晦明指白天与黑夜,如起居无常,劳作过度,废寝忘餐,违背作息规律,亦易得病。不节制地近女色是疾病之源。

3. 养生思想的萌发

"养生"亦称"摄生",是为了保持健康,预防疾病,延年益寿。

(三) 中国早期的医学家

扁鹊,姓秦,名越人,渤海郡郑人,行医时以扁鹊为号,为春秋战国时期的著名民间医生。古籍中记载,其游医于赵、齐、魏、秦等国,行经邯郸,看见患妇女病的妇女多,就担任妇科医生;经过洛阳,看到患五官疾病、耳聋眼瞎的人多,就做五官科医生；抵达咸阳，见到有许多患病儿童，就当儿科医生。他是中国史书上首位有记载的医生，擅长望诊、闻诊、问诊、切诊四诊，精通内科、外科、妇科、儿科，以切脉著称。

（四）医事管理制度

中国在周朝就已经建立起医事制度和卫生组织，并且设置专门机构管理医药卫生活动。在天官冢宰的管辖下，设有医生上士2人，下士4人，为众医之长，并掌管医药行政，下设专门负责医疗的"士"；还有负责文书记录的"史"2人；负责役使和看护工作的"徒"20人；掌管医药器材的"府"2人。

（五）早期的医学传承教育

经过原始社会、氏族部落，夏、商、周，经济文化较之原始社会有极大的提高，促进了医药卫生和医学教育的发展。文字的出现给医学的传承与教育带来了根本性的进步。到了春秋时期，医学教育有所发展。从典籍中可知，中国传统医学在这一阶段的传承，主要是以师带徒的方式进行。专职医生把自己所知医药卫生经验和知识传给徒弟。《礼记·曲礼》言"医不三世，不服其药"，显示当时人们非常重视医生的实际经验与一脉相承的传承关系，通行医生通过带徒弟传授医术的方式。

在这一时期，制定了对医生实施考核的制度，并作为评等待遇的依据。"步终稽其医事，以制其食（俸禄）。十全为上，十失一次之，十失二次之，十失三次之，十失四为下。"此种评级考核制度，推动了中国古代医学及其教育的发展，显示中国医学的传承很早就进入制度化与体系化的初步阶段，为中国传统医学乃至中华医药文明连绵不断地持续发展打下基础。这时，医药卫生活动经验和知识有充足积累，医学教育活动内容丰富；医巫分离，为专职医生的出现，提供了条件；文字的产生和发展，为传授医药卫生活动的经验和知识，提供了较好的手段；如周朝的分科和病案制度，还有医事考核制度等，这就为后来中医教育的专业设置、病案建设和考核方法奠下发端的基础。

（六）中国传统公共卫生管理的发端

中国传统公共卫生管理的发端久远，在古代殷商时期的城市住房遗址旁边，就有排水沟的痕迹。西周下水道有更大发展，陕西的周原遗址有陶制水管，排水管相互套接，通过房屋地基，排除院内污水、积水，并与排水阴沟、明槽相连通，将水排到院外池塘。排水设施设计合理，有利于保障居住环境卫生。这证明在中国古代城市已经有相对完整的公共卫生生活设施，对于城市公共卫生管理与防病防疫有重要意义。《管子·禁藏》记载了先秦时代就有饮水井的清洁制度："当春三月，荻室煤造，钻燧易火，杼井易水，所以去兹毒也"；"冬尽而春始……教民樵室钻燧，瑾灶泄井，所以寿民也"。古代的中国人非常重视通过生活设施保障公共卫生安全，因应季节改良生活设施。《周礼》记载宫廷里设有厕所，"宫人为其井匽"，匽就是厕所。

二、中国传统医学的奠基

秦朝开创了中国大一统的高度中央集权制的国家模式，秦汉两朝在大一统的稳定社会环境里，在中央集权制的国家制度保障下，政治经济取得前所未有的大发展，其医疗卫生水平也有空前的飞跃提高。秦汉时期已有先进的卫生设施，显示当时中国的公共卫生水平处于世界先进地位。汉代的农业和手工业发达，促进了医药的进步。针灸用针从石针改进为金属针；由于采矿，得知丹砂、雄黄可用作药物；因炼丹炼成水银，使中国成为世界上最早以水银入药之国。西汉时，张骞出使西域，将域外的医药知识带回中国。在当时的中国，著名的传统医学典籍与理论、著名的医药学家出现。中医开始系统化并渐成其独特体系。这些都为中国传统医学的大发展奠定了基础。秦汉两代成为中国传统医学走向大发展的开端。

（一）典籍与理论

汉代对之前的医学活动经验进行了理论概括和总结，初步形成中国传统医学理论体系。

1.《黄帝内经》

《黄帝内经》又称为《内经》，是托名黄帝及其臣子岐伯、雷公、鬼臾区及伯高等论医之书，是一部比较完整的医学理论著作，是中国现存的第一部医书，汇集了秦汉以前的医学经验。一般认为，此书不是出于一时一人之手，而是不同时期众多医家的经验总结与理论概括。学术界多认为成书于西汉。今本《内经》包括《素问》与《灵枢》（亦称为《针经》）两部分。《素问》以问答方式写成，内容侧重于人体生理病理、药物治疗的基本理论；《灵枢》主要论述针灸理论、经络学说和人体解剖等，为后世针灸学的发展奠定理论基础。《内经》在哲学思想上继承五行学说，并有所发展，强调整体观念，阐述了人体的体表与脏腑之间、脏腑之间、人与自然界之间的联系，总结出天人合一、阴阳离合、五行生克、经络循环等概念。该书记载了 13 个药方，为方剂之始。此书提出"春夏养阳，秋冬养阴"的四时顺养原则，提出"治未病"的重要思想。《内经》的基本内容和思想观念奠定了中医的理论基础，对后世中医影响深远。

2.《难经》

《难经》是中国古代医学经典著作之一，被认为是《内经》的浅释的发展，与《内经》并称为"二经"。《难经》共 3 卷（也有分 5 卷者），作者及成书年代不详。本书亦有被认为是扁鹊所作，但存在争议。《难经》内容以阐述《内经》要旨为主，成书于《内经》之后，一般认为在东汉成书。《难经》是以问答式体裁解释疾病的理论著作，全书讨论81个问题，因而称为"八十一难"，内容包括脉学、经络、脏腑和疾病等方面。在脉诊部分，它把《内经》的"三部九候"解释为气口部分的"寸、关、尺"三部，每部又有"浮、中、沉"三候，认为寸口既是"脉之大会"，又是"五脏六腑之所终始"，提出"诊脉独取寸口"。在经络部分，提出"奇经八脉"的说法。在脏腑部分，提出左肾为肾，右肾为命门，首次提出"命门"说。在东汉之后，《难经》一直是中医经典著作。

3.《神农本草经》

《神农本草经》简称《本草经》或《本经》，为中国现存的第一部药物学专著，托名神农所作。一般认为成书于东汉，总结了东汉以前的药物学成就，到唐初失传，书中内容保存于后世的本草著作中，明清之后的学者进行了辑录整复。全书共3卷，对所收载的365种药物，根据毒性和药效，分为上、中、下三品，以补养无毒药120种为上品，如人参、大枣、薯类等；以遏病补虚的有毒或无毒药120种为中品，如当归、鹿茸、黄连等；以除邪多毒药125种为下品，如巴豆、大黄、附子等。"上药养命，中药养性，下药治病。"此为中国药物学史上最早的药物分类法。该书概括了"君臣佐使、七情和合、四气五味、阴阳配合"等中药学基本理论，明确了"疗寒用热药，疗热用寒药"的原则，使药物性能与发病机理更紧密地结合起来，完善了中医学治疗理论。对药物的功效、主治、用法和服法均有所论述，如该书载录，麻黄治喘、常山截疟、黄连止痢、大黄泻下、茵陈蒿利胆、猪苓利尿、甘草解毒和雷丸杀虫等，而且兼顾说明了药物的产地、采集时间、炮制及真伪的鉴别等，为本草的发展奠定基础。

4.《伤寒杂病论》

《伤寒杂病论》为东汉张仲景的代表作，是中国现存首部临床医学著作，亦是中国现存最早的一部有明确作者的医书，共分16卷，包括两部分。一是《伤寒论》，专论伤寒病即发热性疾病，主要是霍乱、痢疾、肺炎、流感等急性传染病的辨证治疗原则。二是《金匮要略》，主要讨论内科杂病，亦包括妇科、外科等症。

《伤寒杂病论》对外感热病的发生、演变过程和症候群等进行了总结，按六经即三阴三阳经辨证治疗，确立"审因辨证、因证立法、以法系方、遣方用药"的中医辨证施治原则。张仲景在"四诊"基础上，总结出"八纲"：阴阳、表里、寒热、虚实。四诊八纲辨证施治的理论原则是中医学的核心思想。张仲景对这一理论原则的奠定、对中医学的发展做出了极为重要的贡献。《伤寒杂病论》还概括了汗、下、吐、和、清、温、补、消八种疗法。书中的方药内容，奠定了方剂学的基础。

5. 经络学说与《灵枢·经脉》

经络是经脉和络脉的总称，经脉指主干，络脉指分支。经络之间互相联系，交织成网，遍布全身，具有联系脏腑和全身的功能，与疾病的病因、发生、发展、转归均有关系。经络学说是有关经脉、络脉及其生理功能的学说，这是中医基础理论的重要发现和创造，为中医一大特征。经络学说大约创建于汉代，以后又不断得到发展和完善。《灵枢·经脉》提出人体有十二条大经脉，支脉为络。十二经是手太阳经、手阳明经、手少阳经，合称手三阳经；足太阳经、足阳明经、足少阳经，合称足三阳经；手太阴经、手少阴经、手厥阴经，合称手三阴经；足太阴经、足少阴经、足厥阴经，合称足三阴经。这样，十二经脉就使内脏与四肢发生联系，针刺四肢上的穴位，就可以使内脏和疾病发生变化。除十二经脉之外，还有奇经八脉：阳维、阴维、阳跷、阴跷、任脉、督脉、带脉、冲脉。经络的发现与针刺术密不可分，因为针刺时会发生"感应"，从而发现经络并建立起经络学说。经络学说又为针灸学奠定了理论基础，并被用于解释病理现象，指导临床实践。人可以根据经络的异常，诊断相应脏腑的疾病，如分经辨证；亦可以根据脏腑与人体体表经络穴位的对应关系开展治疗，如针灸、按摩和气功等；用药，如药物归经和分经用药等。

（二）著名的医药学家及其贡献

华佗（112—207 年），沛国谯县（今安徽省亳州）人，东汉末年著名医家，精通内、外、妇、儿、五官、针灸各科，以外科和针灸最为知名。华佗外科手术水平颇高。他发明了麻沸散，用作全身麻醉剂，施行腹部手术，为中国医学史上的创举。他创编的"五禽戏"，是模仿虎、鹿、熊、猿、鸟五种动物的动作姿势的一种运动，为中国较早的体育疗法。

董奉，三国时福建侯官人，隐居庐山行医，不索取诊金，治好病人就让其种杏树，杏子成熟后，变卖杏子为粮食赈济饥民。

淳于意（公元前 216—公元前 150 年），是西汉唯一见于正史的名医。他为观诊治得失，均备病案，古代称为"诊籍"，是中国现存最早有文字记载的病历医案。

涪翁，东汉初年四川人，年迈时常于四川涪水附近钓鱼，因他不愿说出自己的姓名，因而人们称他为"涪翁"。他是中国最早的针灸专科医生。

（三）公共卫生与防疫的管理

在中国秦汉时期，就有对公共卫生的管理。秦汉时期有先进的卫生设施，如下水道、都厕（城市公厕）和洒水车等。对传染病或疫情有一套防范与处置的机制。

1975 年在湖北云梦出土的睡虎地秦简中，记载了秦代乡村对疫病患者进行的检查、隔离和处置：里典向地方长官报告管区内有居民可能患上了麻风病，经派医生去检查后确诊，麻风病患者会被送到疠迁所进行隔离和医治乃至处置。

疠者有辠（罪），定杀。定杀可（何）如？生定杀水中之谓殹（也）；或曰生埋，生埋之异事殹（也）。甲有完城旦辠（罪），未断，今甲疠，问甲可（何）以论？当迁疠所处之；或曰当迁迁所定杀。（三）城旦、鬼薪疠，可（何）论？当迁疠迁所。①

----

① 《云梦秦简释文》（三），载《文物》1976 年第 8 期。

西汉平帝年间，青州发生严重疾疫，《汉书·平帝纪》载平帝诏"民疾疫者，舍空邸第，为置医药"。

从记载中可见，秦汉城乡有官方管理的隔离检疫制度与医疗收容机构及处置方法。

三、中国传统医学的全面持续发展

在中国历史上的两晋、南北朝、隋、唐、五代时期，是中国传统医学持续全面发展的时期，中国的医学水平与卫生事业发展都呈上升之势。譬如，著名医科专著、方书的出现，药物研究有重大进展，按摩等医疗手段有新发展，中国传统医学教育有崭新发展，有一套公共卫生与防疫管理的方式。

（一）医学专著的出现

王叔和（约3世纪）集前人脉学之大成，结合他的临证经验，撰成中国最早的论脉专著《脉经》，共10卷，97篇，10万余字。此书第一次对中医脉学从理论到临床进行较为全面的总结，使脉学理论与方法统一化、系统化和规范化，成为中国传统医学中独特的诊断方法。

皇甫谧（215—282年）所撰最重要的著作《甲乙经》，全书12卷，128篇。内容主要分两类：一类是基本理论，包括生理功能、病理特征、俞穴主治、诊法和针道等；一类为临床治疗，包括内、外、妇、儿各科，以内科为重点。此书总结了公元3世纪之前的针灸知识，统一了针灸穴位，规范了针刺的操作方法，讨论了针灸治疗的适应证和禁忌证，成为中医学第一部总结针灸的著作。《甲乙经》是一部汇编性著作，虽是针灸专著，然而《内经》的主要内容几乎均被选录，因而此书实际上包含了中医的基本理论。

巢元方等人集体编写的《诸病源候论》为中国第一部系统论述病因、病理、症候的中医理论著作。全书50卷，分67门，收载症候1720条，分别阐述内、外、妇、儿和五官等各科疾病的病因病理和症候。

《刘涓子鬼遗方》由龚庆宣（南朝齐人）整理，为中国现存最早的外科专著，一定程度上反映了中国5世纪以前外科的成就，对后来的外科发展有一定的影响。此书论述了金疮、痈疽、疥癣、疮疖和瘰疬等外科疾病，列有内、外治处方140余个，包括止血、止痛、收敛、镇静和解毒等治法，以及针烙引流等外治方法。内治讲究辨证用药，为后世外病内治的"消、托、补"三法奠定了基础。此书揭示痈疽两种病症的病因、病机及其鉴别诊断，以及对于痈疽的诊断治疗。书中有最早使用水银软膏治疗皮肤病的记录。

蔺道人的《理伤续断方》较为系统地总结了唐代之前治疗骨伤科疾病的经验，如肩关节脱臼采用"椅背复位法"，伤科治疗采用洗、贴、糁、揩等外治法及内服法，收载治疗骨伤方 40 余首，为骨伤科用药奠定了理论基础。该书对开放性骨折和关节脱位的认识与治疗均有详细记载，将骨折的复位方法分为 13 个步骤，并重视骨折固定后的功能锻炼。书中首次记载了肩、髋、肘、腕关节脱位后的复位术及开放性骨折的手术治疗，改进了骨折固定的原则和方法，对中国骨关节损伤治疗的发展有重要影响。

唐代有中国现存最早的妇产科专著《经效产宝》，咎殷所著。此书收集了有关经闭、带下、妊娠、坐月、难产和产后诸症等备验药方 378 首。书中所载处方和短论，简单明了，实用性强。如指出胎动不安（先兆流产）有两个原因：一是由于孕妇有病，因此胎动流产；二是由于胎儿先天发育不良，导致流产。

《颅囟经》出现在唐朝，未署作者姓名，为中国现存最早的儿科专著。此书 2 卷，首论小儿脉支与大人不同，次列病症 15 种名目，全书载方 42 首。该书最早提出小儿体质属"纯阳之体"的学说，概括了小儿生长迅速的生理特点。首次记载用烙法断脐预防小儿脐风（小儿破伤风），为南宋创制"烙脐饼子"的基础。此书对惊、痫、疳、痢和火丹等病叙述详细，并附方药，以便采用。此书在病因及治疗上有较多创见。如有关小儿骨蒸（佝偻病）病因，以前认为是肾气不足，书中指出是由于营养不良，用鳖甲治疗的疗效较好。该书对后来的儿科医家影响至深，为中国儿科的进一步发展奠定基础。

在唐代还有中国第一部眼科专著《秘传眼科龙术论》。

（二）方书的发展

"方书"即记载医方的著作，早期将收录有方剂的临床著作均称为方书。方剂即药物组合，其历史悠久，中国人在春秋战国时期就已发现，将单味药组成复方制剂，既能提高疗效，又能减少某些药物的副作用。其于临床辨证论治中，是医理与药理、诊法与治法、药方、药物的配伍与剂量融于一体的重要环节，为中医临床治疗的主要形式。中医以方治病的特点在汉代已完全形成，之后著名的方书有《肘后备急方》《千金方》和《外台秘要》等。

葛洪（284—364 年）所著《肘后备急方》共 3 卷。该书所述急救处理措施均简便有效，方药皆简便、价廉、易得，如黄芩、栀子、葱、姜和豆等多为易得之物，用牛奶、羊奶和大豆治疗脚气病方便有效，掐病者人中、捏虎口等急救措施简单易行，使人遇到急病可按书中所写采方治疗。"肘后"为古人衣袖内的口袋，意为该书便于随身携带。《肘后备急方》堪称中国第一部临床急救手册。

《千金方》是《千金要方》和《千金翼方》两书的总称，为孙思邈（581—682 年）所著。其在公元 652 年撰成《千金要方》，全书 30 卷，232 门，名为"方书"，包括临证各科、诊断、针灸、食治、预防、卫生等各个方面，收集医方 5300 多个，集唐代以前医方之大成。孙思邈晚年完成《千金翼方》一书。此书 30 卷，除对《千金要方》进行补充外，另收载药物 800 余种，对采药时节、道地药材、干燥方法和保存方法等均有相应记述。

王焘（670—755 年）在 752 年（天宝十一年）整理编写成《外台秘要》。这是一部大型综合性医学著作。此书总结了 8 世纪以前中国传统医学的成就，引用文献 69 种，2802 条。全书 40 卷，1104 门，载方 6000 余个，先论后方，内容广泛，包括内科、外科、妇产科、小儿科、骨科、五官科、皮肤科、精神病以及人工急救护理等。此书所选书籍皆详细注明书名及卷号。

（三）药物研究的进展

中医的药物称为"中药"，包括植物药、动物药、矿物药以及部分人工炼制的生物制品类药物。因其以植物药居多，又称"本草"。主要药物研究著作有以下几种。

1. 《神农本草经集注》

陶弘景（452—536 年）编集成的《神农本草经集注》。全书 7 卷，收载药物 730 种，是继《神农本草经》之后对药物知识的综合整理，对有关药物炮制、度量衡、剂型等进行考证、修订和总结。此书的主要贡献是确定新的药物分类原则，打破药物三品分类法，按药物的自然属性，以玉石、草木、虫兽、果菜、米食、有名未用等分类，此为药物分类的一次革新。

2. 《新修本草》

659 年撰成的《新修本草》亦称《唐本草》，是中国由国家颁行的第一部药典，全书共 54 卷，包括《本草》《药图》和《图经》三部分，收载药物 850 种，将药物分为玉石、草、木、禽兽、虫鱼、果、菜、米谷、有名未用 9 类。正文部分详细阐述药物的性味、产地、主治和用法，对古书未载的内容予以补充，错误的内容重加修订，还增录了一些进口药物，如安息香、龙脑香、胡椒和底野迦（阿片）等；药图部分根据药材实物而绘；图经部分对图谱进行说明，并收录有关药物的采集和炮制等内容。

3. 《食疗本草》

食治即营养，是研究用食物来培补虚损，恢复元气，增强机体抵抗力，以达到抵御疾病、维护健康、延长寿命的目的。孟诜（621—713 年）所著《食疗本草》，对可食用又有医疗效果之物予以收录，包括瓜果、蔬菜、米谷、鸟兽、虫鱼及其加工制品。该书论述食品疗效，指出某些食物的禁忌，如安石榴"多食损齿令黑"，砂糖"损牙齿"，河豚"有毒，不可食之"等；明确提出了对于孕妇、产妇要注意的饮食问题；对小儿的饮食要求亦较为重视，列举了一些影响小儿发育以及不适合小儿食用之品；提到食用因长久储存而陈腐败坏，或因加工时夹入杂质等的食品会对人体产生危害。《食疗本草》已经散失，今仅存于敦煌石窟中发现的残卷中，书的内容散见于后来的综合性本草著作。

4. 《雷公炮炙论》

中药的炮炙（宋以后亦称炮制）为中医用药特点之一，其作用为：①加工、洁净去除非入药部分；②减轻或消除药物的毒性；③增加药物效力。

南朝刘宋时期，雷敩总结前人药物炮制的经验，整理编著《雷公炮炙论》3卷，是中国最早的制药专著。此书收录药物300种，阐述了各种药物的炮制方法，如蒸、煮、炒、炙、煨、煅等。《雷公炮炙论》对后来的中药炮制研究影响极大。原书已经散失，仅一篇自序流传下来，其书主要内容散见于后来的本草著作之中。

（四）这一时期医学各科的成果

1. 临床各科的重要成就

有关这一时期临床各科的成就，在内科方面有《诸病源候论》；在外科方面有《刘涓子鬼遗方》，为中国现存最早外科专著；在妇产科方面有唐代昝殷所著的《经效产宝》，为中国现存最早的妇产科专著；儿科方面有《颅囟经》；针灸科有皇甫谧的《甲乙经》。这个时期临床各科的成就前面已有陈述，在此从略。

2. 按摩的应用

中国古时称按摩为"按蹻"或"案扤"，是医生通过按、摩、推、拿、揉等各种手法和按摩工具作用于穴位，以达到疏通经络、宣通气血、调和阴阳的目的，在晋至隋唐这一时期有重大发展。

按摩在中国的起源久远。《黄帝内经》中不仅列举了能用按摩治病的病证，而且对按摩的治疗效果亦做理论上的说明。秦汉时期就出现了中国第一部按摩专著《黄帝岐伯按摩十卷》。

从晋至隋唐，是按摩术发展的兴盛时代，按摩术不但应用于临证治疗，并且扩展至养生保健上。两晋南北朝时期，随着佛教与道教的兴起，按摩术被纳入玄学体系，成为健身长寿的主要手段之一。隋唐时期，按摩术在医疗上应用广泛，成为中医学的重要组成部分。《唐六典》认为，按摩可除"八疾"：风、寒、暑、湿、饥、饱、劳、逸。在太医署中设有按摩博士、按摩师、按摩工。按摩术也开始应用于肢体损伤的治疗。在这一时期，有关按摩的著作不少。

3. 人体解剖

晋代的《黄帝三部针灸甲乙经》和唐代的《千金要方》中有一些关于解剖的描述。不过，人体解剖发展长期相当缓慢。

（五）公共卫生与防疫的管理

两晋、南北朝、隋唐时期也有一套公共卫生与防疫管理措施。

《晋书·王彪之传》记载，公元356年传染病流行，朝廷为了防止疾病扩散颁布命令："朝臣家有时疾染疫三人以上者，身虽无疾，百日不得入宫。"

南朝时，元嘉四年（427年），建康（今南京）发生疫病，宋文帝刘义隆谕："遣使存问给医药，死者若无家属，赐以棺器。"

隋代有僧人设立"病人坊""疠人坊""悲田养病坊"。

唐代武则天时期开始，由政府出面主办收治机构，有专门官员负责，城市有官办的提供给传染病患者及疫症病人的医疗隔离机构。① 唐代的公共卫生设施在当时较为先进。长安城内密布排水系统，每条大街两侧或者一侧都有排水沟，一般坊市亦有排水沟，考古发现沟宽均在2.5米以上。②

（六）医学教育与医学教育机构的建立和发展

在中国古代，中医的教育基本为师徒传授或家学传承，晋代以前没有设置专门的医学教育机构。晋代设置了医官教习，这是中国官方开办医学教育的开端。官方设医学校培养医生于南北朝时始见端倪。天兴三年（400年），北魏设"仙人博士官，典煮炼百药"。北魏孝文帝太和年间，设有太医博士、太医助教。医学校出现在5世纪中叶。南北朝时期宋文帝元嘉二十年（443年），太医令秦承祖奏置医学，以广教授，政府因而开始设立专属的医学教育机构。秦承祖精于方药，撰写了《药方》《本草》《脉经》《偃侧针灸》《偃侧人经》和《明堂图》等书，作为教学用书。他还是较早绘制经络穴位图像的古代医学家之一。其负责创办的医学教育机构，是最早的中国官方医学教育机构，对中国医学和医学教育有重要影响。

在隋朝，除延续家传和师徒传授的医学教育传统外，更在前代的基础上，建立和完善了太医署，作为医学教育的专门主管机构，教授学生各种医术，开创和发展了学校式的医学教育，为中国最高医务行政机构和医学教育管理机构。隋朝太医署医学教育分为医学教育和药学教育两部分，成为分科施教的开端，设4个科系，分为医师科、按摩科、祝禁科、药科。4科教育初步成形，为唐代4科教学体制的建立奠定了基础。据《隋书·百官制》载，医学科有博士2人、助教2人掌医，医师200人，医学生120人。此时的针灸科并未独立，由医博士承担这方面的教学任务。隋朝所设医学校的师生最多时达580人。中国医学教育到了唐代已经比较完善。太医署是唐代最高的医学教育管理机构，规模宏大，设备充足，学制健全，考核严格，培养医药人才也有明确的方针和方法，在中国古代医学教育史上居于重要地位。据《旧唐书·职官志》记载，太医署有太医署令2人，掌管学校的全面工作；丞2人，负责协助太医署令工作；另有府2人、史2人、医监4人、医正8人、掌固4人，分别主管教务、文书、档案和庶务等工作。太医署分医科教育为4科，即医科、针科、按摩科和咒禁科，医科之下又分体疗、疮肿、少小、耳目口齿、角法，大致相当于内科、外科、儿科、五官科和外治法科。药科教育方面，设有府、史、掌固、主药、采药师、药园师、药童和药园生等，专门培养药学人才。此科附设了药园，是药园生的实习基地。药园除了独立培训药学人才，还承担

---

① 张志云：《唐代悲田养病坊初探》，载《青海社会科学》2005年第2期。
② 马德志：《唐代长安城考古纪略》，载《考古》1963年第11期。

了医科及针灸、按摩等各科学生学习《本草》时辨药形、识药性的实习任务。每一个部门都由博士担任教学工作。学生学习到一定阶段，就要参加考试，成绩优良的批准为合格的医生。（见表6-1）

表6-1　唐太医署组织编制一览①

类别		课目		修习年限
		修习课	临床课	
医师科	体疗	公共课："明堂""素问""黄帝针经""本草""甲乙经""脉经"。分五个专业教习	识药形药性，知四时脉象浮沉涩滑之状，验图知穴位	7年
	疮肿			5年
	少小			5年
	耳目口齿			2年
	角法			2年
针师科		公共课同上。专业课："素问""针经""明堂脉诀""神针"及九针之法	以九针为器械，察五脏之有余和不足，然后用针或补或泻	在学时间最长为9年
按摩科		公共课同上。专业课：消息导引之法，治损伤折跌之法	除八疾（风寒暑湿饥饱劳逸），调利骨节，宣通血脉，损伤折跌治法	在学时间最长为9年
咒禁科		咒禁五法（存思、禹步、营目、掌决、手印）	拔除邪魅之为厉者	在学时间最长为9年
药园局		《名医别录》《本草》药物种植、鉴别、采集、炮制、贮存	防病治病	在学时间最长为9年

四、中国传统医学的兴盛时期

中国历史上的宋、金、元时期，是中国传统医学的兴盛时期。譬如，政府重视医药事业，对医药事业的管理进行了完善，医学典籍与理论水平进一步提高，医书出版规模空前，医治用药水平有较大提高，本草与方剂的发展，医学名家辈出，医学流派产生，出现了金元医家的学术争鸣。

---

① 王振国、张大庆：《中外医学史》，中国中医药出版社2013年版，第72-73页。此表在原表基础上对格式有调整更改。

（一）医药事业管理的完善

1. 嘉祐二年（1057 年），宋朝政府在京城设立"校正医书局"

校正医书局隶属翰林医官院，对历代重要医籍进行搜集、整理、考证和校勘，完成了《素问》《伤寒论》《金匮要略》《金匮玉函经》《黄帝三部针灸甲乙经》《脉经》《诸病源候论》《千金要方》《千金翼方》和《外台秘要》这 10 部宋代之前最具代表性的医学著作的系统校正与印行，使许多濒临散失的中国古典医籍得以保存，对中国传统医学发展起到了重大推动作用，促进了医学著述的出版。宋代出版的医书数量之多、质量之高和规模之大前所未见，对促进中国传统医学发展兴盛的到来有重大意义。

2. 设立管理、采办、配制、加工和售卖药物的机构

宋朝政府除设置"御药院""尚药院""典药院"等专为皇室服务外，亦十分重视全国的药品生产、流通、销售、使用和管理。药品制造与贸易由国家统一管理，在开封开设太医局"卖药所"出售药品，设立"修合药所"二处从事药物的炮炙与加工，一般是药物经修合药所加工后由卖药所出售。"修合药所"与"卖药所"是中国最早的官办药厂与药房。"卖药所"和"修合药所"后来发展为"太平惠民和剂局"。1107 年，开始由政府组织编修并颁布的药局方书《太平惠民和剂局方》，为统一配方制剂、推广成药、普及医药知识发挥了重要作用。太平惠民和剂局出售的药品上有"和剂局印"。1130 年，南宋亦设立了"和剂局"，全国的部分州县效仿成立了药局。南宋的官药局卖药所售药品质量高，价格亦较私商便宜，很受欢迎。在疾病流行期间，经常免费供应药物。时至元代，政府设"广惠司"，聘阿拉伯医生治病，专用"回回药物"，于 1292 年在大都北京和上都多伦各设一所"回回药物院"，专售阿拉伯药。

（二）医学成果

1. 运气学说的发展

运气学说是以"五运六气"预测疾病发展和轻重的一种学说，源于何时无考，唐代王冰注《素问》时已有运气说，至宋代有所发展。运气学说对气候变化与疾病关系进行探讨，深化了六淫病机理论。

2. 病因研究

宋代陈言著《三因极一病症方论》18 卷（1174 年），将各种疾病的原因分为三类：内因七情，即喜、怒、忧、思、悲、恐、惊；外因六淫，即风、寒、暑、湿、燥、热；不内外因，即饮食饥饱、虫兽所伤、中毒金疮、跌损压溺等。此种分类方法较为全面具体地概括了致病因素，更符合临床实际，是对病因认识的一大发展，提高了中医对病因

认识的水平。

3. 人体解剖

宋代以前所传人体解剖的资料典籍有文无图，而且没有专书。宋代的人体解剖取得进一步发展，主要标志为出现的两部尸体解剖图谱——吴简的《欧希范五脏图》和杨介的《存真图》。

4. 法医

中国最早的具有法医性质的专著《疑狱集》出现在唐代。该书记述的"张举烧猪"的典故，是鉴别生前烧和死后烧的方法，亦是中国法医史上第一次法医动物试验的描述。时至宋代，政府制定了一系列有关法医检验的制度，并出现若干有关法医的著述。宋慈（1186—1249 年）的《洗冤集录》（1247 年）是中国最早的较为系统的法医专著。该书共 5 卷，内容 53 项，较为全面地记载了人体解剖、四季的尸体变动、尸体检验、现场检验和某些机械性死伤原因的鉴定，列举了用以自杀或他杀的药物，以及急救、解毒的方法，涉及解剖、生理、病理、药理、毒理、外科、骨科和检验等多方面的知识。

5. 外科和骨科

在宋代，辨证施治进一步用于外科治疗，提出"内消"和"托里"等原则，强调外科病亦要外病内治，使外科对于痈、疽、疮、疡的处理更加重视局部与整体的关系。治疗上有了刀、针、钩和镊等手术器械。宋元时期，外伤科正式独立发展，陆续出现一些外科专著，如李迅的《集验背疽方》、齐德之的《外科精义》、陈自明的《外科精要》。特别是《外科精要》，论治痈疽较为全面，展现了当时外科的新成就，标志外伤科的明确形成，为这一时期影响较大的外科著作。元代骑兵征战造成大量的外伤、骨折、脱臼者，急需治疗，促进了骨伤科的发展。元代太医院设立了正骨兼金镞科。骨科名家危亦林的《世医得效方》（1337 年），19 卷，是中国现存的记载了较为丰富骨科知识的著作，记述了四肢骨折及脱臼、脊椎骨折、跌打损伤、箭伤及整复法，介绍了多种治疗手法和器械。尤其是对脊椎骨折，首次应用悬吊复位法，为伤科史上的创举。该书所载手术中曲针的使用，为伤科史上的重要发明。此书记述了麻醉法，为中国较早地记录全身麻醉法的文献。

6. 妇产科

宋代已经积累了比较丰富的妇产科经验与理论。此时期，妇产科已经发展为独立的专科，太医局设立了妇产科。这一时期，出现一批妇产科专著，代表性著作有杨子建的《十产论》（1098 年）和陈自明的《妇人大全良方》，以《妇人大全良方》影响最大。此书共 24 卷，29 门。前 3 门为妇科，讨论正常月经和月经病，一般妇科常见病和不孕症，从调经、众疾、求嗣 3 门对妇科的医、诊、治、方多方面进行较全面的总结。后 6 门为产科，对胎儿形成、发育、孕期疾病、分娩、难产、产后护理及治疗、妊娠用药禁忌等都有比较详细叙述。

7. 儿科

儿科在宋代已发展到相当水平。在此时期，儿科名医辈出，如钱乙及其学生阎孝忠等。钱乙（1032—1113 年），字仲阳，今山东郓城县人，专精儿科 40 年，积累了丰富经验。他的《小儿药证直诀》一书，推进中国儿科发展到新的水平。《小儿药证直诀》乃钱乙的学生阎孝忠根据老师 40 年的临床经验，将其理论、医案和验方加以整理总结写成。全书共 3 卷，上卷为方证，中卷为研治病例，下卷为方。

8. 针灸

随着医学教育的发展，教学方法的改进，针灸于 11 世纪 20 年代的宋朝发展为一门重要医学课程。然而，当时流传的有关针灸的书籍，由于相互传抄，造成经络腧穴的部位相当混乱。宋仁宗于天圣元年（1023 年）诏令翰林院医官、尚药奉御王惟一，考次针灸法，铸造针灸铜人，作为针灸的准则。王惟一撰写《铜人腧穴针灸图经》3 卷。天圣五年（1027 年），又主持设计铸造针灸铜人模型两具，名为"针灸腧穴铜人"。铜人是由青铜所铸的端正直立的青年男子裸体像，体内脏腑亦用铜铸，膈膜和脉络刻得清楚。在铜人表面，刻着 657 个孔穴，每个孔穴之旁用金字标明穴名，能够按穴论病、按穴教学。铜人是中国最早而且最珍贵的针灸教学模型，平时有穴位规范化的作用，进行教学时又作为学习的依据。

9. 养生

从先秦到汉唐，养生术由萌芽到逐渐发展并取得成就，有华佗、嵇康、葛洪和孙思邈等养生术家。宋元时期，养生术迅速发展，出现了陈直、邹铉、丘处机和朱震亨等著名养生术家，而且出现了《养老奉亲书》《摄生消息论》《保生要录》《泰定养生主论》等养生专著。这些养生术家和养生专著，丰富和发展了前人的养生法则和养生术。其中，尤其以宋代陈直的《养老奉亲书》影响最大。此为一部关于老年病的专著，内容主要包括老年病病机及老年病食疗。陈直指出，饮食应少量多餐，食物宜温热熟软，而忌黏硬生冷，以免损伤脾胃。他主张饮牛奶，认为牛奶性味平和，能补血脉、益心气、长肌肉。他认为食疗治病，优于药物疗法；如采用食疗不愈，再考虑药物治疗。

（三）药物方面的成就

在宋代，从开宝六年（973 年）起，多次由国家组织本草修订。在同一时期，由于当时民间使用医药的普及与印刷的便利，私人本草著作也相当多，使宋代本草著作水平有显著发展。本草与方剂的研究发展，成为宋代医药发展的特征。

宋太祖开宝七年（974 年），诏命刘翰、马志和李昉等人，取《唐本草》详加校正，又取陈藏器《本草拾遗》、唐李含光《本草音义》诸书互相参照，编成《开宝重定本草》一书。此书 20 卷，增药 133 种，载药 983 种，并纠正了原书中的不少错误。这部《开宝重定本草》以雕版颁行，第一次将朱字刻为白文、墨字刻为黑文，使原来的朱墨之分变为黑白之分。此为首次国家组织药典的修订。

宋仁宗嘉祐二年（1057 年）设立校正医书局，诏命对《开宝重定本草》加以校正，辑录名家本草之说，为其注解，又补入药品 82 种、新定 17 种，总计载药 1082 种，名为《嘉祐补注本草》，于 1061 年刊行。同时又诏全国各郡县，将本地所产药物，照实详细绘图进上，经苏颂诠次编辑成册，书名为《本草图经》，共 21 卷，于 1062 年刊行，与《嘉祐补注本草》同时流传。

上述著作均为由政府组织集体编撰的本草。

私人本草著作中最重要的有唐慎微的《证类本草》，成书于 1082 年，全书共 31 卷，以《嘉祐补注本草》及《本草图经》合而为一，补入药物 628 种，总计载药 1746 种，60 余万字，采古今医书验方以及经史百家、佛典道教 247 部，凡与药物有关者均收集，附在各药之后。此书完成之后，数次由官府修订，作为国家药典颁布。

（四）方剂的发展

时至宋代，大量编撰方书之势仍在延续，并得到政府的重视与支持，由政府组织医家来完成大型方书的编纂工作。其中，《太平圣惠方》《和剂局方》和《圣济总录》，展现了宋代在医方整理和研究方面的重大成就。

《太平圣惠方》是北宋政府令尚药奉御王怀隐等集体编著的首部大型方书，在淳化三年（992 年）成书。全书 100 卷，分 1670 门，录方 16834 首。此书按类分述各科病症，包括病因、病理、治疗方法、方剂适应证、药物用量等，最早载述"内消"和"托里"的治疗原则，是一部具有理、法、方、药完整体系的医方著作，既继承了前代的医药成果，又反映了当时的医疗水平。

《和剂局方》是宋代由政府创办的专营药物买卖的"和剂局"配制成药的处方集，经多次增补。1151 年，此书改称《太平惠民和剂局方》，颁行全国，是中国最早的国家药局的成药处方集。全书 10 卷，载方 788 首，每方除介绍药物组成和主治病症以外，对药物炮炙和药剂配制的方法均有详细介绍。

《圣济总录》是由宋政府组织集体编辑，于 1118 年成书，与《太平圣惠方》性质相似，但规模更大。全书 200 卷，分 60 门，载方约 2 万首。书中每门之下分列若干证，每证之首，先论病因病理，次述治法方药，囊括内、外、妇、儿、五官、针灸和正骨等 13 科，对宋代盛行的医学理论——"运气"学说，亦进行了系统阐述。

（五）医学流派的出现及学术争鸣

在宋、金、元时期，医家探索新方法，提出新理论，出现了"河间学派"和"易水学派"，并出现金元医家的学术争鸣，学术风气活跃起来，丰富了中国医学的内容，开拓了中医发展的新局面。

1. 寒凉派及其代表刘完素

刘完素（1110—1200 年）是"河间学派"创始人。当时中国北方热性病流行，他提出"火热论"的病因学说，认为病因以火热为多；并对火热病提出"降心火，益肾水""热病只能作热治，不能从寒医"的治疗原则。他主张多用寒凉药物，突破旧法，提高了疗效，对后世治疗热性病相当有启发，成为温热学派的先导。

2. 攻下派及其代表张从正

张从正（1156—1228 年）认为疾病的原因或外来或内在皆为邪气，主张治疗原则以攻病除邪为首要，邪去则正安，提出"汗、吐、下"攻病三法，并扩大了三法的含义与临床应用范围。他虽善于攻下，并非无补，而是先攻后补，寓补于攻。他反对"唯人参、黄芪是补"的论点，认为凡有助五脏，均可谓之补；促使病人进食，才是真补之道，补药只能起辅助作用。他尤其重视影响疾病的精神心理因素。

3. "易水学派"及其创始人张元素

张元素（1151—1234 年）现传世之作有《医学启源》《珍珠囊》和《脏腑标本药式》等。他治病不用古方，自为家法，以善制新方和化裁古方而知名。他认为"运气不齐，古今异轨，古方今病，不相能也"。在诊断上，张元素重视脏腑辨证；在治疗上，重视温补疗法。他制定"脏腑标本虚实寒热用药式"，对脏腑的辨证用药都按温凉补泻加以归纳。由于他重视调理脾胃的治疗方法而自成一派，史称"易水学派"；他与两名弟子李杲、王好古被称为"易水学派三名医"。在遣方用药上，张元素重视药物气味，制方以药物气味与病机相协调为准则。他还提出"药物归经说"和"引经报使说"。"归经"和"引经"既相联系又相区别。"归经"即指某药入某经，对治疗该经的病效果显著；"引经"亦即指某药入某经，但主要作用是引其他药入该经，起了向导作用。恰当运用归经和引经的药物，做到药性有专司，制方有专主，就能提高治疗效果。由他开始，"药物归经"和"引经报使"之说，成为规范的中医临床用药原则。

4. 补土派及其代表李杲

李杲（1180—1251 年）拜张元素为师，为"易水学派"第一代嫡传弟子，认为疾病不只是外邪而致，饮食不节、起居不时、辛劳过度、精神刺激都能导致内伤病，因此提出"内伤学说"，强调脾胃对人体生理活动的重要性，提出"内伤脾胃，百病由生"的主张。认为补益脾胃是治病之要，治疗多采用补益脾胃、升举中气的方法。他创制了补中益气汤和升阳散火汤。

5. 滋阴派及其代表朱震亨

朱震亨（1281—1358 年）根据大自然的"天阳大于地阴"，认为人体也是"阳常有余，阴常不足"，提倡治疗上着重养阴，是对刘完素火热学说和李杲补土学说的进一步发展，集河间、易水两学派的精髓。他根据《内经》论证了人体相火的两重性，即有常有变。认为相火之常，属生理，"人非此火不能有生"；相火之变为病理，危害甚大，"相火妄动""煎熬真阴"。他认为体内的相火最易因情色欲过盛而妄动。为了避免相火妄动，"保养金水两脏"相当重要，宜"收心养心"，节制"殉情纵欲"等，保养"阴分"。临床上善用"滋阴降火"之法，并创制滋阴降火的药剂。

（六）公共卫生与防疫的管理

宋朝传承前代政权通过医事制度与医事机构施行防控疫情的措施，并有新的发展和更革。宋太祖每逢酷暑，就下令医官合制防暑药物，发放给军队和普通百姓。992 年，宋太宗为防止瘟疫传播，命令太医署派出医技出色的医官 10 人，在京城交通要道开诊，并由朝廷给钱发放药物。淳化三年（992 年），因"凶年饥馑""天灾流行，闾间之民，疾疫相继""令太医署选良医十人，分于京城要害处，听都人之言病者，给以汤药，扶疾而至者，即与诊视"①。宋代延续病坊设置，《宋史·刑法志》载"咸平四年，从黄州守王禹偁之请，诸路置病囚院，徒、流以上有疾者处之，余者保于外"，记述宋真宗在各地设立病囚院，安置患有传染病的百姓。宋徽宗年间设立安济坊收治病人。②《宋会要辑稿·职官二七之一五》中记载："绍圣元年闰四月十二日，三省言京师疾疫，诏太医局熟药所即其家诊视，给散汤药。"③淳熙十四年（1187 年）正月二十七日，宋孝宗发布《俵散汤药诏》："军民多有疾病之人，可令和剂局取拨合用汤药，分下三衙并临安府，各就本处医人巡门俵散。"④太医局要为军队配置避暑药、防疟疾药和防冻药物，惠民局、和剂局亦参与其事。庆历六年（1046 年），宋仁宗得悉在南方平乱的军队发生疫情，立即下令医官院配制药物，由太医局派出医官赶赴军中救治官兵。四月，宋仁宗虑及南方戍兵苦于瘴雾，故"令医官院定方和药，遣使给之"⑤。1076 年，宋神宗命令太医局制作防疟疾药物 30 种，送到在安南征战的部队。⑥在宋代，"京府及上中州职医助教各一名，京府节镇十人，余三十七人，万户县三人，每万户增一人，至五人止，余县二人"⑦。他们亦从事疫病防治工作。

元代的医户制度将各地的医生纳入官方管理，规定民间发生疫情，医户要参加救灾诊疗，并可收取费用。他们每月还要到本地官府集会，"各说所行科业、治过病人，讲究受病根因、时月运气、用过药饵是否合宜"。

（七）医学教育的发展

前文已述，中国在南北朝时期宋文帝元嘉二十年（443 年）开始设置教育机构，至

---

① 《大诏令集》卷二一九，中华书局 1962 年版。
② 〔清〕徐松辑：《宋会要辑稿·食货》，中华书局 1957 年版。
③ 〔清〕徐松辑：《宋会要辑稿·职官》，中华书局 2006 年版，第 2878 - 6520 页。
④ 〔清〕徐松辑：《宋会要辑稿·职官》，中华书局 2006 年版，第 2878 - 6520 页。
⑤ 《长编》卷一五八，庆历六年四月甲寅，第 3825 页。
⑥ 《长编》卷二八三，熙宁十年七月丙子，第 6941 页。
⑦ 程迥：《医经正本书·丛书集成初编》，中华书局 1985 年版。

隋朝开始设太医署，为管理医学教育的正式机构，唐代延续。至宋代，中央改设"太医局"，内设提举、判局和教授，主管医学教育。宋朝政府按等级任命医官，"大夫""郎"都是一般官吏的官名，从宋代开始把医官放到大夫官阶下，亦就是从那时开始才把医生统称为"大夫""郎中"。太医局作为医学教育的主管机构，附设医学校和药学校，成为培养医学人才的最高机构。

金代医学教育机构为太医院，设 10 科，学生 50 人，3 年考试一次，成绩优秀者可担任医官。

到了元代，医事制度沿袭宋制，设太医院。但在分科方面，由 9 科扩大到 13 科，即大方脉科、杂医科、小方脉科、风科、产科、眼科、口齿科、咽喉科、正骨科、金疮肿科、针灸科、祝由（巫术）科和禁科。元代为中国医学史上分科最多的时期。各州县也设立医学校，规定 3 年考试一次，及格者可参加中央省试，录取后可担任医官。

五、从明代至清代鸦片战争前的中国传统医学的全面完善时期

在中国的明代至清代鸦片战争前的这一历史时期，中国传统医学仍然按其既有的道路前行，而在这一时期的明代中后期至鸦片战争爆发前夜期间，西方医学传进渗入中国，但对中国医学的影响极微。这一时期的中国传统医学稳定地发展，处于全面完善时期。

（一）温补学派的出现

在金元学派发展的基础上，明代中叶之后形成温补学派，其代表人物有薛铠与薛己父子、张景岳、赵献可等。此学派反对刘完素（寒凉派）和朱震亨（滋阴派）的学说，主张温补固本。

薛己（1487—1559 年），强调真阴真阳不足的成因，认为治病务求本源，对后世温补学说有一定影响。薛己的著作主要有《外科枢要》《内科摘要》《女科撮要》《疠疡机要》《正体类要》《口齿类要》和《保婴撮要》等。

张景岳（1563—1640 年），著《景岳全书》64 卷。他反对刘完素代表的寒凉派的"火热"学说，在理论上创"阳常不足，阴常有余"论，与丹溪学派（滋阴派）的"阳常有余，阴常不足"相抗衡，认为人的真气以阳为主，难得而易失，既失而难复，论证了温补固本的重要性，其基本思想为"攻邪应先扶正"，主张既要节制色欲，以防精血损伤，还要经常服食温补精血的药物。其临证喜用熟地及温补方药，因而被称"张熟地"。他创制了大补元煎。

赵献可（1573—1664 年），行医以养火为主，医病喜用六味丸、八味丸。其代表作为《医贯》，主要是对中医基本理论的阐扬，特别强调了命门相火的作用。

（二）药物研究的成就

1. 李时珍所著《本草纲目》及其成就

明代本草有突出成就，最具有代表性的是李时珍所著的《本草纲目》。这是关于中国古代药物的巅峰之作，为中国医药高度发展的一个重要标志。

李时珍（1518—1593 年），字东璧，号濒湖，蕲州（今湖北省蕲春县）瓦硝坝人，出身于世医之家。他一生著书 10 余种，现仅存《本草纲目》《濒湖脉学》和《奇经八脉考》3 种。

李时珍在学习与研究医籍的过程中，发现不少古代本草书籍分类杂乱，草本混淆，或一物误分为二，或二物混为一谈，特别是剧毒药物，常被一些人误认为是"延年益寿"的仙药而滥加服用，以致产生祸害。而且，自唐慎微的《证类本草》出现以来的数百年间，药物品种不断增加，药学理论也不断发展，于是李时珍开始了《本草纲目》的编撰工作。李时珍进山攀岭，访医采药，获得大量第一手资料。经过 27 年的努力，他参阅 800 余种书籍，三易书稿，于 1578 年成书。

《本草纲目》全书共 52 卷，收载药物 1892 种，绘制药图 1109 幅，附方 11096 首，共 190 万字。所载药物以其天然来源及属性为纲，分 16 部；同一部下，以相近类别分目，分 60 个类目。此种分类法是在前人基础上对医科分类所做出的创造性贡献。全书以《政和经史证类本草》为蓝本，并参考《医学纲目》和《食物本草》，将重复者除去，同源者归并，又从金、元、明诸家本草中收录药物 39 种，并增加他挖掘的新药 374 种，如止血药三七、活血药藏红花、解痉止痛药曼陀罗花等。

李时珍从历代名医的临床经验、民间经验及个人的实际经验入手，总结出许多药物的真实效用。例如，柴胡治疟，元胡止痛，沙参清肺止咳，姜黄与玉金同功，玄参与生地黄同功。

《本草纲目》纠正了过去本草上的相当多错误，如一物错为二物等类似的错误，李时珍都分别予以纠正。

2.《本草纲目拾遗》

清代的赵学敏（1719—1805 年）非常敬重李时珍，但认为其《本草纲目》还有遗漏，为了弥补其不足，历经 30 多年于 1765 年著成《本草纲目拾遗》，分 10 卷，共收《本草纲目》未载或有缺误的药物 921 种，对新传入的国外药物亦有收集，记载了金鸡纳、胖大海、鼻冲水（氨水）、西洋参、烟草和露药等，还收录了一些民间药物。

（三）医学各科的主要成果

1. 王清任的《医林改错》对人体解剖方面的新认识

王清任（1768—1831 年）为清朝乾隆至道光年间的名医，因深感人体解剖知识重要，又发现古籍中有关人体解剖方面的许多错误，必须纠正，于是历经 42 载，观察了100 多具尸体，将观察结果绘制成人体脏腑图 25 幅，撰成《医林改错》2 卷。此书纠正了前人对脏腑记载的一些错误，如"脾闻声则动""肺中有 24 孔""尿从粪中渗出"等。书中阐述了许多新的发现，包括人体主要动静脉的位置、分布、走向，如颈总动脉、主动脉、肠系膜上下动脉、左右髂总动脉、左右肾动脉、锁骨下静脉、上下腔静脉等。王清任总结了脑的功能，阐发了人之"灵机记性在脑不在心"。

2. 内科的主要成果

明清时期的内科取得了前所未有的发展，有成就的医家和重要医学著作大量出现。综合性内科著述如王纶的《明医杂著》，是集医学杂论及各科证治心得而成的内科著作；薛己的《内科摘要》为中国第一部以"内科"命名的医书。

3. 外科的重要成就

在明清时期，外科、伤科各自独立发展，外科界开始重视外科理论研究。

薛己强调外科必须要以内科为基础，并且要重视外科理论。薛己著有 4 种外科专著：《外科枢要》《外科心法》《外科发挥》和《疡疮机要》。在《外科枢要》中首先记载了 5 种肿瘤和环疽：筋瘤、血瘤、气瘤和骨瘤等。

王肯堂所著《六科证治准绳》中的《外科准绳》记载了许多手术方法，如肿瘤摘除术、甲状腺切除术、气管吻合术、耳外伤脱落的缝合再植术、唇舌外科整形术，还记载了人的骨骼数目和形状，各种骨折和脱臼的复位处理方法。

陈实功所著《外科正宗》，记载了粉瘤、发瘤等肿瘤以及 40 多种皮肤病，还记载了截肢术、气管缝合法、下颌骨脱臼整复法、脓肿扩创引流术、鼻息肉摘除术和挂线疗法治痔疮等。他创制了"和荣散坚丸"和"阿魏化坚膏"，认为此为"缓命药也"。

4. 妇产科

明清有 100 多种有影响的妇产科专著。例如：薛己的《校注妇人良方》、王肯堂的《女科证治准绳》和武之望的《济阴纲目》等。

5. 儿科

万全编撰的《万密斋医书十种》中，有儿科专著 5 种。陈复正的《幼幼集成》是一部较为完备的儿科专著。

6. 眼科

明清时期是中医眼科理论成熟的时期，其中较有代表性的如王肯堂的《杂病证治准绳·七窍门》和傅仁宇、傅维藩的《审视瑶函》等。

7. 耳鼻喉科

明代薛己的《口齿类要》是有关咽喉口齿类的专书。然而，大量喉科专著出现在清代，如郑宏纲的著名喉科专著《重楼玉钥》。

8. 传染病的防治的成就

（1）中国最早的麻风病专著《解围元薮》

明代医学家沈之问，擅长治疗麻风病。其祖父曾搜集不少关于麻风病的秘方，由其父进行补充。沈之问继承家业，用心研究，还广征博集治疗麻风病的奇方妙术，每遇擅治麻风病者，即礼币款迎求教。他以积三代治疗麻风病的宝贵资料和丰富经验，于1550年（嘉靖二十九年）编写成《解围元薮》一书，共4卷，对麻风的症状、诊断、处方用药和预防等的描述皆很完备，是中国最早的一部麻风病专著。

（2）梅毒专著《霉疮秘录》

陈司成编成的治疗梅毒的专著《霉疮秘录》，在1632年刊行，是较早的治疗梅毒专书。陈司成对梅毒有相当深的研究。关于梅毒传染的原因，他认为是"入禀浸薄，天厉时行，交媾斗精，气相传染，一感其毒，入髓沦肌，流经走络，心肝脾肺肾均能中其毒"。因而他又将梅毒称为"奸疮"，即梅毒是由于男女发生不正常性关系而传染所致。陈司成主张使用砷剂和汞剂治疗梅毒。

（3）人痘接种法的发明

种人痘始于16世纪，是学界较为一致的看法。中国古代接种的方法主要有两种：一种是痘衣法，即把痘疹患儿的内衣穿在未出过痘疹的小儿身上，达到出痘目的，但效果欠佳，并有危险性。另一种是鼻苗法，是经鼻接种痘苗，又分痘浆法、旱苗法、水苗法，皆为达到出痘目的。痘浆法用痘疮的疮浆作为痘苗，极其危险。旱苗法或水苗法是常用方法，用干或湿的痘痂作为痘苗，称"时苗"，相当于人工感染天花。后来逐渐改进为"熟苗法"，是用经过多次接种后的痘作为痘苗，称"熟苗"，又称为"种痘"。人痘接种术发明后在中国推广，于17世纪开始流传海外，在1652年传入日本。俄国沙皇于17世纪派人到中国学习人痘接种术。18世纪，英国公使夫人蒙塔古（M. W. Montague，1689—1762年）在土耳其学会人痘接种术后推广到英国。18世纪中叶，人痘接种法在欧亚广为传播。

（4）温病学派

王履实为温病学派的奠基人。将温病、瘟疫和伤寒截然分开，从病因、发病、发展过程和治疗原则等方面提出全新主张的是吴有性。

在明代，吴有性（1587—1657年）在临证实践中深入观察传染病的流行特点，推究病情，总结经验，于1642年著成《瘟疫论》一书。此书记载了鼠疫、天花、白喉等传染病，是传染病的专门论著。吴有性提出了一种新的病原学说。他认为"瘟疫之为病，非风非寒，非暑非湿，乃天地别有一种异气所感"，他称其为"戾气"。他认为"戾气"是物质，可用药物制服。"戾气"的传播途径是自口鼻而入，无论老少强弱，接触皆病。他还认为"戾气"有特异性，并肯定戾气也是一切外科感染疾患如疔疮、痈疽和丹毒等的病因，从而突破了历来对瘟疫的病因认识。他为温病学派的形成奠定了基础。

进入清代，温病学派逐渐形成并发展至全盛，出现了以叶天士、薛生白、吴鞠通和王孟英等"温病四大家"所代表的温病学派，极力主张温病不同于伤寒之说，创立温病辨证论治的完整体系，温病学派渐渐成为独立学派。

叶天士（1667—1746 年），在温病的传染途径、致病部位和临床辨证论治等方面，见解独特，是温病学派奠基人之一，著有《温热论》一书，是后人研究温病的主要文献。其大量医书是由其门人或后代整理汇集而成。流传于世的著作还有《临证指南医案》《叶天士医案》和《叶案存真》等。他认为温病多由口鼻感染。温病的发展过程，第一阶段首先是犯"肺"。中医认为肺和肤表相关，"肺主皮毛"，所以一般温病多有肤表发热，发热即为表证，表证即是犯肺的征象。温邪在表，可用辛凉解表的方法，这与伤寒表证用辛温发表的办法全然不同。如果温病不愈，则可能转入第二阶段——侵犯"心包"。此处所说的心包，大抵指血、营，受到侵犯会出现神经系统症状如神昏谵语等。温邪在营，可用甘寒养阴的方法，这在热性传染病方面是一个新发展。其提出温病发展过程分为卫、气、营、血四个阶段，并提出温热病察舌、验齿、辨斑疹等诊法，使温热学说成为系统理论。

吴鞠通（1758—1836 年），著有《温病条辨》7 卷，进一步发展了叶天士的学说。此书集历代名医著述，并附行医体会。在书中以分辨阴阳水火为主，指出温热依次侵犯上焦、中焦和下焦，采用三焦辨证温病，分为风温、春温、温疫、湿温和温毒等类型，区别于伤寒的六经辨证。三焦辨证与叶天士提出的卫气营血辨证相得益彰，对温病学说的发展起重要作用。他提出清络、清营和育阴的"治温"三法，创制桑菊饮、银翘散和白虎汤等辛凉方剂。

（四）医学全书、类书和丛书等的编著

明清时期，医学全书、类书和丛书等的编著成就相当大，影响较大的如明代的《古今医统大全》《普济方》，清代的《古今图书集成·医部全录》《医宗金鉴》《四库全书·医家类》等。

《古今医统大全》（1556 年）为明代有代表性的医学丛书，由名医、大医院医官徐春甫编辑。全书 100 卷，包括内经要旨、临床各科证治、医案、验方、本草、历代医家传略、各家医论、脉候、运气、经络、针灸和养生等。

《普济方》（1406 年）为明代集医方大成者，由明太祖朱元璋的第五个儿子朱橚主编。全书 168 卷，分为总论、身形、诸疾、疮肿、妇人、婴孩和针灸七大部分，共 101 门，2175 类，收集历代医家的处方 61739 首，总字数近千万。

《古今图书集成·医部全录》由清政府组织纂修，陈梦雷主纂，由蒋廷锡等重辑，共 520 卷，包括历代重要医药文献及著名医家事迹。

《医宗金鉴》是总修官吴谦与刘裕铎奉乾隆皇帝之令编纂，于 1742 年撰成。全书 90 卷，15 部，图、说、方、论具备，配有插图和歌诀，易学、易诵、易用，为清代钦定医学教科书，亦是医师考试的标准。

《四库全书》中有医书 97 部，1545 卷。

（五）医学团体与医学刊物

这一时期出现的医学团体是一体堂宅仁医会。在明代隆庆二年（1568 年），徐春甫（1520—1596 年）召集在京行医的医家成立了一个民间医学团体，取名为"一体堂宅仁医会"，成员共 46 人，是中国医学史上最早的民间医学学术团体。

这一时期出现的医学刊物是《吴医汇讲》。18 世纪末期，苏州医家唐大烈编撰出版了《吴医汇讲》，1792 年刊出第一卷，至 1801 年共出 11 卷，每卷合订一本。先后将苏州、无锡、常熟、太仓等地 41 位医家的 91 篇文章收集编排，陆续在杂志上出版，是中国最早具有杂志性质的医学刊物。

（六）公共卫生与防疫的管理

明清时期，中国社会的公共卫生与防疫管理的体系已相当成熟，并与当时的社会生活与政治体制相适应，所以在 1840 年以前实行的公共卫生与防疫的管理体系及各项防疫措施与前代大致相同。

第七章　古希腊医学

古希腊文明与继之的古罗马文明对西方文明的发展有重大影响，成为西方文明的历史渊源。作为古希腊文明和古罗马文明重要组成部分的古希腊医学和古罗马医学，成就也极其辉煌。西方医学继承和发展了古希腊医学和古罗马医学。古希腊医学和古罗马医学亦为现代医学的重要渊源。古希腊医学是欧洲古代医学的开端，西方医学也发端于此。

一、古希腊早期医学

《荷马史诗》和神话传说透现了公元前 9 世纪以前的古希腊早期医学的内容。古希腊太阳神阿波罗（Applo）被认为是医疗技术的创造者，阿波罗的儿子阿斯克雷庇亚斯（Asclepius）则是希腊医神。古希腊的众多医学神庙为开展医疗活动的场所。

（一）神话与医疗

古希腊人崇奉多神，太阳神阿波罗被认为是医疗技术的创造者。他的姐姐阿提米斯被尊为妇女和儿童的保护者。传说阿波罗和阿提米斯把医术传授给凯隆，后者又把医术传授给了阿波罗的儿子阿斯克雷庇亚斯。后来阿斯克雷庇亚斯成为希腊最受崇敬的医神。他的一个女儿名叫海金亚（Hygieia），名字的本意含有"卫生"的意思，海金亚被称为卫生女神；他的另一女儿名叫巴拿西（Panacea），专门照顾病人至恢复健康，被认为是最早护理病人的妇女。

（二）《荷马史诗》中展现的古希腊早期医学

公元前 11 世纪到公元前 9 世纪的希腊历史被称为荷马时代，因此时期唯一的文字史料《荷马史诗》而得名。在《荷马史诗》中记述了瘟疫、战伤、眼病、妊娠病以及精神催眠法、止痛、止血等医疗防病的经验，显示了古希腊人已有较为丰富的医药知识。诗歌中记述了 140 种创伤，既有体表创伤，亦有深部创伤；还有摘除体内异物的描述。关于止血法，提到应用压迫法或敷以树根粉末，或使用绷带止血。史诗在记载许多战争场面的同时，也具体描述了对战伤的处理和治疗等战地医疗情况。如拔除箭头，用油膏处理伤口，同时让伤者服用兴奋性饮料来疗伤镇痛，最后用绷带进行包扎等，还记载了疾病和战伤共 141 例。这些描述在一定程度上反映了当时的医疗水平，并可从中看到古希腊人已初步掌握外科解剖知识，在军队中已经有专职医生。从《伊利亚特》中可知已有职业医生。经验丰富、技术高超的医生社会地位颇高，受社会尊重。《荷马史诗》对妇女参加战地救护的历史亦有展现，还提到阿加米德（Agamede）等一些妇女精通药物知识。

二、古希腊的自然哲学与医学

公元前 7 世纪左右，自然哲学在希腊得到空前发展，出现了很多哲学家。他们力图从哲学角度说明宇宙的本质和来源。许多哲学家对自然、生命与疾病的解释，构成古希腊医学的理论基础。古希腊的这些哲学思想逐渐被引用到医学领域。毕达哥拉斯（Py-thagoras，约公元前 582—公元前 500 年）认为"数"是一切存在的根源，万物为和谐的数，提出生命由土、气、火、水四元素组成，四元素又分别与干、冷、热、湿四物质配合，构成身体的四种体液，即血液、黏液、黄胆、黑胆。四种体液的配合决定着人的健康与否。受毕达哥拉斯学派的影响，恩培多克勒（Empedocles，约公元前 483—公元前 423 年）的哲学思想也遵循四元素说，主张原子论，并用原子论来解释生命现象。德谟克利特（Democritus，约公元前 460—公元前 360 年）亦认为物质是由极小的永远运动着的微粒子所构成，原子活动决定人的健康与疾病。阿尔克迈翁（Alcmaeon，约公元前 6—公元前 5 世纪）注重用哲学思想指导医学。他受毕达哥拉斯影响，认为生物是由成双的元素构成的，元素在人体中成双地结合在一起。例如，湿与干、冷与热、苦与甜，在冷、热、干、湿之间必须保持平衡。健康是一种和谐状态，疾病是和谐被破坏的表现，各种不正常的营养、"气质"等都能破坏元素之间的关系而造成疾病。

三、古希腊四大医学流派

公元前 6 世纪末，古希腊出现具有代表性的四大医学流派。

（一）克罗吞医学学派

阿尔克迈翁是这一学派的代表人物。阿尔克迈翁学说的基本原则：动物的生命是一种运动，并从属于血液的运动，血流方向即使不是永远一致的，亦是持续运动的；感觉和思想从属于看不见的不能发现的脑的动作。由于运动是生命的重要因素，如果扰乱了生命的正常和谐的运动，就会引起疾病。

（二）西西里医学学派

这一学派认为，四种基本元素构成人体，四种元素和谐人体就健康，混乱或不和谐人体就会产生疾病。西西里学派主张"灵气"（Pneuma）说，认为"灵气"弥漫在人体之中，是生命的基础。这个学派还注重解剖动物，在治疗上重视饮食调养。

（三）尼多斯医学学派

这一学派的医生注重观察和疾病分类，对疾病症状描述精细、诊断准确。

（四）科斯医学学派

科斯医学学派又称为希波克拉底学派。这一学派在古希腊各个医学学派中最有影响。

四、希波克拉底医学

希波克拉底医学是古希腊医学水平达到巅峰的医学。古希腊医学的代表人物是希波克拉底（Hippocrates，公元前460—公元前370年），他生活于古希腊的繁荣时期，约在公元前460年出生于科斯（Cos）岛的医生世家，他的父亲和祖父均为著名医生。他的医学造诣代表了古希腊医学的最高成就，被誉为"西方医学之父"。希波克拉底曾巡游各地并行医，讲述医学知识。后来在科斯学校担任教师，讲授医学课程。

（一）《希波克拉底文集》及其意义

《希波克拉底文集》是在希波克拉底逝世后，由托勒密国王下令，经亚历山大利亚的学者们在公元前3世纪末汇集而成，并非出自一人之手。此书共60篇，汇集其主要医学成就，其内容广泛，包括总论、解剖、生理、摄生法、病理、治疗法、内科、外科、眼科、妇科、儿科、诊断、预后和药剂等。从《希波克拉底文集》中可以发现，公元前4世纪左右，古希腊医学已经形成较为合理的医学体系。《希波克拉底文集》至今仍是研究古希腊医学最重要的典籍。

（二）提出了四体液病理学说和整体观念

希波克拉底与其学生将四元素论（火、水、风、土）发展为"四体液病理学说"。

希波克拉底认为有机体的生命取决于四种液体：血、黏液、黄胆汁和黑胆汁。四种元素的不同配合是这四种液体的基础，每一种液体又与一定的"气质"相适应，每一个人的"气质"取决于其体内占优势的那种液体。如热是血的基础，而火又是血的基本要素。血来自心，如果血占优势，则属于多血质。即：火（热）—血液（血）—热湿—多血质（活泼型），依此类推。四体液平衡，则健康；失调，则生病。此外，"灵气"说也是其医学思想中的一个重要概念，并成为后世医学家"灵气"说的来源。他认为"灵气"位于心内，并通过管道作用于身体各部位，尤其是那些分泌液体的器官。

希波克拉底从统一整体性认识人体的生理和病理过程。他认为人体与自然相统一，故重视气候、土壤、水质、空气、居住条件以及其他环境因素对健康的影响。在进入没有到过的城市之前，要研究这个城市的气候、土质、水以及居民的生活方式等，才能做好这里的医疗工作。希波克拉底认为人体各部分亦为相互联系的统一体，各种疾病均可引起全身反应。他认为疾病与全身关联，身体的个别部位有病，立刻相继引起其他部位的疾病，如腰部引起头部疾病，头部引起肌肉和腹部的疾病，这些部分相互关联，能把一切变化传播给所有部分。他因而要求医生诊病必须全面观察；治病必须调动身体的御病能力，并且推崇全身强壮疗法。

（三）在疾病诊治和预防上的成就

希波克拉底在医学诊断学上取得了较大成就。他通过触诊能够确定肝、脾、子宫的位置、大小和硬度。对胸腔病的听诊，是让患者两手搭在肩上摇动上体，如有脓，则脓碰触胸壁，发出一种杂音，以此诊断胸膜腔内是否有脓，并确定穿胸术的位置。他还能根据听诊察知气管啰音、小水泡性啰音、胸膜摩擦音等。

他认为自然界保持严整的秩序，而人的生命现象亦有相应的调节作用，即人对于疾病有一种自然恢复的调节能力——自然治愈力。而医生的作用，即是帮助病人发挥自然治愈力而战胜疾病。希波克拉底医学的治疗原则是"病因充满而生者宜空虚之，病因空虚而生者宜充满之""医术乃添削与夺，去过盛，补缺乏"。他重视饮食疗法，亦不忽视药物治疗。药物疗法的主要目的是促进病态物质的排除，调整体液的平衡，因而经常使用吐剂、泻下剂、利尿药以及放血疗法等。在《希波克拉底文集》中收集了数百种药物，包括藻粟、天仙子、曼陀罗花、鼠李皮等。希波克拉底在外科、骨科亦有成就，对创伤疗法主张新鲜创伤尽量保持干燥，施行包扎，也进行缝合。对骨折、脱臼的诊断与疗法也有详细描述，并有穿颅术、穿胸术、肾脓疡切开术、痔核与直肠瘘手术等。他注重心理因素在疾病治疗中的作用，指出医生有两物能治病，一是药物，二是语言。

希波克拉底注意外界因素对疾病的影响，有比较明确的预防思想，认为医生对疾病的预防有重要责任，不可只看病，不防病，必须防治结合，还注重个人卫生及增强体力在预防疾病中的作用。

（四）《誓词》及其意义

《希波克拉底文集》在《誓词》《操行论》《规律》和《箴言》等篇中广泛阐述了医师的职业道德，其中具有代表性的是沿用了两千多年的《誓词》。主要内容包括："尽我所能诊治以济世，决不有意误治而伤人。病家有所求亦不用毒药，尤不示人以服毒药或用坐药堕胎……凡入病家，均一心为患者，切忌存心误治或害人……凡不宜公开者，永不泄漏，视他人之秘密若神圣。"

五、古代西医院的雏形

在古希腊，虽然病人常去阿斯克雷庇亚斯神庙寻求治疗，然而，神庙提供给他们的主要是一种宗教治疗仪式。这对后世的西医院有重大影响，如欧洲中世纪的基督教教会医院。古希腊有众多医学神庙。民间医疗的习俗以神庙为主要的医疗活动场所。治疗的方法有斋戒、矿泉浴、按摩、涂膏、放血或使用泻剂、吐剂等。除神庙医学外，还有民间医学。民间的医生组织被称为"阿斯克雷庇亚斯医族"，医学的传承多由父传子，亦有师带徒的方式。

古希腊用作疗养的神庙，亦为病人祈祷之所，患有头疼、消化不良、肚里生虫、不孕不育和眼盲等病的人，均可进庙祈求痊愈。医学神庙被称为阿斯克雷庇亚斯神庙，庙名源于古希腊医神阿斯克雷庇亚斯。在此，人可通过锻炼、精神刺激和放松达到自我治疗；有的神庙还设有体育馆、图书馆和剧院等。人可以在神庙的一个特别的房间睡一觉之后，举行净身仪式并祭拜神灵，希望医神阿斯克雷庇亚斯能够解梦，然后获得治愈或得到如何治愈的嘱托。据载，有时阿斯克雷庇亚斯神的女儿帕娜赛亚和海吉亚会在无毒蛇的帮助下治疗病人。阿斯克雷庇亚斯手中缠着蛇的神杖一直被视为医学的象征。被治愈的病人以被治好的身体部位为原形做成泥塑，放在神庙中，表示自己的感激和祝愿。

那些去庙堂向神祈祷治疗疾病的人，先要进行斋戒，包括洗澡、戒酒和禁食某些食物，然后才被允许进入庙堂，开始实际履行一连数天的严格的饮食制度。之后，病人才被允许去行祭拜礼，由祭司做暗示性祷告，报告以前的治疗等。最后，病人在庙内阿斯克雷庇亚斯像的脚下睡一夜或几夜，等待出现治疗相关的梦。治疗方法在最初是由祭司直接治疗，祭司在夜里戴着神的面具，由女祭司陪着，去施行各种治疗。治疗后向神祷祝，献以或金或银或大理石的被治愈部分的模型，或向朝圣泉中投钱币。

六、古希腊的疫情及应对措施

在古希腊也出现过疫情，并采取了应对措施。严重的疫情有公元前 430 年到公元前 427 年雅典遭受的瘟疫。修昔底德在《伯罗奔尼撒战争史》中记载了这场瘟疫。希波克拉底医生也来到雅典救治，调查疫情，寻找解决方法。当时铁匠染病的比较少，希波克拉底认为可能与火有关系，提出是否能够通过生火加温熏烟等来避疫。大概 1/4 的军队人员死亡，城邦的死亡人口也几乎达 1/4，雅典执政官伯利克里也染疫而亡。当时正值伯罗奔尼撒战争时期，雅典和斯巴达在打仗。因为疫病的流行，战争打打停停，最后，雅典因国力衰竭而失败，于公元前 404 年与斯巴达签订和约，霸权告终。经此一疫，希腊文明慢慢走上了下坡路。

七、亚历山大利亚医学

在公元前 338 年喀罗尼亚战争后，马其顿统领古希腊。亚历山大（公元前 356—公元前 323 年）即位后，在公元前 336 年率马其顿、希腊联军进攻东方亚细亚、波斯、古埃及，建立起一个东起印度恒河、西达尼罗河和巴尔干半岛的亚历山大帝国，这是希腊文化的扩张时期。这一阶段，东西方文化得到了融合。亚历山大利亚是亚历山大在尼罗河三角洲所建的都城。亚历山大死后，帝国分裂，其部将托勒密（Ptolemy，公元前 367—公元前 285 年）在埃及建立起托勒密王朝，使亚历山大利亚成为古希腊的文化中心，古希腊的医学中心也开始移至此地。因而，这一时期又称为亚历山大利亚时期，这是古希腊医学发展的晚期（公元前 4—公元前 1 世纪），医学有进一步的发展。这里的统治者亚历山大和托勒密一世都是亚里士多德的学生。他们支持学术活动，在亚历山大利亚建立起藏有大量古希腊著作的图书馆及从事学术研究的博物馆，吸引了许多学者，阿基米德（Archimedes）、欧几里得（Euclid）都曾来到这座都市。医学也同样受到了重视，以希波克拉底为主要传统的古希腊医学在这里得到进一步的发展。在这里建立的亚里士多德学园，有动植物园和解剖室，集中了一批著名学者，培养出了一些医学人才。托勒密王聘请各地学者，进行自然及医学研究，并于公元前 300 年设立一所医学校，其中建有实验室、图书馆、临床室等。这里的医学家已经认识到，了解人体内部构造，可以调节人体机能生命规律的人才能从事医疗工作，从而把亚里士多德的比较解剖和埃及制作木乃伊所积累的解剖学知识结合起来。系统的解剖研究受到托勒密王的鼓励，国王允许将刚处死的罪犯的尸体作为研究之用。政府鼓励用于医疗的人体解剖，因而使解剖学得以发展，从而促进了解剖由动物解剖向人体解剖发展，并推动了外科、产科的发展。

（一）教条主义与经验主义学派

从波斯、美索不达米亚等地传来的神秘主义和经验主义的医学传统，汇集起来形成了亚历山大利亚时期的医学，其具有复杂性。究其原因，既有许多现实主义的学者热心于探讨生命现象和疾病的原因，也存在着教条主义和经验主义学者对医学传统的遵循。教条主义学派把精力集中在对希波克拉底著作的注释上。他们聚集在亚历山大利亚图书馆内，因对医学文献的解释各异而进行热烈的争论，使医学陷入形而上学的空谈之中。经验主义学派则认为只有实际操作才能培养医术，把医学看成一种操作性艺术，没有理论也能行医。其代表人物有菲洛尼亚斯（Philonius）、塞拉皮昂（Seraplon）、革劳希阿斯（Glaucius）等。

（二）解剖和生理

在亚历山大利亚时期，出现了以研究为目的的人体解剖和实验生理学。尽管此时的水平远未能达到使解剖和生理成为独立的学科，但它成为后来盖仑时期以及文艺复兴时期的欧洲医学实验研究的渊源，直至近代在欧洲促成实验医学体系的建立。这一时期最著名的医生，一位是赫洛菲路斯，另一位是埃拉西斯特拉塔。

1. 赫洛菲路斯

赫洛菲路斯（Herophilus，公元前335—公元前280年）是西方解剖学的创始者，曾进行人体解剖。他发现小肠起始端的长度约有十二指，遂定名为"十二指肠"；他发现男性尿道起始处的腺体，并命名为前列腺；他记述了睫状体、玻璃体、视网膜和脉络膜，并改进了白内障手术；他研究了肝、胰、唾液腺，发现了舌骨；他鉴别了感觉神经和运动神经，观察了乳糜管和淋巴。他还发现了大脑、脊髓和神经的联系，记述了脑脊髓膜、第四脑室的脑沟，认为第四脑室是智慧和神经系统的中心。他是当时唯一研究过女性生殖器官者，曾描述了卵巢和输卵管，并探讨了妇科病问题。赫洛菲路斯还曾用滴漏的方法计算脉搏的次数，并且细致观察脉搏搏动的情况和次数。他相当重视药物治疗。

2. 埃拉西斯特拉塔

埃拉西斯特拉塔（Erasistratus，公元前310—公元前250年）是一位名医，在生理学研究上亦有独特贡献。他将心脏比作风箱，认为心脏收缩和舒张是由其内在力量所致；他给三尖瓣命名，记述了半月瓣主动脉瓣及肺动脉瓣的功能，描述了室壁间的腱索；他还认识到动脉、静脉之间是通过看不见的血管连接的。埃拉西斯特拉塔还是西方"灵气"学说的创始人，他将亚里士多德的"灵魂"学说引入人体生理研究中。他认为世界上存在生命的灵气，"生命灵气"包含在吸入的空气之中，由肺进入左心，再进入动脉，成为心脏搏动和产生体温的原动力，借以维持人体的消化和营养。"生命灵气"

在脑中转变为"动物灵气",通过神经传达至身体各部,给人以感觉和运动。其学说对以后的古罗马和欧洲医学产生深远影响。

3. 临床医学

除赫洛菲路斯和埃拉西斯特拉塔之外,在亚历山大利亚医学中还有若干注重临床实践的经验学派学者,他们认为如何治愈疾病比因何引起疾病更重要,因此重视临床观察和经验积累,对症候、药物和外科方面都有一定的贡献。

4. 药物

亚历山大利亚时期对药物的研究非常著名。此时期出现了原始药房,希腊文字Pantopoli 就是指专门加工制备药物的地方,即药房的发端。制药专业人员亦随之出现,希腊文 Rhizotomi 一词是"切根人"的意思,Pharmakotribae 则指研磨草药的人,以后的"药剂师"即从此类人演变而来。西方的植物学之父——西奥夫拉斯塔斯(Theophras-tus,公元前 370—公元前 285 年),对许多药用植物进行过研究,著作不少。对毒药和解毒药的研究风气亦盛行一时,彭塔斯王攸巴托·米特利达悌(Mithridates Eupator)是研究毒药的权威,西方的解毒舐剂就是以其名字命名。

公元前 168 年,马其顿被罗马帝国所灭。1 世纪,亚历山大利亚医学发展亦渐渐衰落,西方医学中心转移至古罗马。

第八章　古罗马医学

古罗马医学与古希腊医学有着继承性联系。两者又关联着后世西方医学。古希腊医学和古罗马医学对世界医学的发展有着深远影响。

一、古罗马医学的变迁

早期的罗马人在生活中也积累了一些医药知识和经验，但相当有限，如视白菜为药，将燕子视作治疗脱臼的药。此时期的医药文化带有浓郁的神秘色彩，如用动物内脏作祭物，占卜健康和吉凶；以羊毛蘸芸香和油的膏剂治疗外伤；用羊毛蘸蜂蜜擦齿龈以通畅呼吸；用羊毛蘸玫瑰油塞鼻止鼻衄；用油、硫黄、醋、树脂与碱的合剂治腰痛等；把卷心菜当作一种万能药；治疗消化不良和寄生虫病时，先让病人内服含石榴花、陈酒、茴香根和蜂蜜等的汤剂，然后让病人上下木梯10次。

从公元前6世纪末罗马共和国建立至公元前2世纪罗马人征服希腊之前，罗马医学具有浓厚宗教色彩。疾病被视作神灵对人类的惩罚。人患病就要求助于神，几乎每一种疾病都要求助能治疗此病的神，后来亦将希腊医神阿斯克雷庇亚斯尊为健康之神。随着希腊医学的引进，罗马医学迅速发展。

二、对古希腊医学的移植与发展

为将古希腊医学移植于古罗马做出重大贡献的是阿斯克雷庇亚德（Aesclepiades，公元前128—公元前56年）。他以希腊文写的医学著作有20卷。他接受了古希腊哲学家伊壁鸠鲁（Epicurus，公元前342—公元前270年）的学说，主张人体是由原子组成的，人的各种活动（包括精神）均为原子的运动。原子结合成无数小管腔，管腔内有微小的原子运动使体液流通。相反，原子的大小、数量和排列有变化，以及管腔过宽过窄，人体就产生疾病。因而，他提倡各种运动，首先是身体清洁，经常洗澡，并且用各种强刺激如体操、按摩、发汗来保持健康。他反对希波克拉底的"自然治愈力"说，认为医生的责任是采取"安全、迅速和愉快"的方法治疗病人。他主张饮食疗法，如让浮肿患者吃焙干的鱼等，而不使用泻下、催吐和过多放血等疗法。

三、古罗马的卫生管理机构、 医院及医疗器械

古罗马帝国有常备军，并设有军医机构。为了防治流行病，古罗马还在政府行政机关中设置了"医务总督"，让其负责举行考试。

古罗马建立的医院颇受古希腊带有医院功能的神庙的影响。古希腊时期，希腊的一个小岛上有阿斯克雷庇亚斯庙堂，一些病弱奴隶被流放到那里，可说是最早的医院雏形。到罗马时代，法律规定在这一小岛上经医治而康复的奴隶，可以成为平民。这一小岛后来就成为众多生病平民聚集之地。该岛近似一所医院。

古罗马注重医院建设。由于古罗马经常发动征战，因此尤为注重军医院的建设。罗马人在远征途中设置专门机构，用于收容伤病员，这些机构后来发展成为军医院。在此基础上，城市中设立了专门为官僚、权贵服务的医院，以后又出现了慈善性质的公共病院，再后来这些医院演变为中世纪的治疗院。据载，罗马境内最早的慈善性质的公共病院于4世纪创建，此为世界上较为早期的医院。

在扩张时期，罗马帝国在许多较大的要塞设立了军医院。在对莱茵河畔的主要据点诺伊斯的考古中发现，只在1个房间内便有100多件医疗和配药器械。医院的病房建于要塞最僻静之地，内有良好的排水设施，光线充足。

罗马医生所使用的某些器械质量极好，在庞贝城发现的手术钳有精细平直的带齿钳口，还发现了已知最早的双刃弯曲解剖刀（内中带两个弯曲部分与尿道结构相一致的管子）。古罗马医生非常注意所用解剖刀的质量。除解剖刀外，古罗马医生亦拥有较大的截肢用刀锯。古罗马人在医治泌尿生殖系统疾病时使用导管，导管的制作十分精良。

四、公共卫生水平与对公共卫生的法制化管理

古罗马的公共卫生设施相当发达，有城市的水道、下水道和浴场。罗马人重视法制的传统也体现在公共卫生管理上，古罗马有一整套管理公共卫生医疗的法律制度。在著名的罗马第一部成文法典《十二铜表法》中还禁止在市内埋葬，并指出要注意饮水卫生等。另有法律规定，在孕妇死亡以后，应采取剖宫术取出孕妇腹中活着的胎儿，这是世界上最早的剖宫产术的记载。

五、医生与医药名家

古罗马医学的发展水平在一定程度上体现于其医生队伍的建设与医学家身上。

（一）医生

早期罗马的医生多由战俘中挑选的奴隶担任，社会地位非常低下。罗马人征服希腊后，包括盖仑等许多希腊医生去了罗马，他们将高超的医术和丰富的医学经验也带到了罗马，并获得罗马人的信任。公元前46年，恺撒大帝给予从外国移居到罗马的医生及学医的人公民权，医生的社会地位渐渐提高，有力地推动了古罗马医学的发展。3世纪初，罗马曾颁行过医师资格证书。奥古斯都（Augustus）皇帝还将其私人医生封为贵族。古罗马的统治者对医生的重视与优待，使医疗队伍不断扩大，名医不断出现。

（二）医药名家

古罗马最具代表性的医学家是盖仑，详见本章第七节。下面简略介绍古罗马其他著名的医药学家。

阿斯克雷庇亚德（Asclepiades，公元前128—公元前56年）是罗马威望颇高的希腊医生。他主张人体由原子组成，并用原子说解释人体的生理、病理现象；强调通过经常洗浴保持身体清洁；提倡通过跑步、散步、骑马、划船和体操等运动增进健康。然而，他反对希波克拉底的"自然疗能"说，认为医生的责任是"采取安全、迅速和愉快的疗法"治疗病人。他反对当时对精神病人施行的粗暴方法，而主张用阳光与和蔼的态度、音乐与歌曲进行治疗，其注重临床观察，将疾病分为急性和慢性两种；对不同类型的精神异常进行了鉴别；记述了疟疾等疾病的病程；将浮肿加以分型。

迪奥斯科里德斯（P. Dioskorides，40—90年）生于西里西亚的阿纳查勃斯，是当时著名的药物学家。（详见本章第六节）

鲁弗斯（Rufus，约1世纪）是著名的解剖学家和医生，其主要著作有《论身体各部名称》等，鲁弗斯在书中最早记述视束交叉；正确记述了球结膜与晶状体的形状和位置，记述了喉、食道、胸腺、小肠和结肠等。他是首位记述人的肝有五叶的人，但这是猪肝的解剖结构，直到16世纪才被维萨里所纠正。在《论肾和膀胱疾病》一书中，鲁弗斯记述了肾的炎症和化脓、肾结石、血尿、膀胱炎和膀胱结石等病。在《论肾硬结》一章中，指出患此病的人无痛、少尿和水肿，是对慢性肾炎的一种记述。在《论询问病人》一书中，鲁弗斯特别强调了询问病史的重要性，由于人的疾病与多种因素有关，如家族遗传史、生活习惯、居住条件、气候和水质等，因此，医生在诊治病人时要详细询问这些情况。鲁弗斯还对脉搏有较深入研究，他在《论脉》中记述了脉率的快慢、脉搏的强弱、脉的紧张度等，他认为脉搏是因心脏收缩而产生的，并描述了间歇脉、重搏脉和震动脉等。在鲁弗斯的著作中，还有关于腺鼠疫和外伤性丹毒的记述。

六、古罗马的医学流派及医药成就

古罗马建立起庞大的帝国，经济的发展、文化的发达和国力的强盛以及对外扩张的需要，促进了古罗马医学的跨越式进步，出现了名家辈出、学派如林、医学水平快速提升的蓬勃发展局面。古罗马医学在发展中走向鼎盛。

（一）医学流派

随着阿斯克雷庇亚德学说与医术的传播，在医学发展的同时，亦形成不同医学派别。

1. 方法学派

这一学派是罗马帝国全盛时期最重要的学派。创始人是塞米生（Themison），他是阿斯克雷庇亚德的学生，提倡原子病理学说，坚信人体是由原子和微孔组成的，疾病是两者间的失衡所致，认为一切疾病无非两种类型：紧张状态和弛缓状态。这两种状态皆由毛孔的异常收缩所致。因而，在治疗上相应采用抗紧张和抗弛缓两类药物。对紧张状态，治以弛缓；对弛缓状态，治以紧张。他后来又提出兼有两者的第三型，根据其主要方面采用对症疗法。方法论学派中最著名的人物是索兰纳斯（Soranus，98—138 年），他亦是妇科和产科的创始人，其主要著作有《论妇女病》《论急、慢性病》和《论骨折》，其中《论妇女病》最为著名。

2. 灵气学派

此学派在 1 世纪前半叶盛行于古罗马。创始人为阿西纽斯（Athenaeus）。他受斯多噶哲学影响，认为人体最主要的元素为灵气，人体的行动、感觉和欲望均由灵气而来。灵气随空气经毛孔进入身体，借血管而分布在各器官。灵气可使血管保持一定的紧张度，切脉可探知人体是否健康。此派相当重视切脉。灵气学派接受了希波克拉底的体液学说，认为疾病是由体液紊乱破坏了灵气的平衡所致，因而主张应用饮食、物理等疗法来调整体液。

3. 折中学派

这一学派的创始人是阿加提奴斯（Agathios，50—100 年）。他是阿西纽斯的学生，但其在医学应用上表现折中，即理论上是"灵气"论者，但也吸取其他学派的优点，在实践中并不受任何学派的束缚。其著有关于脉学和用藜芦治病的论文，特别提倡冷水浴。这一学派的其他代表人物有阿尔齐金斯（Archigenes）和穆萨（Antonius Musa）等。

4. 百科全书派

百科全书派的人均具有广博知识，罗马帝国重要的医学文献多出自他们，但是他们一般不以行医为业。这一学派最有影响的人物是古罗马著名的医学家塞尔萨斯（Celsus，1世纪初）。他是世界上最早用拉丁文撰写医书的医学家。罗马人使用的文字是拉丁文，但在塞尔萨斯之前，医学界沿用的是用希腊文写成的希波克拉底的著作。在塞尔萨斯之后，罗马人开始以本国文字——拉丁文写作医书。塞尔萨斯的著作因而是欧洲古代医学中最易阅读的。他收集各方面知识，编成大百科全书，包括农业、军事、修辞、哲学、法律、医学6册。医学1册，共8卷。1卷为食养法；2卷为病理总论、症候学、预后学、治疗适应证；3至4卷为病理各论、全身疾患和局部疾患；5至8卷为外科、眼科和产科相关知识。此书收集并保存了许多古代医学著作。这是一部通俗的百科全书，是了解罗马医学的丰富资料。第6册是《论医学》，后来佚失，于1478年由教皇尼古拉五世发现后在佛罗伦萨出版。此书为欧洲首部印刷出版的医学著作。

（二）医药家与医药

在古罗马医学的蓬勃发展时期，一批医药家出现，代表人物为迪奥斯科里德斯，他约于公元77年写成《药物学》5卷。此书记叙了药物的调制、真伪、用途和剂量等，记载植物药600余种。他最早记述了乌头、姜和藜芦的治疗作用，证明铁有收敛作用并可用于治疗子宫出血。他推荐用鸦片治疗慢性咳嗽，用曼陀罗草酒治疗失眠和剧痛，并用于手术麻醉。由于他综合了当时的药物知识，被誉为西方古代药物的先驱。

七、盖仑医学

盖仑（Galen，129—200年）是古罗马最著名的医学家。原籍希腊，生于帕加蒙。盖仑17岁开始学医，曾到亚历山大利亚学习过，以后回到家乡。他当过角斗士医生，做过护理工作。162年，盖仑来到罗马，开展其医学事业。他批判性地继承希波克拉底的医学学说，在解剖学生理学方面比希波克拉底更进一步。他以精湛的医技闻名，并被罗马皇帝任命为御医。盖仑促使罗马医学进入兴盛时期。他在医学上取得的多方面成就，成为古罗马医学的巅峰，他是西方医学史上继希波克拉底之后的又一座高峰。其医学思想对后世的影响达1000多年。

（一）成就

盖仑除了从事医疗活动外，还进行了大量解剖和生理的实验与研究。在盖仑对医学的各种贡献中，解剖方面的建树尤其显著。在古罗马是不能随意进行人体解剖的，盖仑对此非常不满。他教育其学生：医生要懂解剖，并一定要亲自动手解剖，解剖材料最好是人。盖仑强调动手解剖是极为重要的。他在《论解剖学》中，对解剖的具体操作记述得相当详细。他通过对猿的解剖，证明胃壁、肠壁、动脉壁和子宫壁等并非均匀同质，而是分层的。他精确描述300余块肌肉的形态、起止点和功能，并且明确肌肉内有结缔组织和神经分支，而非单是一种肌肉物质。其对骨骼的记述，以人体为基础，把骨分为长骨、扁骨，并区分了骨突、骨干和骨骺，这些名称沿用至今。

盖仑最早用实验方法研究动物的生理机能，构思和设计了一些生理学实验。以前有人认为动脉含气不含血，盖仑进行了一个简单实验便否定了此种观点：他从动物身上分离出一段动脉，两端结扎，把中间切开，结果流出了血液。他还用动物当众演示呼吸器官的结构与功能以及它们与发声的关系，由此推断呼吸运动由两种动作完成，即膈肌与肋间肌的收缩。他发现，鸽子的喉返神经被切断后其他功能均无改变，只是不再鸣叫，说明喉返神经与发声有关。在血液循环方面，他区分了动脉和静脉，还部分地研究了血液在机体的流动途径。他通过实验确定结扎动脉或静脉对于脉搏的影响以及脉搏频度与呼吸间的关系。他在神经生理方面的研究成果尤其显著。他区分了运动神经和感觉神经。他做了离断脊髓实验后发现：在第一、第二颈椎骨间切断脊髓，动物立即死亡；在第三、第四颈椎骨间切断脊髓，会导致呼吸停止；在第六颈椎骨以下切断脊髓，会造成胸部肌肉麻痹；在颈椎下方切断脊髓，会导致下肢、膀胱和肠道瘫痪；实验首次证明脊髓的节段性机能。他发现，结扎输尿管后，尿液积存在结扎部位上方的肾脏和输尿管，膀胱内并无尿液，证明尿液是由肾脏形成的，与膀胱无关。

他接受了希波克拉底的"四体液"学说，认为假如四种体液不能保持平衡，就会导致疾病。他能根据尿的情况区分膀胱和肾的疾病；根据脓的形成，鉴别骨的化脓性感染和单纯性损伤。他还观察到痨病的传染性。盖仑治疗方法的基本思想是正治法，即用热治寒、用寒治热。他注重机体的抵抗力，以希波克拉底的"自然治愈力"为最高原理，认为疾病的治疗最重要的是将致病的物质排出体外，因而医生的责任首先是充分发挥身体的自然治愈力。盖仑的治疗方法颇多，包括饮食、药物、体操、按摩、放血等，放血法在盖仑的治疗方法中占有重要地位。他尤其注重心理疗法。有一次他为一位年轻妇女诊病，病人诉说全身疲倦，食欲不佳，但不发热，脉搏跳动也不快。盖仑怀疑病人患了一种心理疾病。于是他与妇人闲聊。他发现当与这位妇人的谈话涉及某位著名演员时，她的脉搏跳动加快。由此他得出结论：这位妇人患病的原因是爱慕他人而不可得。这说明盖仑已经注意到心身疾病的发生。

盖仑具备丰富的药物知识。他证明草药中含有可以利用的有效成分，亦含有必须放弃的有害成分，共记述了540种植物药、180种动物药、100种矿物药，其中一些有特效作用，如胡椒治疗间日疟和三日疟，司格蒙旋花（scammony）治疗黄疸，洋芫荽

（parsley）和芹菜治疗肾病等。盖仑设有专用药房，用于配制各种丸剂、散剂、膏剂和煎剂等，并将其储存备用。

（二）局限

由于盖仑解剖的是动物尸体，多是猴子，因而在对应人体解剖时有不少知识错误，如认为心室间隔上的微孔，使血液从右心室流入左心室。他认为垂体是个过滤器，脑通过垂体把脑中秽物通过筛骨向下输送到咽部而排出。盖仑将柏拉图的三种"灵气"作为其生理思想的基础，并提出了血液运动"潮汐说"，认为血液循环系统的中心在肝脏，血液自肝脏制造出来，送至全身，不再返回，动脉和静脉是两种互相隔离的脉管系统，相互间并不沟通，血液在这两种脉管内都像潮水时涨时落那样做着前后进退的运动。这一不正确的见解，到了16世纪被维萨里指出来，在17世纪被哈维推翻。

他认为伤口化脓是伤口愈合的标志，无害且有益。随着微生物致病学说的确立和外科消毒法的出现，这种不正确的观点得以纠正。

盖仑认为人的构造是按造物者的目的而设的，同时接受了柏拉图的"灵气"说，认为"灵气"是生命的要素，身体只不过是灵魂的工具。这与后来的基督教教义基本相符，因此受到中世纪欧洲教会的支持，被奉为不容置疑的经典与教条。而盖仑的探索精神与研究态度却被放弃，窒碍医学的发展。

八、古罗马的疫情及应对举措

在古罗马也暴发过疫情。其中，严重的有2世纪中期，罗马军团在与帕提亚（安息）的交战中感染了天花，大量士兵死亡，军团撤退回来后也将疾病带回罗马，大量罗马人因感染天花而死亡，就连当时的罗马皇帝 Marcus Aurelius Antoninus 也染上瘟疫，虽经罗马著名医生盖仑救治，亦没能挽回其性命。165—180年，罗马帝国流行的这场传染病在历史上被称为"安东尼瘟疫"，罗马帝国1/3本土人口死亡；211—266年，瘟疫再次暴发，罗马帝国变得虚弱，在蛮族入侵时四分五裂。瘟疫成为罗马帝国衰落的极其重要的因素之一。

第九章　中世纪医学

一般认为，中世纪的欧洲医学处在古典医学文化的衰落时期，医学水平倒退。然而，中世纪医学的演进过程非常复杂。欧洲医学衰落在中世纪早期十分明显。但是，中世纪医学还包括拜占庭医学和阿拉伯医学。这时的拜占庭医学和阿拉伯医学相当发达，并影响了当时的欧洲医学。而且，在欧洲基督教社会中基于基督教理念设置的对病患者和残疾者的收容所，以及后来建立的收治机构，成为以后医院、传染病院等收治机构之滥觞。尤其是黑死病在欧洲流行时，欧洲实行的防疫检疫制度与医学认识相关，这种制度为人类防疫事业做出了贡献。另外，在中世纪中后期，欧洲的医学教育也发展起来。

一、中世纪的欧洲医学状况

欧洲中世纪指5—15世纪约1000年的一个时期。在医学史上，这一时期展现了盖仑之后至文艺复兴人体解剖学兴起之前的欧洲医学历史。

（一）中世纪的欧洲医学的变化发展

一般认为，在中世纪的欧洲，当时的统治阶层为了维持统治上的稳定，在思想文化上厌新拒变，各种文化和技术水平严重倒退。在中世纪早期，欧洲医学明显衰落。分析导致这种局面的原因：首先是西罗马帝国被"蛮族"所亡后，分裂为各蛮族国，文化受破坏，医学发展困难。而且，当时的欧洲社会受基督教教会的影响，认为人活着受苦赎罪，死后才能进入天堂的极乐世界。疾病为上帝对一切作恶之人的惩罚，因而人皆应忍受疾病，不应采用医药和手术，治病最好的方法是祈祷。这就有碍医学的发展。

然而，中世纪的欧洲医学仍以其独特的方式在发展。

在中世纪的欧洲，基督教教会拥有最大权力。教义近乎具有法律效力，教皇、主教、修道士、神父构成了中世纪强有力的管治阶层。医学也被教会所掌控，主要掌握在僧侣手中。他们懂拉丁语，保存了一些古代流传下来的医药知识。他们替人看病，也替病人祈祷，并把治愈疾病视为"神圣的奇迹"，因而有了"僧侣医学"或"寺院医学"，这样寺院就成了医学知识的中心、祈祷的地方、看病的场所。"寺院医学"在10世纪达到鼎盛时期，以后才逐渐衰落。原因在于教会有一条重要宗旨，那就是修养心灵。而当时的医学被认为仅仅是治疗肉体。如果僧侣忙着为人治病，就有违宗教的教义。医学事业也就逐渐从教士掌握中独立出来。

除宗教神学对医学的影响以外，经院哲学亦影响了医学。在 8 世纪，经院哲学（scholasticism）是当时的官方哲学，在思想文化领域居统治地位。其为基督教教义寻找理论根据，解释和论证《圣经》的真实性和基督教义的神圣不可侵犯性，看待一切问题皆以《圣经》为出发点，并视《圣经》为终极真理。由于经院哲学的影响，医生的任务首先是肯定、论证和注释希波克拉底、盖仑和阿维森纳的权威著作。尤其是盖仑的著述，被认定为绝对正确，这使盖仑的医学学说教条化，他们并非遵循盖仑的思想，而是以抽象及烦琐的辩证方法去解释医学经典，在医学和宗教经典中间寻求契合点。

在中世纪的一段时期，欧洲医学水平倒退，欧洲原有的古典医学知识和经验大部分失传，直至中世纪后期，这些知识和经验才又由拜占庭和阿拉伯流传回欧洲。然而，中世纪的欧洲医学仍呈现出其独有特色，并在某些方面有所发展。欧洲医学的发展，为近代实验医学的兴起奠定了一定的基础。包括宗教集团内部一些人士在内的欧洲社会存在提倡科学的力量，如曾是僧侣的罗杰·培根（Roger Bacon，1214—1292 年）就反对经院哲学，提出"科学实验"的思想，从而有利于医学的进步。意大利的萨勒诺和帕多瓦两所大学受经院哲学影响最小，学术上相对自由，人才持续出现，推动了医学的发展。文艺复兴时期前夜，对植物学的研究成就尤为突出，这也推动了药物研究的发展。

其实，欧洲古典文化并未因蛮族的入侵而完全失去，教会修道院和阿拉伯学者以各自的形式保存了一部分古代文化，并构成了中世纪欧洲文化和科学文明走向启蒙时代的基础。实际上，医学知识的积累和医学世俗化就是在修道院内由修道士逐步形成，最终表现为医院的出现和大学医学教育的兴起。

中世纪的医学通常包括中世纪的欧洲医学与这一时期的拜占庭医学和阿拉伯医学。在中世纪医学时期，东罗马帝国亦即拜占庭帝国（Byzantium）收集了古代希腊、罗马的文化，并加以系统化，对医学文化的发展起了一定作用。5—8 世纪的拜占庭医学为以后阿拉伯医学的发展奠定了基础。8—12 世纪的阿拉伯医学非常发达。阿拉伯继承了希腊、罗马的文化，又吸收了印度与中国的文化。阿拉伯医学保留与发展了欧洲古典医学，为欧洲文艺复兴时期医学的进步提供了条件。

（二）基督教医学

基督教提倡平等与慈爱的观念对中世纪的医疗活动产生了极大的影响，虔诚的基督徒愿以最大的牺牲去救赎病人，减轻他人的病痛。中世纪的欧洲医学信奉信仰疗法，当信徒成为担当信仰疗法的医师时，其曾经受过苦难的部分就成为他最擅长治疗的部分，有些人因此被誉为"圣者"。圣安东尼（St. Anthony）就是一例，他的病痛可能是丹毒，一种非常严重的红色皮疹，或是麦角碱中毒。麦角是一种生长在麦中的菌类，做面包时常用到它。麦角碱的活性规律导致肢体血管紧缩并伴有极度的疼痛，然后发生坏疽。当时麦角中毒被称作"圣安东尼之火"，此种疾病如发生在女人身上，会导致子宫紧缩，假如怀孕会造成流产。后来这一发现被用于帮助妇女分娩，以此促进子宫收缩防止产后大出血。特殊治疗者就这样逐渐由圣徒担当。普遍使用的方法有祈祷、行按手礼、涂圣油、朝圣等。教堂和修道院是基督徒灵魂和心灵的依托，那里亦是他们认为的疾病和罪恶救赎之所、人前世与来世的过渡场。修道院医学在中世纪是古典医学通向文艺复兴时期医学的关键连接点。

（三）经验医学的发展及宗教的深刻影响

1. 诊断方法

中世纪诊断学是以观察功能障碍为主，也注意诊脉，验血、尿和痰。当时认为脉搏是测知心肺机能的尺度，这时已能区别 10 种定型的脉搏和一些变型的脉搏。检查血液时，特别注意其颜色、密度、气味和是否有泡沫。在检查痰时，认为根据其颜色与气味就能确定诊断。验尿是最重要的诊断方法，医生通过观察尿的颜色、量、浓度及沉渣等，证明病人身体内各种元素性质的变化情况，并做出诊断，采取治疗措施，设法使体液恢复平衡。其中验尿法，从 11 世纪直至 17 世纪在阿拉伯地区和欧洲盛行 500 多年，尿瓶成为医疗的标志。验尿法所起的积极作用是促进了人们开始对尿液进行真正专业的研究。但还有医生只凭尿液而不见病人就下结论。此外，也有医生利用验尿法来影响病人的心理，而并非靠其"诊断"出病人所患病症。中世纪验尿术的主要著作有毛勒斯（Mauluss）著的《验尿法》（*Regulas Urinarum*）、乌尔梭（Urso）的《尿论提要》（*Compendium de urinis*）。

2. 外科

放血术主要是手术切开静脉放血的治疗方法，也可用医用蛭吸食坏血。其与"四体液病理学说"有密切关系。这一学说认为，人体内含有多种不同的体液，某种体液过多或过少都会引起疾病。放血的目的就在于排除过剩的体液，以治疗相应的疾病。放血术被视为"万能疗法"，在中世纪风行一时，不但用于治疗病人，还作为常规保健措施用于健康人，"相思病""抑郁症"之类的精神病症亦用放血术治疗。

中世纪晚期，外科在战争中逐步发展起来，这时的外科医疗多限于创伤、骨折、脱臼、截肢以及脓肿和瘘管的切开。13 世纪的外科著作，认为在创口施用复杂药物会延缓伤口的愈合，因而提倡用简单的药物治疗创伤。另外，还详述了创伤一期愈合；应用腐蚀剂、棉栓、结扎等方法止血；在骨折的诊断中，强调骨折的声响，主张采用简易方法治疗骨折和脱臼；发明肋骨骨折整复法。中世纪最著名的外科医生乔利阿克（Cue de Chauliac，1300—1367 年）所著《大外科学》，是巴累之前的外科论著经典，其中叙述了各种外科手术和大量新方法，不少方法至今仍在应用。其主要贡献有：改进结石和白内障手术；创造利用牵引绷带和重力按压肢体的纵轴方向，加以拉伸治疗骨折的方法至今仍在应用；用刀割治肿瘤；用缝法、棉塞填入法、压迫法、缚扎法和烧灼法来止血等。

法国蒙彼利埃大学的著名外科医生肖利克（Chauliac）总结出作为外科医生的四项必备条件：首先要博学；其次要熟练；再次要敏捷，这是因为当时没有麻醉药，外科手术以快为好；最后要具备道德修养。

3. 药物

12 世纪，萨勒诺的尼古拉（Nicholas of Salerno）著药典《解毒方》（*Antidotariam*）按字母顺序记载了 130 种复合药物的效能及用法，规定了处方上所用药物的剂量，此书被译成意大利语、阿拉伯语等。15 世纪，塔林敦（Tarentum）大公的侍医萨拉迪（Saladinodi Ascoli）为了解决当时药学知识与用药技术不足的问题，写了《芒香药物概要》（*Conpedium aromatariorum*）。此书在当时被采纳为正式的药物教材。

4. 按手礼

按手礼是精神心理疗法，带有浓厚的宗教色彩。神权帝王（anointed kings）被认为拥有治病的权力，只要将其"皇家之手"（royal hands）放在病人的头与颈背上即可，如《马可福音》所述："他们将手放在病人身上，病人就会恢复健康。"《圣经》中记载了不少按手恢复健康的事件："于是国王将他的手放在病人身上，口中念着：'我碰一碰你，上帝令你痊愈。'"

二、医院及药房

拉丁文 *hospitalia* 的原意是旅馆、客栈。这种旅馆、客栈兼收留老人、孤儿、残疾人，后来逐渐演变成专供病人居住的处所，这就是英文 hospital（医院）的本源。医院的发展与基督教密切相关，因为基督教的教义中包括服务病人。医院的组织与工作都具有宗教性质。它主张护理重于医疗，虽然也可能解决病人肉体的痛苦，但其主要目的在于洁净灵魂。这种带有宗教性质的医院的最早源头可追溯到希腊的阿斯克雷庇亚斯神庙。

1 世纪时，犹太教徒为去耶路撒冷神庙朝圣的人修建了许多旅馆，其中一些能够提供医疗服务，后来基督教徒亦修建了许多旅馆。到 5 世纪时，在小亚细亚、意大利、北非和法国南部均可看见这样的旅馆。最早的医院多建于寺院周围。修道院是人们的避难所，修道院和教堂的医生在给生了病的人提供食物、庇护和祈祷的同时，亦会用草药为患者治疗，还收留那些无家可归或被社会抛弃的人。这是后来出现的中世纪医院之滥觞。早期基督教的很多医院或收容所最重要的功能是看护、治疗病人，但它们也为贫穷人遮风避雨，为外乡基督徒提供住宿。这些医院被称为"救济院"，是根据基督关心身体有疾病的人之令、早期使徒关于基督徒要款待外乡人和客居者的诫命创建起来的。这些收容院式医院及其发展而成的中世纪基督教医院并非近代的西医院。

（一）西医院之兴及其建制化

中世纪初期，开始在修道院设立专为僧侣而设的医疗所，很久以后才在医疗所附近设立为一般病人看病的医院。医疗所一般只有一位医生和一位管理人员。在 6 世纪之后，欧洲开始建立医院。542 年、641 年，在法国的里昂、巴黎分别建立了医院。按照教会的规定，这些医院一般位于大教堂附近，大多数医院的规模都相当小。

早期的医院或医疗机构因其目的不同，名称各异。例如，照料病人者称为医院（Nosocomium），接收病人者称为收容院（Nosodocbium），收容穷人者称为济贫院（Ptocbodocbium），接收妇女及女孩称为妇婴院（Gynotrophium）。到了 9 世纪，出现了产科医院。在整个中世纪，医院几乎不分科。

从 11 世纪末至 13 世纪的十字军东征期间，大量的伤病员需要医治，加之当时欧洲受到流行病的严重威胁，这些促进了医院的发展。13 世纪，罗马教皇伊诺森特三世（Innocent Ⅲ）邀请许多著名的建筑师到罗马，建立起一座大型医院，即圣多斯比利多（Santo Spirrito）医院。后来，欧洲各地建成许多医院。如在罗马，11 世纪有 4 所医院，到 12 世纪增至 6 所，到了 13 世纪共有 13 所。这种医院的源头可以追溯到古罗马时代。另外，在 11 世纪后，由于麻风病人大量增加，欧洲共设立了 19000 个麻风病院；在 14 世纪后，欧洲麻风病人减少，许多麻风病院逐渐改为普通医院。

正式医院是将收容病人的机构与收容贫民的机构分离出来而成，在 12—13 世纪开始兴起。首间正式医院为 1204 年建于罗马的圣灵医院（Hospital of the Holy Chost），管理权仍掌握在教会手中。到 14 世纪中叶，政府对医院的投资加大，医院规模扩大，从开始的十几张病床增添到 200 张。到 14 世纪末，医院的机构与功能日益完善。

从修道院医院过渡到世俗医院建立之前，修道院医院沿袭古希腊医院的宗教性特征，如医院建于寺院内或附近，将宗教手段作为医疗手段的一部分。在中世纪，只有宗教团体会接待和救助患者，这也使修道士获得了社会和世俗的尊重，使修道院成为避难所，另外，对于被社会抛弃的传染病患者，如麻风病患者和鼠疫患者，教会也会主动相助。修道院和教堂的医生在提供食品、庇护、祈祷的同时，亦用草药为人治病。

在中世纪，穆斯林医院也非常盛行，将在本章"六、阿拉伯医学"中介绍。

（二）药房

随着正式医院的发展，公共药房亦开始在欧洲出现。13 世纪末，意大利开始设立公共药房，后来又成立行会。医生经常在药房里诊治病人。这些药房除具有药店、诊治机构的功能之外，还作为开展科学、文化和政治活动的场所。

三、对传染病的防治与疫情的防控

在中世纪的欧洲，传染病流行，其中以麻风病、鼠疫和梅毒为最严重。由于中世纪欧洲传染病的大流行，死亡人数巨大，使得此时人们注重对传染病流行的预防，迫使人们采取隔离、检疫等预防措施应对疫情，欧洲防疫检疫的法规制度随之建立起来，并深远对后世的防疫方式产生了影响。隔离病院的出现与海港检疫，是中世纪对预防传染病的两项重要贡献。欧洲为了防疫颁布了城市卫生法规，为日后近代欧洲的公共卫生与防疫体系形成奠定了基础。中世纪欧洲疫症的大流行及对疫情的应对，促使欧洲人重新检视反思自身的传统公共卫生医疗制度与医疗及防疫方法，为欧洲医学从传统向近代转变提供了基础。下面简略介绍中世纪麻风病、鼠疫和梅毒等疫症的流行及其防治，以及检疫防疫制度的建立。

（一）对麻风病的防控

麻风病的历史悠久。6—7 世纪流行于西欧诸国的麻风病，疫病势头愈渐猛烈。麻风病首先在东欧流行，其后又沿地中海逐渐向北方蔓延，遍及整个欧洲，在 13 世纪流行更为严重。人们认为麻风病患者都是被上帝遗弃的有罪之人，他们患麻风病，是上帝对他们的惩罚，因而当时对麻风病患者的处置相当严酷，麻风病患者的命运非常悲惨。公共场所不许麻风病人出入。由于人们认识到麻风病有接触传染的危险，因此有了隔离措施和法规，这促进了隔离病院的建立。隔离病院的兴起，对防止麻风病蔓延起到了显著作用。仅在法国就有 2000 余所麻风病院，到 1225 年整个欧洲大约有 1.9 万所这样的机构。欧洲在应对麻风病过程中建立的隔离病院，是防疫史上对防治传染病的重大贡献。以后对其他类似的疾病也实行隔离，如鼠疫、斑疹伤寒、肺痨和眼结膜炎，或者疥疮、丹毒等。在城市里，如发现这样的病人，就由政府将其迁居城外，这些措施对控制传染病传播较有成效。

13 世纪之后，医院已不全属于教会管辖，出现了由市政管理的医院。

（二）对鼠疫的防控及防疫制度的建立

鼠疫在中世纪被称为黑死病，在 14 世纪时流行于欧洲，并且波及亚洲和非洲。在 14 世纪，黑死病在欧洲共夺去约占当时全欧洲人口 1/4 的人的生命。1350—1400 年间，欧洲人均寿命从 30 岁缩短到 20 岁。人们想尽办法应对黑死病。1370—1374 年，米兰和威尼斯实施了极为严厉的措施，禁止病人进入港口或城内，从而使传染得到遏制。后来各地纷纷效仿，许多地方设立了检疫的场所，遇到可疑的病人，就把他们扣留起来，在有阳光的露天广场停留 30 天，并把与他们有接触的人也都隔离开来，这种办法叫

Trentina（30 天）。后来担心 30 天不够长，又延长 10 天，称为 Quarantenaria（40 天）。这一名词即为后来"停留检疫"（Quarantine）的来源。因为这种方法对预防传染病很有作用，不久全欧洲均采用此种方法并沿用至今，"海港检疫"已在世界通用。来自疫区的货船和客船必须在邻近的岛屿上停留 40 天才能登岸。货物卸下后，首先经过烟熏处理，必要时销毁。船员们在岛上要脱去衣服，进行空气浴和日光浴，以此作为消毒防疫措施。海港检疫是欧洲在中世纪对预防传染病的重要贡献。中世纪的欧洲面对席卷欧洲的鼠疫，通过立法的手段推行和实施防疫举措。欧洲在应对鼠疫的过程中建立了海港检疫制度。

政府通过颁布及执行法令和法规，对有传染嫌疑的房屋要进行熏蒸和通风，衣物被单等全部焚烧，严禁死尸暴露街头，加强水源控制，以遏制疫病传播。有的地区的管治当局授权强迫鼠疫患者的全家禁闭家中。被怀疑染病的人要在其房屋标上记号，由民兵贴在外面，防止全家出入。死者的所有衣裤被焚。病人被安置在城外指定的地方，实行隔离。

当时欧洲防疫中使用的检疫方法、隔离手段和消毒措施，是通过法规制度的方式予以推行，并固定下来的。以法防疫，以法抗疫，这是防治疫情最重要的手段之一，并被后世继承下来，反复在大疫来临时有效使用。

（三）梅毒的流行

梅毒是一种古老的疾病。这种传染病在中世纪的欧洲非常流行。由于战争频繁，士兵大量被调动，这加剧了欧洲梅毒的传播，就连皇室贵族也有染病。梅毒的流行始于巴塞罗那（Barcelona），西班牙和法国之间的那波里（Napoli）战争期间，梅毒在军队中流行，后来又流行到世界各地。

（四）对其他传染病及疫症的防控防治

中世纪欧洲除麻风病、鼠疫和梅毒等主要疫症流行以外，还有白喉、伤寒、天花、斑疹伤寒、小儿麻痹、疥癣、猩红热、流行性感冒、间歇热、萎黄病、黄疸病、肺痨等其他疫症的流行。当时的欧洲为了应对各种疫情，加强了对被社会遗弃心生恐惧的各种传染病患者的收容，首先在教堂和修道院进行了此类收容工作，促成兼具收容和施药救治功能的机构的建立。

（五）卫生检疫防疫制度与公共卫生管理的实施

上文已述欧洲在中世纪面对麻风病、鼠疫和梅毒等疫症的流行，实施了检疫防疫制度与公共卫生管理。

从 14 世纪开始，欧洲一些城市引入海港检疫以预防鼠疫的流行，实行隔离制度。对麻风病也早有隔离防范制度。这在上文都有陈述。对梅毒等各种传染病也有防范措施。1423 年，出现了首家传染病隔离医院。在欧洲由政府立法和管理的公共卫生开始大规模、有组织地实施，向民众全面宣传普及预防传染病和公共卫生知识，按照公共卫生要求改善城市建设，提倡良好的卫生生活方式与公共卫生文明秩序。遵守公共卫生秩序、注重防范传染病和讲究卫生健康的生活渐成人们的日常习惯。

中世纪欧洲为应对疫情采取了各种医疗卫生方面的措施。在卫生学方面的进展和成就，是出现了以由萨勒诺学校的教授撰写的《卫生手册》（*Regimen Sanitatis Salernitanum*）为代表的卫生方面的著作。此书曾多次再版发行，成为个人卫生的规范。

四、中世纪欧洲医学教育及其变迁

在中世纪时期，10 世纪以前修道院亦是传习医学知识之地。然而亦有萨勒诺医学校（Salernian school）这样的医学教育机构。随着 11 世纪以后大学的兴起，修道院传授医学的作用逐渐被大学取代。

（一）修道院医学教育

10 世纪以前，修道院也是传习医学知识的场所，医生大多是在修道院和寺院中培养的，医学知识的传授采用问答方式。在理论上，医学教育完全遵循经院哲学，受训者必须牢记希波克拉底、盖仑和阿维森纳的教条。

（二）欧洲的医学校及其历史作用

欧洲的医学校在中世纪的萨勒诺（Salerno）出现。萨勒诺地区位于意大利南部。由于其受经院哲学的影响较小，对欧洲的医学起了推动作用，是中世纪医学发展的一个中心，因此后人称之为"希波克拉底之都"。

9 世纪，培尼底克汀（Benedictine）修道院的朝圣者医院（Pilgrim hospital）建立了萨勒诺医学校。至 9 世纪中叶，萨勒诺已成为欧洲一所著名的医学校。学校聘请了大批教授，其中有希腊人、犹太人、阿拉伯人和当地人，他们使用各种语言讲授医学知识，使萨勒诺愈加闻名。11 世纪初，萨勒诺发展成为欧洲的医学中心，在此设有内科、外科诊所，还有孤儿病院、药局、慈善院等。

11 世纪初，意大利南部各地区仍然使用希腊文字和希腊语。萨勒诺的一些医学家将希腊医书译成拉丁文，重建盖仑的医学知识体系。一位著名翻译家康斯坦丁纳斯（A. Constantinus）来到了萨勒诺。他精通希腊和阿拉伯学术，将盖仑等的许多医书译成拉丁文，将阿拉伯著名医生阿维森纳和累塞斯的著作翻译介绍给欧洲，使以阿拉伯医学为基础的拉丁医学得到进一步的发展。他翻译的著作对萨勒诺医学的兴起有重要作用。

到了 11 世纪，在萨勒诺医学校的基础上建立了萨勒诺大学。学制 9 年，包括 3 年预科，5 年医学理论，1 年临床实习；专习外科者学制 10 年。学校以希波克拉底、盖仑和阿维森纳的著作为基本教材，并编有《亚历山大利亚医学纲要》，将希腊和阿拉伯经典医学融汇起来。学校一直保持着非宗教性医学的特点，自由学术气氛浓厚，重视实践，教学在医院和化验室内进行，摒弃空论和占星术。该校开设解剖课，以动物解剖为主，主要是在猪身上进行系统的研究。科弗（Kopho）撰写了解剖教科书。由外科名家罗格尔（Roger）编写外科讲义。萨勒诺医学校接纳女性学生，甚至聘请女性担当教职。此校设产科，并于 1050 年由特罗特拉撰写了产科著作。此校的教学大纲后来被许多大学所采用。

11—12 世纪，是萨勒诺医学最有影响的时期。12 世纪萨勒诺的尼古拉（Nicholas of Salerno）编辑的药典《解毒方》，是中世纪很有影响的处方书，成为药剂学的基础。萨勒诺的《罗格尔外科学》则代表欧洲当时的外科水平。从 1200 年起，萨勒诺医学校成为国际性的医学院。1231 年，萨勒诺医学校被腓特烈二世正式承认为大学。学校最主要的贡献是通过翻译等方式，将以阿拉伯医学文化为载体的西方古典医学文化回传西方。代表人物就是前面提到的康斯坦丁纳斯，他将阿拉伯文的希波克拉底《格言》和盖仑的《小技》翻译成拉丁文，促进希腊、罗马医学传统的复兴，此外，他还介绍了许多阿拉伯医学的内容。

随着其他大学的相继建立，对萨勒诺大学的依赖程度逐渐减轻，该校开始衰落。学术中心转向意大利的波伦亚和帕多瓦两所大学。后者从 16 世纪开始成为先进医学的中心。

萨勒诺医学校继承了古代医学的成就，开拓了医学教育发展的新方向，走自由研究之路，促使医学摆脱宗教束缚。这对此后大学的兴办，医学科学的研究，都有先导性的重要意义。其培养的医生在文艺复兴时期的医学变革中发挥了重要作用。相对宽松自由的学习与研究环境，使萨勒诺医学校成为文艺复兴的摇篮之一。这所医学校对近代医学的发展影响极其深远。

（三）中世纪欧洲的大学与医学教育制度

11 世纪，欧洲的社会经济有所发展，逐渐形成中世纪城市。阿拉伯人的入侵和十字军的东征使欧洲人接触到了东方的文明和基督教以外的世界，拓宽了欧洲人的视野，也刺激了文化的发展。在欧洲一些城市中开始出现学校，并在此基础上出现了大学。12 世纪初，意大利的波伦亚（Bologna）大学，法国的巴黎（Paris）大学、蒙彼利埃（Montpellier）大学，英国的牛津（Oxford）大学等相继出现。13 世纪又出现意大利的帕多瓦（Padova）大学、帕维亚（Pavia）大学、萨勒诺（Salerno）大学，英国的剑桥（Cambridge）大学，西班牙的巴伦叙亚大学（1212 年），葡萄牙的里斯本大学（1290 年）等。到了 14 世纪末，又陆续出现维也纳大学、欧佛大学和海德堡大学等。到文艺复兴初期，欧洲的大学达 80 余所。大学的出现，对整个社会的科学文化和医学都产生了重大影响。在大学办医学教育，大大促进医学教育由传统向近代化的转变。

中世纪欧洲的多数大学均设医科。13 世纪之前，各校学生人数非常少，每个系不超过 10 人。教师亦较少，分别教授理论、临床和药物知识等。学校实行师徒制。学制 5～10 年不等。课程设置有物理、哲学、逻辑、修辞、星象、解剖、生理、病理、病理各论、诊断、外科、妇产科和眼科等。学生主要学习希波克拉底、盖仑和阿维森纳的著作。学校实行考试制度。学生毕业时授予医师学位，毕业后主要从事教师工作。12 世纪中叶前后，西西里王罗杰尔二世（Roger Ⅱ）制定的法律规定，没有资格证书者不得开业行医。13 世纪 30 年代，皇帝腓特烈二世（Emperor Frederick Ⅱ）亦以法律形式规定医生应接受 3 年预备教育、5 年医学教育，还规定若干医疗细则、治疗费用等，指定学校的教材应以希波克拉底和盖仑的著作为范本，规定准许每 5 年解剖 1 具尸体。

与欧洲中世纪医学发展有密切关系的大学，主要有萨勒诺大学、波伦亚大学、蒙彼利埃大学、帕维亚大学和帕多瓦大学等。这些大学在培养医学人才、促进医学教育的近代化变革、推动医学及其教育的发展、促使近代实验医学的兴起和传统经验医学走向近代实验医学方面，都起了非常重要的作用。

（四）阿拉伯医学的影响及其意义

阿拉伯医学文化保存了古希腊、古罗马的医学文化成果，并有长足的发展。中世纪时的阿拉伯医学对欧洲医学的影响颇深。如意大利帕维亚大学的一位著名教授菲拉里（Ferari de Grado）在他所著的教科书中，引用阿维森纳的话逾 3000 次，引用累塞斯的话亦逾 1000 次。法国的蒙彼利埃大学也吸收了大量阿拉伯医学的内容，此校一位著名外科医生肖利克所著的《外科学》，在中世纪后期相当著名。肖利克受阿拉伯医学的影响颇深，几乎每页都引用阿维森纳、累塞斯等人的话。当时的医学院校受到古代经验医学的极大影响。巴黎大学在 14 世纪中叶有医学课本 14 种，也多是阿拉伯医学的著作。

（五）解剖课程的变化与医学教育方式之变

解剖对医学研究与教育均极为重要。然而，中世纪到文艺复兴前，一直不允许随意将人体作为解剖材料。到了 14 世纪末，才增添了简单的解剖学示教。再到 15 世纪，每年仅允许解剖一两具尸体。公共解剖多在大学讲堂或礼拜堂进行，有时也在屋外进行，15 世纪后期才逐步规范，设置专用的阶梯讲堂。解剖时，将尸体放在讲堂中间，以利学生观察。

意大利波伦亚大学的教授蒙迪诺（Mondino de Luczzci，1270—1326 年）为当时欧洲的解剖学权威，是欧洲文艺复兴以前最早公开解剖人体的人，曾在 1315 年公开解剖了一具女尸，并且于 1316 年写成一部《解剖学》（Anathomia）专著。该书流传很广，印刷发行达 23 版，发行后 200 多年，仍然被推举为大学解剖的专用教材。蒙迪诺成为将系统解剖纳入医学教育的第一人。蒙迪诺创立的解剖学包括了生理和与解剖相关的内外科，而非单纯的人体解剖。蒙迪诺的《解剖学》中有一幅解剖教学图，图示教授高坐在讲台上宣讲，助手在下持棒指点，仆人在具体操作解剖，学生绕桌旁观。解剖学的此种教学方法沿用至 16 世纪。学者在 200 年间仿效蒙迪诺的图示，不亲自动手操作。

15 世纪，尸体解剖日渐推广。意大利的菲拉利（Gianmatfeo Ferrari，？—1472 年）对各器官的解剖描述十分详细，他也可能是最早给卵巢命名的人（以前称卵巢为"女性睾丸"）。15 世纪末，曾学过医的西克斯塔斯四世（Sixtus Ⅳ，1417—1484 年在位）正式颁布训令，准予解剖尸体以供学术研究之用。后来克利蒙特七世（Clement Ⅶ，1513—1524 年在位）又重申了这一训令。

解剖课程的变化透视出医学教育方式正酝酿着有利自身发展的变化。

（六）占星术课程与当时的医学

中世纪的欧洲人认为，占星术与医学有非常密切的关系。有人认为，行星、恒星、彗星的变化可以影响到人类的出生、死亡和疾病。在中世纪的欧洲，占星术用于医学较流行。占星术被列入医学教育课程。

五、拜占庭医学

一般认为，古罗马帝国灭亡后，拜占庭帝国的首都君士坦丁堡成了欧洲医学文化的中心。拜占庭文化是古希腊、古罗马文化的继承者，中世纪的欧洲也因而没有完全与古希腊、古罗马文化完全隔断。拜占庭有别于欧洲他地，教会的神父是文化学术的保护者和传承者，教堂里保留并翻译了以古希腊语、古叙利亚语和阿拉伯语撰写的古代文献。拜占庭医学主要是指 5—8 世纪 300 多年时间的医学，保留着古希腊和古罗马的医学传统，传统的优秀医药文化在此得以保存和发展，后来又传入小亚细亚，这就为以后阿拉伯医学的再整理与发展奠定了基础。

（一）拜占庭医学对古希腊医学和古罗马医学的继承与发展

拜占庭的学者型僧侣延续着古希腊、古罗马的医学传统。拜占庭医学文化在承接古希腊、古罗马医学文化的过程中，通过基督教观念的作用，有了新的发展，对中世纪及后世西方医学文化的形成有重大影响。例如，其以基督教教义的拯救与怜悯世人苦难的精神承接古希腊和古罗马的医院形式，建成的收容医治机构成为后世医院的前身。拜占庭医学发展中出现的收容医治机构，显现出基督教医学的发展。

（二）拜占庭式医疗及收容机构的出现与发展

拜占庭医院的出现标志着拜占庭的医学发展水平达到了高峰。拜占庭较早期的医院中大多数医院规模小，但也有少数医院拥有 200 多张床位，如 6 世纪位于君士坦丁堡的桑普松医院。有些医院专门照顾老人、穷人或流浪者，有些收容所收容有各类病人。随着医院规模的扩大，到 7 世纪时，君士坦丁堡的一所医院已开始根据疾病实行病房专门化管理。早期的许多医院是以家族经营的模式来管理的，也有些医院由教区的神父来管理，如 1112 年拜占庭帝国皇帝约翰二世建立潘托克拉多修道院时，同时修建了修道院附属的医院。

12 世纪时，君士坦丁堡出现了许多医院，如 1136 年创建的潘托克拉托尔（Pantokrator）皇家医院，然而这些医院只能满足极少数城市居民的需要。即便如此，拜占庭的医疗服务水平仍然遥遥领先于当时的欧洲国家。1204 年，十字军占领君士坦丁堡以后，西欧国家开始仿效拜占庭建立起医院。如从 1250 年开始，法国和意大利北部的一些城镇建立了拥有 200 多张床位的医院，并逐渐发展为医疗中心。12—13 世纪，医院在欧洲逐渐发展起来。当时著名的医院有伦敦的圣·巴塞罗缪医院（1123 年）、圣·托马斯医院（1215 年）。

拜占庭帝国时代传染病流行较广。东欧的麻风病传至地中海沿岸一带，拜占庭深受影响。13 世纪时，由教会创办的为旅行者提供的避难所和为高龄残疾者而设的济贫院，对黑死病、发疹性热病、结核等传染病病人，都加以收容隔离，由此逐渐发展成为传染病院和医院。

（三）拜占庭药房的出现

晚期的拜占庭把阿拉伯和波斯的典籍译成希腊文，采用阿拉伯和印度的药剂，出现了达到较高发展水平的药房。它们大量吸收来自东方的医药成果，并对其不断借鉴吸收、发展完善。

（四）拜占庭医学家的出现

拜占庭时期出现了一些重要的医学家。如奥列巴修斯（Oribasius，325—403 年）、艾修斯（Aetius，约 6 世纪）、西奥菲勒斯（Theophielus）、亚历山大（Alexander，525—605 年）等。拜占庭的医学家，多是医学百科全书的编纂者。他们收集了古代医学丰富的遗产，编著了一些医书，为将希腊医学和罗马医学系统化做出了历史贡献。

朱理安皇帝的御医奥列巴修斯（Oribasius）为当时重要的医学家之一。他按照朱理安皇帝的要求，编撰了《教堂医学》（Synagoga Medicae），是一部完全遵循盖仑思想的医学著作，试将古代著作编集在一部书内，保留着古典的医学思想。出生于 6 世纪的医学家艾修斯（Aetius），撰写了《四卷集》（Tetrabiblos），详细地描述了甲状腺肿、狂犬病及白喉的流行和一些外科手术，对眼、耳、鼻、喉和牙齿的疾病也做了细致记载。外科医生保罗（Paul）的《论医学》，是其众多著作中唯一保存下来的，其中最有价值的是外科内容。保罗施行过的外科手术涉及癌、截石术、骨折、睾丸摘除及静脉曲张等。

（五）拜占庭医学的传承与教育

拜占庭帝国继承了古希腊文化，拜占庭的医学家均为医学百科全书的编著者，他们收集古代医学的丰富遗产，再加以系统化。拜占庭帝国在 9 世纪建立起大学，学生可以在此学习医学。这样，对医生的训练首次成为学术机构的任务，医学教育开始与其他学科的教育紧密联系起来。这是医学教育史上的一次重大转折。

修道院图书馆所藏医学著作显示，医学知识是通过问答的方式进行传授的。各种问答式的医学著作，除了涉及医学的理论，亦涉及医学的实践。在理论方面，涉及医学的定义和应该遵循的规则。根据希波克拉底和法规学派的有关论点，讨论医学的原则，谈及病理学、医学和治疗方法，将治疗分为食疗、药疗和外科治疗等。从著述的形式上看，问答式教学法是当时修道院教育的主要教学方法。这种教学方法以盖仑的归纳类推法为基础，根据最有可能的原因和效果，推导出疾病的潜在原因。同时，亦展示了当时学生是如何学会定义和解答问题，以及如何掌握通过实验和经验证实理论的方法的。这在盖仑的著作中均有阐述，有关这方面的著作在 6 世纪就已译成拉丁文。

9 世纪中叶，拜占庭出现了高等学校。学校除设有哲学、数学、天文学、语文等科目之外，亦讲授和研究医学。在此之前，医生的培训类似师徒传授的形式。9 世纪以后，拜占庭的医生培训改为学校教育的方式，特点是将医学与其他科目的学习较为紧密地结合起来，这对提高医生素质与医学水平有很好的效果。

六、阿拉伯医学

阿拉伯医学一般是指伊斯兰地区用阿拉伯文汇集的医学。

（一）阿拉伯医学的各时期

一般认为，阿拉伯医学大体上可分为三个时期：早期，即 2 世纪由希腊、罗马传入阿拉伯的时代，也就是所谓翻译的时代，医学书籍几乎完全由希腊文翻译而来；极盛时期，即 8 世纪至 13 世纪上半叶；衰退时期，即 13 世纪下半叶以后，随着阿拉伯帝国的衰落，阿拉伯医学被逐渐兴起的欧洲医学所代替。

1. 早期的阿拉伯医学

早期的阿拉伯医学包括伊斯兰教兴起以前及神权时期（5 世纪至 660 年）及倭马亚王朝时期（661—750 年），相当落后。公元 662 年，穆罕默德创立伊斯兰教。632 年，穆罕默德逝世后，伊斯兰实行政教合一，其领袖均称为哈里发（Caliphs）。这一时期，倭马亚王朝通过向东西方扩张，接受了先进的希腊文化，并对医学的发展给予很大的支持，雇佣了外国医生，开始形成阿拉伯医学。

2. 阿拉伯医学的极盛时期

公元 9 世纪，阿拉伯伊斯兰医学已经发展成熟。在阿伯沙德（Abbaside）哈里发时期，学者们开始把叙利亚文、波斯文、科普特文、梵文和希腊文的医学著作译为阿拉伯文，广泛引进东西方医学的先进知识；建立起大批医疗机构和医学教育机构，如医院和医科学校。拉希德哈里发时期（al-Rashide，786—809 年），在巴格达修建了第一所先进的医院，在以后几任哈里发统治时期，这间医院一直得到充分的重视。在这间医院中工作的医生，除治病之外，亦培训年轻医生。巴格达医院建立后，在其他大城市，如马尔（Marw）、雷依（Rayy）、大马士革（Damascus）、安提克（Antioch）、马卡（Makkah）、开罗（Cairo）、马拉喀什（Ibn Marrakush）和格拉纳达（Granada）等亦相继建立医院。巴格达的阿杜迪（Adudi）医院有内科医生、外科医生、眼科医生和药师，共 24 名。由于医院设立了藏书丰富的图书馆，拥有充足的卫生人力资源，因此其从这以后几个世纪一直是阿拉伯的医学教育中心。

820 年，巴格达创办了具有图书馆、学术研究和翻译等功能的机构——智慧宫。哈里发亲自修书给拜占庭皇帝，要求对方同意阿拉伯人去拜占庭帝国搜集科学书籍，将大量哲学、医学和数学的典籍收集在智慧宫里。智慧宫中最出色的翻译家为奈胡恩那·伊本·伊萨克（Hunayn ibn Ishaq，808—873 年），他既是阿拉伯人，又是景教徒，跟随著名医生伊本·马萨沃（Ibn Masawaih）学医，曾任哈里发的宫廷医师。他精通希腊语，翻译了大量医学著作，主要是希波克拉底和盖仑的著作。其中约有 90 部盖仑的著作从希腊语译为古叙利亚语，40 部从希腊语译为阿拉伯语；翻译了 15 部希波克拉底的著作。

8—13 世纪的阿拔斯王朝是阿拉伯帝国的鼎盛时期，也是阿拉伯医学的极盛时期。

阿拉伯继承了希腊、罗马的古代文化。包括医药方面在内的各种希腊文和拉丁文的人文与自然学科的重要著作，均先后被译成阿拉伯文，以后再翻译成欧洲人认识的文字，使文艺复兴成为可能。同时，阿拉伯与东方的商业贸易交流频繁，吸收了印度和中国文化，使欧亚各民族的文化得以沟通。一部分中国医学也通过阿拉伯传入西方。阿拉伯人在医学方面取得了极大成就。

8—13 世纪，阿拉伯医学相当发达。阿拉伯医学是指使用阿拉伯语言的区域的传统医学，这里的人们大都信仰伊斯兰教。阿拉伯医学最重要的意义在于当中世纪的欧洲遗忘了古希腊、古罗马医学时，替欧洲及世界继承、保护并在一定程度上发展了古希腊、古罗马医学。从 9—11 世纪，阿拉伯医学充满活力，兴盛发展，对东方的医学与西方的医学都有过重大影响。

阿拉伯医学发达的重要标志之一，是有大量的阿拉伯医院的出现。阿拉伯帝国兴起后，在其管治的地域出现了许多所医院。最早在 707 年，教主威利克（EL. Welic）在大马士革建立了一座医院，后来叙利亚一带的政府在重要的城市几乎均设医院或诊所，其中以开罗的医院规模最大，设备亦最完善。开罗的曼苏理（Mansuri）医院，始建于 1284 年，按病种设置病房，还设有恢复期病房，并且设立了门诊处、孤儿院、膳食专用屋、图书馆和大教堂等，雇用了众多男女护士。可见当时的医院之盛。9—10世纪，随着阿拉伯帝国的发展，一些大城市都有了功能较为齐全的医院。早期的医院主要是为穷人和老人提供慈善性质的保健照顾，医疗作用相当小。穆斯林医院的治疗和康复训练均免费，伊斯兰教徒认为治疗病人是一种义务，不管其有无偿付能力。他们还愿意照看精神病人和老人。男女被安置在分开的病房，但照看他们的护士则有男有女。这些医院具有世俗性，而不带有宗教的属性，通常会雇用信仰基督教、犹太教和伊斯兰教的医生。阿拉伯医院与中世纪的基督教医院以及古希腊、古罗马时代的医院，对后世医院的产生有直接影响。阿拉伯医院分科很细，除外科、内科、骨伤科、眼科之外，还有专门的神经科和妇科，有的大医院还设有急救中心，各医院都附设药房。

到了10世纪，阿拉伯的临床医疗技术已经达到相当高的水平。诊断的方法有问、验、切。问即问病史、病状、病因以及遗传或传染因素，并记录在病历上；验主要是验尿，观察尿的颜色、浓淡、污浊以及是否有异味；切即切脉。接下来是根据情况，对病人进行全部或局部的身体检查。医生根据情况对病患者进行治疗。

在外科治疗方面，阿拉伯医师已应用了消毒技术。古希腊人长期认为伤口化脓是正常现象，阿维森纳反对此说，并使用酒精消毒伤口，使以往经年累月不愈的伤口几天即可愈合。阿拉伯医师施行麻醉手术，将海绵放在鸦片、颠茄液中浸泡，然后放在阳光下晒干，使用时再浸湿，让病人闻，等病人沉睡后再施行手术。这种方法后来传入欧洲，一直应用到18世纪。阿拉伯医师的外科手术在10世纪已达到较高水平，能够开刀、割痔、拔牙、切开气管、用猫肠线缝合伤口。绑扎大动脉止血是一大突破。阿拉伯医师施行大手术时，由几位医师协同合作，一人施行麻醉，一人观察脉搏，一人消毒并用器械夹住伤口，一人主刀。外科治疗上的烧灼法亦是阿拉伯人的一大贡献。艾布·卡西姆·宰赫拉维教授学生50余种治疗疾病的烧灼法，用烙铁灼烧伤口、去除癌细胞、切开脓肿，并发明了10种外科器械。在产科接生方面，阿拉伯人发明了许多新器械和新方法。

阿拉伯医师对伤寒、霍乱等传染病已经有了较好的治疗方法并阻止其蔓延。阿拉伯人已经认识到瘟疫可以通过人体接触或血液来传染。1372年，在阿拉伯医师的参与下，威尼斯城采取措施控制瘟疫的蔓延。早于欧洲医师700年，阿拉伯人就能对关节炎和脊椎结核做出正确诊断。阿拉伯人已经了解心理因素在医疗中的作用。阿拉伯人对光学颇有研究，因此在眼科疾病治疗上的成就相当大，《眼科十论》为18世纪之前欧洲眼科医生的必读书。

阿拉伯人在医药方面成就突出，最早开设了药厂、药剂学校和药房。雷泽斯和阿维森纳均相信，各种植物可以治疗不同的疾病。阿拉伯药房提供各种药给病人，如酒精、桂皮、砷、龙涎香脂、香膏和硼砂等。随着医药的发展，对医师和药剂师的要求愈加严格。阿拔斯王朝自第七位哈里发开始，便实行医师、药剂师考核办法，考试不合格者一律不允许从事医药行业。

阿拉伯出现了一些重要的医学家，如该伯（Geber）、累塞斯（Rhazes，860—932年）和阿拉伯医学之王阿维森纳等，他们对阿拉伯医学乃至世界医学做出了重大贡献，以阿维森纳最著名。

波斯人雷泽斯（Abu Bakr Muhammad ibn Zakariyaal-Razi，865—925年，也译为拉

齐），在巴格达学校学医，以后在巴格达成为一位名医和名教师。其在医学、哲学、宗教、数学和天文学方面著有 200 余部著作。其中的 3 部著作最为重要，是以实用医学与治疗为主的百科全书式的《医学集成》、论述医学重要问题的《献与阿尔曼苏的医书》和《说疫》。《医学集成》为鸿篇巨制，涉及了 10 世纪初伊斯兰文化中的所有医学知识，既总结了希腊、波斯和印度的医学知识，又增添了许多新的医学成就，内容十分丰富，可以说是一部医学百科全书。13 世纪时，西西里岛的犹太教医生法赖吉·本·萨林将这部著作译成拉丁语，此后多次出版。《说疫》又译为《天花与麻疹》，这是一本根据医生个人经验和临床观察写成的传染病专著，雷泽斯对天花和麻疹这两种重要的传染病做出了鉴别，从中可以获得最早的关于传染病的研究情况。《献与阿尔曼苏的医书》是一部关于医学重要问题的论文集，共 10 篇，内容涉及解剖学、生理学、皮肤病、热病、毒物、诊断、治疗和摄生等方面，其中第七篇"论一般外科学"和"第九篇论各种疾病的治疗"价值较高。该书在中世纪的大学里常被引用和评论。

　　阿维森纳（Avicenna，980—1037 年）是阿拉伯最著名的医学家，亦是著名的百科全书式的编纂家和思想家，被誉为"阿拉伯医学之王""中东医圣"，与希波克拉底及盖仑被并称为"医界三大明星"。阿维森纳在医学各科中都有重大贡献，其医学代表作是《希腊—阿拉伯医典》（简称《医典》，*Canon of Medicine*）。此书除吸收盖仑的学说之外，还吸收了中国、印度等国的某些医学成就，加以整理与注释，并把亚里士多德的逻辑学应用于医学，结构非常严谨。《医典》包括解剖、生理、病理、治疗、制药、卫生和营养等内容。在解剖学和生理学部分，他着重讲述大脑和神经的作用。在"论热病"中，他提出鼠疫、天花和麻疹等疾病是由肉眼看不见的病原体所致，这些病原体通过土壤、饮用水传播。在饮食营养一章中，他强调年龄与饮食的关系，对营养卫生等方面的描述非常细致。在诊断方面，他注意切脉，并将脉象区别为 48 种。他重视药物的作用，用很大篇幅讨论药物治疗的问题。他不但收载希腊、印度的药物，还收载了中国药物，并擅长使用泥疗、水疗、日光疗和空气疗法。他还记述了放血疗法的适应证、禁忌证和方法，膀胱结石截除和气管切开的手术，以及创口和外伤的疗法，并推荐用葡萄酒处理伤口，用汞制剂治疗梅毒。此外，阿维森纳注重观察和实验，并注重精神因素对健康和疾病的影响。《医典》曾多次被译成拉丁文，在相当长一段时间内，被作为研究医学的必读指南书，直到 17 世纪，欧洲的一些医学校仍采用《医典》作为教材。

　　艾布·卡西姆·宰赫拉维（936—1013 年），被誉为"阿拉伯外科之星"，其著作《医学宝鉴》总结了当时的外科知识，并附有 200 多种外科器械的插图，对欧洲影响极大，成为欧洲外科的基础之一；阿里·麦久西（？—994 年），以《医学全书》闻名，此书有许多新的贡献，如关于毛细血管系统的基本概念，及论证分娩时婴儿不是自动出来，而是由子宫肌肉收缩推出等；伊本·贝塔尔以《药物学集成》和《医方汇编》闻名，其中提出了许多药物学的新知识，仅新介绍的植物药就达 200 多种；伊本·纳非斯（1216—？年）发现了血液循环。

3. 阿拉伯医学的衰退时期

　　13 世纪下半叶之后，随着阿拉伯帝国的衰落，欧洲医学渐渐取代阿拉伯医学的地位。到了 14 世纪时，阿拉伯医学渐趋衰落。以后，欧洲经历了文艺复兴，并开始向近代社会过渡，阿拉伯医学的影响已降至最低点。尽管出现了如恩泰基（Dawud al-Anta-ki）这种力图振兴阿拉伯医学的学者，主张把欧洲的医学重新引进阿拉伯世界，然而均不成功。内部和外部因素的影响，限制了医学的革新。

（二）阿拉伯医学教育

9 世纪时，阿拉伯伊斯兰的医学教育已发展为具备明确目标的成熟专业，兼具牢固基础与较强的学术性。一般认为，有三大重要因素推动了阿拉伯医学教育的发展。

一是在阿伯沙德（Abbaside）哈里发时期，伊拉克和邻近地区的学者们即开始将叙利亚语、波斯语、科普特语、梵语和希腊语的优秀医学著作译成阿拉伯语，广泛引进东西方医学的先进知识。

二是中国造纸术和印刷术的传入，促进了医学著作的出版和大量手稿的记录。

三是大批公私立医学教育机构和医疗机构出现，诸如图书馆、医院和医科学校的建立。例如，科尔瓦多市内的图书馆多达 70 所。

阿拉伯高水平医院的广泛建立，吸引了大批优秀的医生到这些医院工作，也吸引了许多青年才俊到这些医院接受医学教育。9 世纪的阿拉伯医学教育，是以从师学艺、带徒培训为主，但不少医院也开始从事医师培训。因此，医学著作的引进和医学教科书的编纂就成为传授医学知识、培训合格医生的重要手段。实际上，9 世纪，这些医学教育中心和图书馆已经收藏了大量原版的或翻译成阿拉伯文的医学著作和手稿。由于这一原因，阿拉伯语在此后的 300 多年中一直成为医学学科和其他学科的通用语言，虽然这些著作主要来自希腊，但是它为阿拉伯世界医学知识的传授与教学方法的发展，以及以后的欧洲用拉丁语振兴医学教育创造了条件。

9—10 世纪及后来较长一段时期，阿拉伯医学教育的主要模式基本有以下几种。

1. 以医院为基础的学校

此为中世纪阿拉伯医学教育的主要形式。如巴格达的阿杜迪医院、大马士革的奴里医院、开罗的门苏里医院等，均为当时著名的医学教育中心。为适应教学的需要，各医院均拥有藏书丰富的图书馆、专用的课堂、药房，并拥有各种剂型的药物供教学使用，因而这些学校是符合开展理论教学与实际训练要求的场所。学生跟随老师定期查看病房，在床边示教。以医院为基础的医学教育，在很大程度上受波斯西南部著名的基督教科学学校和杰地夏浦（Judi-Shapur）医院的影响，在一定程度上亦接受了亚历山大利亚学校的影响。在巴格达医院里从事医学教育的医生，多数曾在杰地夏浦医院受过训练。随着医院的发展，当时在这些医院中已经出现了主治医师、住院医师和今天称为实习医师的等级制度。

2. 私人创办的学校

这些学校均由社会上享有相当高荣誉的著名医生创办，前来学医的学生颇多。

3. 以个人为基础的带徒培训

这种培养模式在阿拉伯社会盛行，在有经验医生带领下进行，徒弟除学习经典医书以外，师傅会循序渐进地向他们授课。当学徒达到相应的水平后，他们会随师傅到病人家里出诊，参与手术。当理论学习和实践训练皆完成后，学徒即可独立行医。

近 代 编

第十章　在传统与近代间的文艺复兴时期的欧洲医学

文艺复兴时期是欧洲医学由传统医学进入近代医学的转折时期。此时期是欧洲医学乃至世界医学踏上近代化科学化的历程，西方医学从经验思辨进入科学实验的时代，在医界兴起革新之风。文艺复兴时期医学的进步成就，主要是基于人体解剖学的基础，这是一个空前的转折性的飞跃。西方医学是在 16 世纪解剖学基础上，经过 17 世纪生理学的建立及其后的发展、18 世纪病理解剖学的建立及其后的发展、19 世纪细胞学与细菌学的建立及其后的发展，并经过各时期临床医学的发展，到了临床医学与基础医学不断飞速发展的 19 世纪后期和 20 世纪，成为现代医学。

文艺复兴时期欧洲医学上巨大的跃进式进步，有着广阔的历史背景与深刻的时代动因。14 世纪至 15 世纪中叶的文艺复兴早期，文艺复兴以意大利为中心风起云涌。16 世纪末至 17 世纪初的文艺复兴后期，文艺复兴已席卷全欧洲，为欧洲带来了思想解放、科学繁荣，个性的自由发展，促进了一系列社会变革。宗教改革运动、启蒙运动兴起。文艺复兴以人文主义为思想核心，把人作为关注的中心。西方医学正是在文艺复兴以后开始飞跃发展的。随着欧洲自由经济的发展和近代自然科学的兴起，宗教神学和经院哲学受到强烈冲击，一些传统的思想束缚被解脱，近代自然科学的先驱们提出了新的哲学思想和科学方法论。人文主义者对于古代文明的贡献产生了浓厚的兴趣，并使古典著作再现其巨大价值。人文主义者通过对古代和中世纪文献的长久搜集和研究，使得这类文献的价值不断倍增。在医学领域，古希腊时期以希波克拉底为代表的医学遗产在被忘却千年之后，又重被关注并推动医学以空前的速度飞跃发展，使医学不断地近代化、科学化。印刷术的传入和阿拉伯医学所保存的中世纪以前古希腊、古罗马的医学书籍，使得在文艺复兴时期出现了很多较为正确的医学译本。其中大部分是经典著作，尤其是希波克拉底的著作较多。这些新译本和新书籍，逐渐替代了阿拉伯医学书籍的位置。

一、医学近代化变革与巴拉塞尔萨斯在其中的作用

文艺复兴为西方医学的发展带来了革新的动力，主张医学变革的医学家与革新性的医学理论在文艺复兴中出现，怀疑教条、学术批判之风兴起。在医界兴起了以巴拉塞尔萨斯（P. A. T. B. Paracelsus，1491—1541 年）为代表的医学革新之风，他在医学上提倡尊重科学和经验，反对僵化的权威和过时的教条。

巴拉塞尔萨斯出生于瑞士，是医生兼化学家，其取名巴拉塞尔萨斯之意是要超越罗

马医学家塞尔萨斯。他曾到弗拉拉大学听课，受到菲锡钠斯（M. Ficinas）新柏拉图主义的影响，最早抨击盖仑的思想。后来他到巴塞尔（Basel）大学任教，曾仿效马丁·路德焚烧教皇的训令和法典，当众烧毁盖仑和阿维森纳的著作，表示其与中世纪传统医学决裂。他首先用当时通用的德文来讲演和写作，因违反了当时用拉丁文讲课的习惯，后来被迫离职。他反对脱离实际的理论，指出："没有科学和经验，谁也不能做医生。"他犀利地批判经院哲学的医学家们"终生在炉边坐拥书城，而乘坐一只愚蠢的船"。他宣称其著作"不像别的医生那样，抄袭希波克拉底和盖仑，我是以经验为基础，用劳动写成"。他在教学时把学生集中在病人床边，而不是在课堂上。他利用在各地旅行的机会观察各种职业的人的疾病。

在临床工作中，巴拉塞尔萨斯对癫痫进行了观察，认为麻痹和语言障碍与头部受的伤害有关。他对矿工肺病的观察，可说是对职业病的最早研究。他尤其重视化学，指出人体所完成新陈代谢的过程是一种化学过程。他认为没有空气，所有生命均将死亡。巴拉塞尔萨斯在炼金术的基础上促进了药物化学的发展。他注意到矿泉水的治病作用，并提倡应用多种化学品，如铅、硫黄、铁、砷、硫酸铜，乃至汞剂作为药物，对应用汞剂治疗梅毒起了推广作用。他提倡鸦片酊剂和酒制浸膏用于治疗。他亦反对中世纪以来复杂的处方，主张简化处方。

二、人体解剖学的建立

在古罗马有过如盖仑的解剖研究，但处于中世纪的欧洲，在教会的威权之下，进行人体解剖一直被反对，直到 13 世纪之后一些阿拉伯的盖仑注释家的出现，才有了解剖学。虽然后来医学院校的课程设有解剖课，不过这种解剖均严格按照盖仑、阿维森纳的教本开展，乃至是为了用解剖的例证来验证这些教本才开展的，并不是出于研究解剖的需要。解剖教授在讲堂上，手捧盖仑著作，逐句诵读，仆人负责解剖，助教从旁指导。如若解剖的尸体与权威的学说不同，就说是尸体生长的错误。这说明当时尊崇教条的风气弥漫学界。人体解剖学因而在 16 世纪前并无较大进步。各大学能够对盖仑等权威的见解或记述开展公开的讨论与批评是在 16 世纪之后。人体解剖学的奠基和发展对医学的近代化和科学化的发展有巨大与深远的影响。

（一）文艺复兴时代艺术家与人体解剖学

思想解放的文艺复兴时代的艺术家，认识到直接研究人体才能发现人体之美，为了把人体正确而忠实地表现出来，开始研究肌肉及骨骼的知识，于是进行人体解剖。米开朗基罗（Michelangelo，1475—1564 年）、拉斐尔（Raphael，1483—1521 年）、丢勒（Durer，1471—1528 年）等人均对人体外形有精细研究。文艺复兴时期的艺术家促进了人体解剖活动的开展。

意大利著名艺术家达·芬奇（Leonardo da Vinci, 1452—1519 年），进行过不少极为精细的解剖，所绘解剖图至今仍存有 150 多幅。他对一副骨骼，除画出每根骨头之外，还要研究其功能；见到每一条肌肉时亦要研究其作用。他描绘了心脏、消化道、生殖器官和子宫内胎儿的情况，还绘出上颌窦。他对心脏和血管的研究更加仔细，指出盖仑关于肺与心是相通的学说的错误。他将蜡注入心脏以观察房室的形状，否定了盖仑认为肺静脉将空气输入心脏的说法。达·芬奇已试用实验的方法来研究人体各部分的器官和机能。

（二）人体解剖学的奠基

对人体的解剖由来已久，但人体解剖学的奠基与建立却是在近代，人体解剖学的奠基人是维萨里（Andreas Vesalius, 1514—1564 年）。

维萨里在医学史上有极为重要的地位。他是人体解剖学的奠基人，亦是现代医学科学的创始人之一。他 18 岁时进入巴黎大学学医，对于巴黎大学就读时的解剖课仍由仆人解剖的教学方法感到失望，于是自己寻找尸体进行解剖研究。他去墓地、刑场偷取尸体秘密解剖，观察研究了大量尸体，积累了丰富的解剖学知识。他 23 岁时获博士学位并被聘为外科学和解剖学教授，在意大利帕多瓦大学任教。他改变了过去解剖学的教学形式和方法，由其亲自主刀，不再需要助手，边解剖边讲授。其革新精神引起整个欧洲的关注，各地学者前往帕多瓦大学观摩其解剖学教学。这时的帕多瓦大学，汇集欧洲各地的众多学者，使维萨里有获得深入研究的机会，完成其创新。他推翻当时被认为是不可指责的盖仑的解剖学经典，指出盖仑的解剖大部分是以动物解剖为基础。这种解剖只适用于动物，而对于人体的描述则大多是不完善甚至是错误的。当时的解剖学一直遵照盖仑的学说讲授已达数百年。维萨里面对"权威"学说，提出了自己的见解。

1541 年，维萨里参与翻译盖仑的著作，发现了盖仑的许多错误。1543 年，维萨里出版了《人体的构造》（De humani corporis fabrica），书中有大量精美的解剖学插图。在其书中，维萨里首次对静脉和人类心脏的解剖做出与盖仑相反的描述，仔细描述纵隔及系膜的解剖学结构，改正盖仑关于肝、胆管、子宫和颌骨解剖上的错误，说明了胸骨的结构和构成骶骨的骨数，正确描述杓状软骨及手和膝的关节面，还描述了黄体。书中讨论的活体解剖与盖仑的说法相异，并证明了将动物的喉头切开后仍可用人工呼吸维持其生命。他提出了不同种族头盖骨形状的差异，如日耳曼人的头短，弗兰德斯人的头长等。在《人体的构造》一书中，维萨里指出盖仑的错误 200 余处，提出了全新的人体解剖学知识。

他在《人体的构造》的序言中提出医生必须有解剖学知识。他指出医生地位低下是阻碍医学发展的原因。对于解剖学，他强调必须亲自操作，如果交给仆人，就无法获得正确的知识。他提出：他要以人体本身的解剖来阐明人体的构造，并指出盖仑过去解剖的尸体，不是人的，是动物的，多半是猴子的。这并非其过失，因为他没有机会解剖人体。而现在有了人体可供观察，却仍坚持错误的人才是有罪的。

《人体的构造》为近代史上第一部人体解剖学教科书，标志着实验医学的开始。此书的出版引起极大轰动。先进的医学家和科学家都表示赞许，不过许多盖仑主义者则联合起来攻击维萨里，甚至连他从前在巴黎大学就读时的解剖学教师西尔维厄斯（J. Sylvius，1478—1555 年）亦指责他。教会坚持《圣经》的说法，假想人体内有一根复活骨，男子肋骨每边少一根，以符合《圣经》中关于夏娃是由亚当的一根肋骨变成的记载。由于维萨里的描述与教会的学说和盖仑不正确的认识有不可调和的矛盾，维萨里不断受到教会的种种打压。然而，他的革新精神及先进方法获得各国科学家的认可。人体解剖学从此得到更加深入的发展，近代医学在此基础上逐步形成。

（三）人体解剖学的发展

人体解剖学在维萨里奠基之后，继续取得突破与发展。一些人体上更微小的器官被发现。如法罗比奥（G. Falloppio，1523—1562 年）发表过回盲瓣的记载以及关于法罗比奥管、卵巢圆韧带和咽喉神经等部位正确的描述。他自出经费筹建解剖研究室。100年后，在法罗比奥创建的解剖研究室的基础上，意大利病理学家莫干尼（G. B. Morgagni，1682—1771 年）建立起病理学研究室。解剖学家法布里修斯（A. Fabricius，1537—1619 年）也为解剖学的发展做出了重要贡献。到了 18 世纪，作为一门医学基础课程，人体解剖学在多数欧洲国家已日臻完备。

三、临床医学的发展

文艺复兴运动兴起以后，临床医学也获得了一些发展。

（一）开创近代外科学

中世纪时医生分等级。内科医生的地位较高，而外科由于会接触污秽而受到轻视，一般外科手术均由理发师施行，因而称为"理发外科医生"，地位低，不能参加学术团体。外科医生又分为两等，如施行膀胱结石术的医生地位比较高，而施行当时流行的放血术或小手术的外科医生的地位比较低。他们所穿服装亦有短服和长袍之分，法律地位明显不同。这种严格的等级制度直到文艺复兴时仍然保持。可是真正能解决问题的却常常是有实际操作技能和临床经验的医生。这在战争中表现得尤为明显，如取出箭头或子弹，治疗创伤或骨折等都是穿短服的低下医生的事，而穿长袍、清谈书本知识和烦琐哲学的高等医生在这里却不起作用。文艺复兴时期外科的迅速发展也正是靠这一类有实际经验的穿短服的医生推进的。法国的理发师医生、军医巴累（A. Pare，1510—1590 年）正是这类医生的代表。

巴累在长期的军医工作中，总结出不少外科工作的经验。当时许多外科医生认为枪伤有毒，需用煮沸的油来处理伤口，这在还没有理想麻醉方法的条件下使病人非常痛苦，并且治疗效果不佳。巴累偶然发现用蛋黄、玫瑰油和松节油的混合物代替沸油，不仅能使病人减轻痛苦，而且伤口愈合得很好。为此，他于 1545 年发表了名著《枪伤疗法》。他还主张创伤后的止血也不必用烙铁烧灼法，只要用结扎法就行。他还发明了血管结扎术。他主张在万不得已的情况下才施行手术。他也反对治疗疝气时同时切除病人的性器官。他还采用金或银来制造假牙、假肢、假眼，发明了不少科学的医疗器械。由于其为近代外科学的创始人，对外科学有重大贡献，而被称为"近代外科学之父"。

由于巴累了解人体解剖学并将其应用到外科上，使传统的外科有了重大的改革，并使外科医生的地位有所提高。虽然他受到保守派的攻击未能进入索尔本（Sorbonne）学院，但终于在 1554 年成为圣科斯马斯（St. Cosmas）学院的成员，他的几位学生后来亦成为有名的外科专家。由于巴累不懂拉丁文，其著作均以他本国的文字法文写成，这在文艺复兴时期也是一大改革。巴累的著作是外科史上的重大成就。

（二）内科学

文艺复兴时期的内科学医疗技术仍与中世纪近似，"四体液"学说依然是解释疾病现象的主要学说。维萨里在解剖学上的成就并未使生理学获得跃进式发展。以生理学为基础的内科学并无很大的进展。

（三）传染病学

在文艺复兴时期，欧洲的传染病学有了新的进步。

文艺复兴时期传染病学的一大进步体现在意大利医生夫拉卡斯托罗（G. Fracastro，1483—1553 年）对传染病的新见解。他也是帕多瓦大学的学生，后来又在该校执教。他在《论传染和传染病》一书中，把传染病的传染途径分为三类：第一类为单纯接触，如疥癣、麻风、肺痨；第二类为间接接触，即通过衣服、被褥等媒介物传染；第三类为远距离传染。他把传染源解释为是一种最小粒子，是人感觉不到的东西。这种微小粒子从患者传给健康人，使健康人得病。他还认为这种微小粒子对人有不同的亲和力，并有一定的繁殖能力。夫拉卡斯托罗的见解与 19 世纪后期的细菌学观点非常类似，但由于当时没有显微镜，他的这种观点未能以实验观察的方法得到证实，也就未能被更多的人接受。

夫拉卡斯托罗对医学另一大贡献是对梅毒（syphilis）的研究成就。当时欧洲发现了一种对其认识模糊不清的传染病。这种疾病毒性强烈，传播速度很快，流传到欧洲大部分地区，使许多人失去性命，因此很受欧洲人的重视。由于此病是由外面传来的，人们对其本质了解不清，因此出现了各种各样的名称。多数人将它与中世纪流行的麻风病混为一谈，直到 15 世纪末，人们也未能将其与麻风病区别开来。它除被称作麻风病以外，还有人误称它为"天花"，后来人们才知道这种病是通过性接触传染的。因为这是一种不光彩的病，所以它的名称也不一样，如在法国被称为"意大利病"或"西班牙病"，而在意大利又被称为"法兰西病"。一般认为，这种病是在哥伦布发现美洲时，由美洲土著传染给水手，又由水手带到欧洲的。后来，有一位名为希费利（Syphily）的人得了这样的病，症状非常典型，以后就把这种病命名为 syphilis，即梅毒。夫拉卡斯托罗在《论梅毒或法兰西病》一书中，指出该病由性交传播，由目不能见的小粒子传染。他第一次确认梅毒和淋病为两种不同的疾病，只是两者的传播途径类似。syphilis一词，就是由夫拉卡斯托罗最先提出的。自从此病名确定以后，就有许多提到此病的相关书籍和文献发表。

夫拉卡斯托罗对其他一些疾病也提出过不少独到的见解，其中最著名的是关于斑疹伤寒的记载。

四、从传统转向近代的医学教育

在欧洲文艺复兴运动兴起前后，欧洲医学教育由传统向近代转折，这是一个时间跨度较长的历史过程。在这一时期，医学教育逐步从中世纪的传统医学教育模式中摆脱出来，向近代化、科学化的方向前进。

一般认为，意大利那不勒斯南部的萨勒诺（Salerno）医学校是西方最早的医学教育机构。萨勒诺医学校大约创办于9世纪，萨勒诺为世俗性机构，受教会的影响很小。萨勒诺由于有自由的学习和研究环境，吸引了来自各地的青年学生。公元1100—1300年是学校的鼎盛期。学校最主要的贡献是：以阿拉伯医学文化为载体将西方古典医学文化回传西方。代表人物是康斯坦丁纳斯（A. Constantinus），他将阿拉伯文的希波克拉底《格言》和盖仑的《小技》翻译成拉丁文，使希腊罗马医学的传统得以复兴，还介绍了许多阿拉伯医学的内容。萨勒诺医学校是经院式医学教育向实践性医学教育转变的一个转折点。中世纪的修道院医学，研习范围只限于阅读古典医书和栽培药用植物，记诵经典与崇尚清谈的经院之风也深深影响了医学。教会不允许解剖尸体，因此讲授解剖学只能背诵教条。教授总是以"盖仑是这样说的"开始讲课。萨勒诺医学校强调解剖实践的重要性，是从经院医学向重视实践医学转变的一个重要标志。虽然尸体解剖仍然受到限制，但可以利用动物进行解剖学研究。

一般认为，欧洲的一些大学在12世纪初逐渐建立起来。早期的大学包括：巴黎大学（1110年）、博洛尼亚大学（1158年）、牛津大学（1167年）、蒙彼利埃大学（1181年）、剑桥大学（1209年）、帕多瓦大学（1222年）等。起初，大多数大学只设神学系、法律系和医学系，这种三个系的建制延续了数个世纪。当时的医学通常是以一种纯理论的方式教授的。大学课程由"七艺"构成：文法、修辞、伦理学、算术、几何、天文学和音乐，此外哲学和法律是单独教授的，而医学通常是在哲学的部分来讲解的。因而在一些大学，如帕多瓦大学，医学属于文科。13世纪之后，法国蒙彼利埃大学的医学教育在欧洲占有重要地位，各地许多有名望的医生或访问此校，或到此研修。另一所有影响的医学院为意大利的博洛尼亚大学。这所大学真正开始了解剖学研究。直至文艺复兴时期，解剖学一直局限于盖仑的理论，但尸体解剖学得到逐渐推广，对新的解剖结构的认识与前人著作中的解剖学错误不断被发现，为人体解剖学的建立奠定了基础。

文艺复兴促使意大利医学教育成为欧洲医学教育的发展中心。在文艺复兴时期，意大利医学教育获得颇多进步，如蒙塔在帕多瓦大学开始提供临床教学，利用植物园来支持药学教学；蒙迪诺于 14 世纪初在波伦亚大学第一次利用人体进行解剖学教学；1594年，法布利修（G. Fabrizi d'Acquapendente）在帕多瓦大学建立了第一座永久性的解剖学讲演厅。帕多瓦大学对当时欧洲医学教育的变革与发展有重大影响。

14—16 世纪开始于意大利的文艺复兴运动，促使意大利医学及其教育变革与发展，意大利医学教育走上了近代化、科学化的道路。接下来，近代医学及其教育的变革与发展的中心从意大利渐次移至荷兰、法国、英国。19 世纪后半期，随着德国医学的迅速发展与医学教育的突破性变革，近代医学教育的变革与发展的中心移至德国。20 世纪前期，现代医学教育的变革与发展中心移至美国。

第十一章　近代化进程中的实验医学时代

欧洲文艺复兴时期的 400 年间为近代医学时期。近代医学的主要特点是采用了实验这种特殊的实践形式，因而近代医学也被称为实验医学。实验医学是医学科学发展史上新的突破，也是医学科学发展的方向。16—17 世纪医学的发展为实验医学奠定了牢固的基础。17 世纪自然科学兴起，医学上注重观察和实践，量度观念对医学产生很大影响。西方医学从经验思辨进入科学实验阶段。西方医学及世界医学跨进近代化科学化的进程。医学引入了实验观察与数量分析的方法，显微镜的出现与应用，新学说的出现，都极大地推动了医学的发展。17 世纪，哈维所发现的血液循环说是生命科学最突出的成就。显微镜以及其他设备仪器的发明并在医学上的应用，医学上新学派的出现与论辩，医学其他方面出现的新成就，这一切为近代医学的发展奠定了坚实的基础。在这个重实验尊实践的时代，重视临床医疗之风兴，医学教育为适应医学近代化需要兴起改革。

一、生理学的建立与发展

由于欧美国家进入近代后，科学技术一直在不断加速发展，研究生理学等医学基础学科的科学技术和近代研究手段不断出现，为生理学的建立及发展夯实了基础。以实验为特征的近代生理学始于 17 世纪。

（一）桑克托留斯将量度手段应用到医学研究上及取得的成果

17 世纪，量度的观念已经相当普及，并对医学产生了相当大的影响。最先将量度手段应用到医学上的是帕多瓦大学的教授桑克托留斯（Sanctorius，1561—1636 年）。他设计了最早的体温计和比较脉搏快慢的脉动计，用来测量人的体温和脉搏。这种医疗仪器均根据伽利略的发明而加以改制，体温计由寒暑表改进而成，脉动计是根据脉搏跳动与钟摆的运动原理设计制造的，因为当时还没有钟和表。桑克托留斯还对不同时间、不同条件下的体重进行研究。他制造了一种小屋大小的秤，并亲自坐在秤中，在睡眠、运动、进食和排泄前后，都称一下自己的体重，观察体重变化规律。他这样持续了 30 年，发现一旦将身体的某部分直接暴露于空气中，即使不进食、不排泄，体重也会发生变化。他将这种现象的原因解释为不易察觉的出汗所致，此是新陈代谢的最早发现。

（二）哈维发现血液循环

17 世纪，医学引入实验观察与数量分析的方法。这为哈维的血液循环学说奠定了基础。以哈维发现血液循环为标志，生理学成为一门科学。在此基础上，18 世纪的病理学得以建立，以后才有了近代临床医学的开始。

哈维（W. Harvey，1578—1657 年），1578 年 4 月 2 日生于英国的福克斯顿（Folkstone），就读于剑桥大学，攻读医学专业，后来又到意大利帕多瓦大学学习，成为法布里修斯的学生。他回国后被任命为伦敦解剖学校的教授，同时兼做圣·巴托罗缪（St. Bartholomew）病院的工作，后来成为英王詹姆士一世和查理一世的侍医。

哈维在帕多瓦大学的教师、著名解剖学家法布里修斯（Fabricius ab Aquapendente，1537—1619 年），于 1600 年在《论静脉瓣》一文中记述了瓣膜口向着心脏，这在当时是一项重大发现，但他囿于旧学说的束缚，没能对静脉瓣的作用进行进一步研究，没能揭示血液循环的本质。此项研究由其学生哈维完成。

哈维经常思索血液循环的问题。在他之前的许多学者对血液循环都有不同的认识，但均未确切阐明。哈维在经历了反复实验和多次失败以后，终于发现血液是循环运动的。哈维对心脏的构造相当了解，根据实验，他首先证明心脏是血液循环的原动力。哈维使用量度的概念，细致计算了心脏的容量，计算了从心脏流出的血量和回心的血量，以及血液流动时间。他假定：左右心室各容血液 2 英两，脉搏每分钟 72 次，这样 1 小时的脉搏为 72 次/分×60 分 = 4320 次。在 1 小时内，从左心室流入主动脉的血量和从右心室流入肺动脉的血量就分别为 2 英两×4320 次 = 8640 英两，约 540 磅，是一个身材魁梧的人的体重的 3 倍。如此大量的血液远远超出人体 1 小时所能制造的量，也远非人体 1 小时所能消耗的量。他因而断定自左心室喷入动脉的血，一定是自静脉回归右心室的血，由此发现了血液循环，否定了盖仑的"潮汐说"。他还利用各种动物反复进行实验研究，10 余年后，即 1628 年终于发表了他的名作《论动物心脏与血液运动的解剖学研究》（*De motucordis et sanguinis in animalibus*）。在其著作中，他指出了前人关于心脏和血液的错误理论，冲击了旧观念，因而受到保守派的攻击。巴黎教授会决定禁止讲授哈维的学说。然而，其学说最终还是被医学界接受。

二、显微镜在医学研究上的应用及带来的进步

文艺复兴运动兴起之后，科学技术快速发展，光学也取得了飞速进步，经过长期的研制和改进，研制出为医学带来飞跃进步的显微镜。显微镜的发明和应用，把人类的视野由宏观带入微观，对生物体内的细微结构等获得一系列重大发现。显微镜发明于 16 世纪末，于 17 世纪开始应用，直到 20 世纪 30 年代电子显微镜出现以前，其一直为观察微观世界的工具，将医学从宏观推进至微观，能够深入观察微观生物世界，使人们对

生命现象的认识大为深化，为临床诊断学、治疗学提供了依据，而且直接导致了 19 世纪细胞学、组织学、胚胎学和微生物学等学科的建立，为医学发展带来了极大的帮助与推动。

（一）显微镜的发明研制

显微镜最早出现在 16 世纪末。1590 年，荷兰眼镜商 H. 简森（Hans Jansen）观察其 10 岁的儿子 Z. 简森（Zacharias Jansen，1580—1638 年）摆弄透镜，发现当其偶然将两块透镜重叠至一定距离时，物像非常清晰。后来，简森在一根直径 1 英寸、长 1 英尺半的铜管两端分别装上一块凹透镜和一块凸透镜，制造了第一台原始的复式显微镜，它的放大倍数为 8 ～ 12 倍。

伽利略也曾研制过显微镜，并于 1610 年制成放大 70 倍的显微镜。大约在同一时间，荷兰人德雷布尔（C. Drebbel，1572—1664 年）制成一架更好的显微镜，并使其传播开来。由于当时人们常以最容易得到的跳蚤作为观察对象，因而当时人称这种仪器为"跳蚤镜"（flea microscope）。1625 年，费伯（J. Faber）将其正式命名为显微镜（microscope）。

（二）显微镜在医学上的应用

意大利人马尔皮基（M. Malpighi，1628—1694 年）首先把显微镜用于观察生物体的组织结构，因而成为组织学和胚胎学的先驱。他曾在波仑雅、比萨、莫西纳等大学任教，担任过法国国王的侍医。1661 年，他发表了通过显微镜观察研究得到的最初成果，最早证实毛细血管的存在。他对毛细血管的发现，以及列文虎克对血球从毛细血管中流过的发现，填补了哈维血液循环学说的空白。马尔皮基亦曾致力于生物学研究，研究过雏鸡的生长过程。他还发现了皮肤上的马尔皮基小体（马尔皮基层），研究了生物体内的红细胞，阐明了肝、脾、肾等脏器组织学构造，对植物的组织和蝉体结构也进行了细致观察。马尔皮基首先将显微镜用于生物物体的组织结构的观察。其最重要的研究成果是发现了毛细血管以及肺和肾的细微结构及大脑皮层结构。他在蛙的肠系膜上发现，血液并不像哈维所说，从它自己的管道出漏出来进入空隙中，而是通过人们称其为毛细血管的极其细微的管道从动脉进入静脉。他注意到血液随着心脏的搏动从毛细血管中流过。这一发现补充了哈维的血液循环学说中的缺陷，使血液循环理论从此完整化。他还详细观察蛙肺，发现肺实质呈网状结构（即肺泡），并均与支气管相通，在网状结构的薄壁上密布微细的毛细血管网，空气与血液之间隔着一层薄膜结构。这是由他首先发现的。马尔皮基还对脾、肾、淋巴结的结构做了详细的观察并写成《论内脏结构》一书。书中明确指出肾血管在泌尿方面的作用以及肾小体、脾的白髓的概念等。组织学上的许多名词一直沿用马尔皮基的名字命名。马尔皮基不仅对组织形态学进行观察，还从中分析出形态与组织功能的联系。对肾脏完整概念的提出得益于此。

荷兰人列文虎克（Antony van leeuwenhoek，1632—1723 年）一直热衷于显微镜的

研究，收集了 250 个显微镜和 400 多个透镜。其阐明了毛细血管的功能，补充了红细胞形态学的研究，对肌肉组织和精子活动进行了细致的观察。他发现了血球从毛细血管中流过的情形。列文虎克于 1676 年用自磨镜片创制一架能放大 266 倍数的显微镜，第一次在显微镜下发现了微生物，正确地描述了微生物的球形、杆状和螺旋状等形态，为微生物的存在提供了科学依据。

英国人胡克（R. Hooke，1635—1703 年）曾使用两个透镜合成的简单显微镜观察微小动物。他在用显微镜观察软木塞切片时发现有许多小格，将其命名为细胞（cell）。1665 年出版的《显微镜学》（*Micrgraphies*），公布了他的研究成果。

英国人格鲁（Grew）于 1682 年写成《植物的解剖学》，这是一部用显微镜观察植物的记录，奠定其作为植物组织学先驱的地位。

三、新学说的出现

17 世纪，物理学、化学和生物学都有了显著的发展，一些传统的医学理论被新的物理、化学、生物学理论所冲击。传统的医学理论已不能完全解释人体各种生理、病理变化，包括权威性的盖仑学说也开始受到人们的怀疑，如他的"灵气"学说和血液循环方面的观点，面临新学说的挑战。这一时期出现的一些新观点，归纳起来基本可分成三大学派。

（一）物理学派

在伽利略之后，桑克托留斯、哈维将物理知识应用到医学上并获得成功，因此，这一学派主张用物理学原理来解释一切生命现象和病理现象，代表人物是笛卡尔、波累利和普利维。笛卡尔（René Descartes，1596—1650 年）是法国医学机械论者、哲学家、数学家和物理学家，其认为宇宙是一个庞大的机械，人的身体也是一部精细的机械，从宏观到微观，所有物体皆可用机械原理来阐明。在医学上表现为是特别重视神经系统的，认为一切疼痛、恐怖均为机械的反应。他认为人有灵魂，灵魂存在于松果体中；而动物没有灵魂，动物的一切活动皆盲目；有无灵魂是人与动物最重要的区别。波累利（G. A. Borelli，1608—1670 年）是意大利数学家伽利略的学生。他试图用度量的方法解释生物体。他认为肌肉运动是一种力学原理，并推断鸟会飞翔、鱼会游动都与力学相关，认为人体的心脏搏动、胃肠蠕动都符合力学的原理，认为胃的消化功能就是摩擦力作用的结果。普利维（Boglivi，1668—1706 年）把身体比作许多小机器，如把牙比作剪刀、胃比作烧瓶、胸比作风箱等。

（二）化学派

化学派的观点与物理学派相反，将生命现象完全解释为化学变化，创始人是海尔蒙特（B. van Helmont，1577—1644 年）。他认为人的每一个特定动作都是由精力（bla）支配的，生理机能纯粹是化学现象，是一种发酵作用或特殊精力，这种特殊精力由感觉的灵魂所掌握，它产生在人的胃内。化学派的另一代表人物希尔维厄斯（F. Sylvius，1614—1672 年），试图将医学上血液循环、肌肉运动的原理用化学思想来解释。其主张人体内存在三种要素：水银、硫黄和食盐，这一观点类似于 16 世纪帕拉塞尔萨斯的观点。他认为酵素在人体生命活动和生理机能中发挥重要作用。他认为血液是中枢，一切病理过程均由血液产生，人体发生疾病是因为体内酸碱物质失去平衡的结果，因而治疗疾病的方法侧重于恢复人体内酸碱平衡。另一位化学派代表是英国牛津大学的威利斯（I. Willis，1621—1675 年），其注重临床观察，是西方第一个知道糖尿病患者的尿是甜味的人，所以糖尿病也称作"威利斯病"（Willis Disease）。他还记述了重症肌无力症，描述并命名了产褥热和大脑基底动脉环。化学派在 17 世纪的医学中占有一定地位，在解释人体生理现象方面做出贡献，尤其是在消化生理的研究中，用化学变化解释唾液、胃液、胰液的功能。

（三）活力派

活力派是以德国化学家兼医学家斯塔尔（G. E. Stahl，1660—1734 年）为代表。他曾发表《燃素论》。其观点非常隐晦，实际上是拥护亚里士多德、反对笛卡尔"动物体是机器"的观点。他认为生命现象不受物理、化学原则的支配，而是由生命特有的生命力来维持的，这种生命力亦即活力（Anima）。化学变化亦受活力的支配。斯塔尔认为疾病发生的原因在于生命力的减少，而生命力的消失就是死亡。活力派到 18 世纪更为盛行。

四、近代临床医学的开创与进步

17 世纪，英国的临床医学家西登哈姆（T. Sydenham，1624—1689 年）指出：与医生最有直接关系的既非解剖学的实习，亦非生理学的实验，而是被疾病困扰的病人。因而医生的任务首先是正确探明痛苦的本质，亦即应多观察病人的情况，然后再研究解剖、生理等知识，以导出疾病的解释和疗法。他认为医生描述临床症状应该就像画家画一幅肖像那样细致精确。在西登哈姆之前，亦有不少人侧重临床实践，然而是从西登哈姆开始，才打破了中世纪以来遵从古人教条的限制，回到病人床边，亲自观察疾病变化。西登哈姆十分重视临床医学，被誉为"近代临床医学之父"。西登哈姆还指出，为了便于科学研究，对于所有的疾病必须将其归结为明确和肯定的种类（species）。

西登哈姆重视人体本身的抗病能力。他在《对热性病的治疗法》一书中指出：无论致病因素对身体多么有害，人体内总有一种自然抵抗力，可以将这种致病因素驱出体外，以恢复患者健康。

临床医学的进展也体现在应对传染病的流行上。从 16 世纪开始，像中世纪那样的麻风病不再流行。梅毒的危害已经没有文艺复兴时期那样严重，并开始利用汞剂治疗梅毒。然而在 17 世纪，除麻风病、梅毒以外的传染病，如白喉、伤寒、痢疾、天花、鼠疫和斑疹伤寒等还相当常见并流行较广。据史料记载，当时流行病死亡人数很多，德国在 1618—1648 年曾暴发了一场"战争热"，可能就是斑疹伤寒。由于当时欧洲人还不知道种痘的方法，所以因天花死亡的人数非常多。17 世纪，天花由亚洲大陆开始，蔓延到非洲北部和整个欧洲，1660—1669 年曾在英国大规模流行。鼠疫在中世纪时期的欧洲泛滥成灾，到了 17 世纪虽没有出现类似的大流行，但小范围的流行仍较频繁，死亡率也较高。如俄国在 1601—1603 年曾暴发一次鼠疫，仅莫斯科一个城市就有 12.7 万人在这场瘟疫中死亡。1603—1613 年德、法、荷、英等国都有不少人因感染鼠疫而死亡。1625 年荷兰又因鼠疫导致 7000 人死亡。这一时期，防治传染病的需要仍然迫切。总之，17 世纪流行病仍相当普遍。

西登哈姆对这一时期的流行病进行了详细的临床观察，并能区别真正的天花与假天花。1676 年，他出版了《关于急性疾病的发生及其治疗的观察》一书。该书记录了 15年来流行病的发生情况和详细的治疗经过，提倡根据不同的症候将疾病分类治疗，即：根据病原分有主要症候，依靠人体自身的抵抗力、在未经治疗时出现的症候，治疗后出现的症候。西登哈姆依据以上分类原则，记载了风湿病、舞蹈病、丹毒、肋膜炎、肺炎和精神病等病的症候。从 17 世纪开始，陆续有描述专科疾病的论文发表。

五、开创医学教育的近代化改革

16—17 世纪的欧洲医学教育处于由传统进入近代的改革时期，荷兰接替意大利引领医学教育近代化、科学化，跻身医学教育变革潮流的前头。欧洲国家的医学教育变革潮流，以培养适应近代医务实际需要为标志之一，这在英国有突出的表现。

（一）引领欧洲医学教育由传统转向近代的荷兰医学教育

在 16 世纪的欧洲国家中，有两种医学教育模式并存。当时欧洲国家的这种医学教育特征，在荷兰医学教育中有鲜明的体现。

1. 大学医学教育模式

此时，荷兰医学教育走到了当时欧洲医学教育发展的潮头，引领变革。这有着深刻的时代背景，经济文化的发展与社会进步是重要原因。此时发生了尼德兰革命。在1579 年，北部 7 省联合成立共和国。在 1648 年宣布独立，国力鼎盛，17 世纪初成为强大的海上大国。1575 年 2 月 8 日，荷兰的第一所大学——莱顿大学成立，近代医学教育也随之翻开新的一页。

按照此时的管理体制，持有大学学位的医生必须先在拉丁学校，就是大学预备学校接受完教育后，再进入各省的大学学习医学。随着莱顿大学的建立，各省也陆续建立起各自的大学。不过各大学由于受中世纪欧洲大学传统的影响，只能培养"动脑不动手"的、不掌握实际技能的内科医生。通过各行会培养的归入工匠类的外科医生，却是能动手治病的医生。

面对当时的医学教育现状，莱顿大学开启了一系列医学教育近代化变革。首先是其有别于其他大学，除神学院外，各院系向一切持不同宗教信仰的学生开放。这在当时是极为可贵的。这所大学的学术自由、思想自由风气有利于人才的培养。其医学教育方式在当时的欧洲也非常先进。莱顿大学采用各种措施吸引各国著名学者来此任教，对医学院的教学采取了一系列极具变革意义的专门安排，如开设了基础科学、植物学和解剖学等课程。植物学是一门纯医学课程，由医学院教师授课，重点讲授药物知识。1587 年，莱顿大学建立了欧洲最早的植物园。1589 年，开始进行尸体解剖。1597 年，建立了解剖演讲厅。莱顿大学医学课程的学制是 2 年。在进入医学院之前，必须学完大学预备学校的课程。按照大学章程，并延续到之后的 2 个世纪，医科学生在学完全部课程并通过最后考试以前，必须先进行公开辩论。对医学生的考试极为严格，在批准学生毕业前，先要参加一次非公开的预考，然后在次日下午进行公开口试，由学生宣讲希波克拉底格言，要对教授提出的反驳做出解答，还须解释一份病史，并提出详细的治疗计划，这种辩论式考试持续一小时左右。论文答辩在考试完毕后进行，答辩时间是一小时，答辩完毕，授予博士证书。1591 年之前，各大学的临床医学均为理论讲授，而临床实践通常到意大利或法国的医院去完成。

荷兰医学教育取得成果后，变革并未停止。面对医师教育忽视临床教学的严重缺陷，经过曲折的进取道路，莱顿大学于 1636 年正式开展临床教学。后来，布尔哈夫在莱顿大学的出现，对荷兰乃至欧洲的医学教育的变革与发展影响极为深远，他为 18 世纪以后形成的医学课程模式打造出雏形，其所创立的临床教学体系成为欧洲许多国家的主要教学方法，其最显著的标志是理论联系实际的教学方式。他的具体贡献将在下一章详述。

2. 由行会组织的以师带徒培养模式

这种培养模式培训出来的医匠，包括外科医生、助产士等。16 世纪 70 年代，荷兰的医学教育主要通过各主要城市的行会组织进行，医生与中世纪时期的工匠一样，只是一种手艺，由师傅向学徒传授，亦有一些医学课程。如 1555 年，应外科医生同业公会的请求，西班牙国王菲利浦二世向这一同业公会颁发了进行医学培训的特许执照，允许为培训医生的需要，将被处死的犯人进行尸体解剖。阿姆斯特丹随后设立了解剖学教学课程。不过，当时荷兰正规的医学教育还没有开始，各行会提供的医学教育，与中世纪的其他行会组织一样，医徒通过师傅签订契约学艺，他们居住在外科医生的家中，听取师傅传授经验。在大城市中，间或亦由受过大学教育的医生向他们讲解解剖学知识，完成学艺以后，由其师傅签发证书，然后在城镇或乡村行医。助产士亦是如此，未受系统培训，尤其在农村，经常由年长的妇女担任。在大城市，经常由政府指定有经验的男助产士担任导师，通过以师带徒的方式进行培训。

（二）英国医学教育的改革

随着欧洲国家的医学教育在近代化道路上的进步，教育方式也发生了变革，以适应培养近代医务工作人才的需要。医学教育愈渐注重临床教学、解剖学、植物学，通过医疗实践、实际操作和直接观察等方式训练医学生。这在英国有典型的体现。

在中世纪，英格兰的医学专业人员主要由三种人构成：内科医师、外科医师和药师，他们之间还有一些相互交叉专业的人员，像是医学技术人员、医学研究人员和医学管理人员。一位顾问医师亦可以是医学教授、医学研究人员或医学管理人员。然而，在社会上行医的开业医生甚少有机会成为教授、研究人员和行政管理人员。即使开业医师以其专业水平和贡献在社会上已有盛誉，还是不可能成为教授或研究人员。在这一时期，对经典医学的继承者即内科医师的培训，主要在牛津大学和剑桥大学进行。到 17世纪，牛津大学与剑桥大学开始设置医学教授席位，医学生从具有文学士学位的毕业生中选拔，医学生主要学习希波克拉底、盖仑和阿维森纳等古代医学家的权威著作，毕业后可获相应医学学位。获得医学博士学位的时间大约为 13 年。受中世纪传统的影响，内科医师的教育着重于理论著作的学习，在学习期间，既不到医院参加临床实践，亦不向开业医生学习临床经验。内科医师学会是一个具有绝对权威的学术团体，只有牛津和剑桥的毕业生方有资格成为该学会的会员。学会有权监督医师的工作，限制外科医师的行医范围，对没有行医执照的医生，有权予以制裁。与此对应，中世纪时期的外科医师则一直被当作理发师一样，从师学艺，直到中世纪以后的相当长的时期内，外科医师仍由师傅传授技艺，外科医师的受训者由 14 岁从普通中学毕业开始，跟随一名合格的外科医师学习，当 7 年学徒，出师之后，由其师傅签发证书，然后自行开业。药师亦是以类似方法，从师学艺。当时伦敦地区并无大学，然而从中世纪开始，由于医院的建立，此处的医学教育是以不同于牛津和剑桥的模式进行，是以医院为基础，通过医疗实践培养医生。当时，皇家医院、圣托马斯医院（St. Thomas，1553 年）、圣巴塞洛缪医院（St. Bartholomew，1662 年）和伯塞兰医院（Bethlem）都开始招收徒生，由一批有经验的医生来培训徒生。由于这些医生知道哪方面的知识最有用，以医院为基础的医学教育没有牛津和剑桥那样浓厚的学究式气氛，比较重视医疗实践，使理论同实际相结合。后来，随着医院办学的发展，开始建立附属于医院的医科学校，这就是伦敦型医学教育，即以医院为基础的医学教育。17 世纪初，由于医院的发展，为临床教育提供了良好的基地。这对以大学为基础的医学教育产生积极的重大影响。1611 年，牛津大学聘请雷奇斯（Regius）任医学教授，由年轻的克拉敦（Clayton）任主任，经其努力，牛津大学开设实践医学课程。牛津大学于 1621 年建立了药用植物园，在 1624 年开设了解剖学课程，伯塞林（Batholin）的解剖学作为教科书在牛津出版，解剖学教授有权申请利用罪犯的尸体进行解剖教学。克拉敦更鼓励医学生作为学徒，向当地开业医生学习。剑桥大学则与欧洲其他著名大学，如荷兰的莱顿大学合作培养医生，这是因为法国和荷兰的大学当时在临床教学方面已经取得较好的发展。于是，传统的学院式医学教育亦开始与临床实践训练相结合。在 18 世纪初，剑桥大学并没有自己的教学医院，为了加强实际技能的训练，剑桥的医学生到伦敦的圣托马斯医院，在米德（Mead）的指导下学习临床医学。医学教育从传统模式进入到近代模式。

第十二章　医学科学时代

18 世纪中叶，英国首先发生了工业革命，紧接着法国、比利时、德国等国的工业革命也相继发生。这场席卷欧洲的工业革命，使欧洲先进国家在经济上空前繁荣，也促进了这些国家的科学技术迅速发展。生产水平的提高、经济的发展和科学的进步，推动了医学的发展。医学也就在这样的历史条件下取得前所未有的进步，打下了近代医学大发展的基础，新的医学科学成果不断产生，许多新的科学技术被应用到医学上。19 世纪工业革命完成，欧美各国的经济生产和科学文化取得前所未有的发展，西方医学也完成其近代化科学化的进程。这一历史时期所取得的医学成就中，主要有对医学的新认识、新学科的建立。18—19 世纪，预防医学得到了建立与发展。医学教育也取得突破性发展，医学科学期刊出现。在这一时期，新型医政医事管理机构及制度构建起来，新式的医务人员团体开始组建。近代的医学体系初现轮廓。进入 19 世纪后，医学所取得的前所未有的进步，奠定了生物医学体系的基础。生物医学体系逐渐形成，进而确立，并不断地得到发展与完善。学科分工呈精细化发展趋向，分科越来越细、越来越专，新的学科不断出现，学科中不断分离出新的学科，原有的学科加速发展且呈现出新面貌。另一方面，学科间不断交叉渗透，产生新的学科。

一、近代科学的突破性进展对近代医学发展的重大影响

18—19 世纪，自然科学突飞猛进的发展，使人对医学有了崭新的认识，进而促进了医学的跨越式发展。

卡巴尼斯（Cabanis，1757—1808 年）被认为是法国医院事业最出色的组织者之一，他在 1789 年发表了《对巴黎医院的意见》，不久被任命为巴黎市医院管理局局长。卡巴尼斯既是医学理论家，还是物种变化的拥护者，他认为后天获得性疾病可以遗传。其代表作《人的肉体和精神的关系》认为，意识主要依赖人的生理机能和内部器官的转动而产生，提出大脑能够分泌思想，正如肝脏分泌胆汁一样。

英国牧师普瑞斯里（J. Priesly，1732—1804 年）于 1774 年完成加热氧化物以提取氧元素的实验，发现静脉血变成动脉血要有氧元素参与。

法国化学家拉瓦锡（J. Lavoisier，1732—1804 年）明确了呼吸气体的组成，确定二氧化碳和水是呼吸过程的正常产物；并把氧化物燃烧产生的气体命名为氧。

在 1784 年，英国人卡文迪许（H. Cavendish，1731—1810 年）发现氧和氢可以合

成水，因而揭示呼吸作用产生的二氧化碳和水，并非由身体内某器官或血液所分泌的。

18世纪末，意大利解剖学者加瓦尼（Galvaniluigi，1737—1798年）发现电刺激可以引起神经兴奋和肌肉收缩。这种从试验中诱发出电流的现象称作"加瓦尼现象"（Galvsnism）。意大利科学家伏达（A. Volta，1745—1827年）于1800年宣布加瓦尼现象与动物的种类无关，肌肉受到电刺激而发生反复收缩的现象是一种普遍现象。

近代科学的突破性发展对近代医学特别是基础医学发展的推动作用非常明显。能量守恒与转化不只适用于物理学中的机械运动，亦适用于包括人类在内的生物界的物质代谢运动。这就为以后如生理学、生物化学等功能学科的研究提供了方向。生物进化论第一次解决了人类的起源问题，使人类对自身有了更为深刻的认识。这对以人为研究对象的医学，意义极其重大。德国科学家海克尔（E. Haeckel，1834—1919年）在达尔文之后发现，生物的胚胎发育过程是其种族进化过程的摘要和重演。这个论点不但成为生物进化论的重要证据，亦推动胚胎学的发展。进化论亦将生物是如何遗传和变异的作为一个问题提了出来，因而为遗传学的发展提供了动力。细胞学说的建立和显微技术的发展对促进基础医学发展的意义更加重大，使许多旧领域的研究达到了新的和更微观的细胞水平，从而分化出一些新的学科，如组织学、细胞病理学、微生物学和寄生虫病学等学科。

二、统计学在医学上的应用

17世纪，健康和生命方面还缺少足够的统计资料，在传染病学方面亦缺少足够的资料，这个问题到了17世纪下半叶才得到学者的关注。由于数学的进步，人们开始着眼于用数学的方法分析资料。

（一）人口统计学的奠基

首位利用医学统计资料的人是英国的格朗特（John Graunt，1620—1674年），他是人口统计学的奠基人。其观点得到彼得（W. Petty，1623—1687年）的支持。彼得试图从复杂的材料中分析出人口死亡率，罹病数及其与生命统计的关系。

（二）统计学在医学应用中的发展

18世纪，统计学在医学上得到进一步的应用，玛夫尔（A. de Moivre，1667—1754年）在生命统计上运用了大量的数学原理。1761年，普鲁士人苏斯密尔茨（Sussmilch，1707—1782年）出版了《通过生产、死亡、繁殖而表现于人类的神的意志》。他撰写此书的目的是揭示生命统计的关系是不变的，统计数据来体现神的意志，然而这本书运用了新的统计方法，使此书成为科学史上具有价值的文献，从此人口的统计研究就得到了进一步发展。1801 年，英国首先应用统计学进行国事调查，使统计学为更多人所接受。天文学家凯特林（L. Queteler，1796—1874 年）研究人的体力和智力得出统计资料，发表了《论人和人类的智力发达》。统计学在医学上的应用，促进了医学的发展。

三、近代化基础医学的发展及其各学科的突破进展

近代科学的突破性发展推动了基础医学的发展，使基础医学各学科取得突破性进展。这在 18 世纪已经可见，到 19 世纪更见其全貌。

（一）病理解剖学的开创与拓新

18 世纪，医学界开始放弃长久以来占统治地位的体液病理学说，从身体本身的结构变化来探寻疾病的原因，建立起病理解剖学，开始将疾病原因与人体器官的病变部位联系在一起，开启判定疾病的新时代。

对人体正常器官的解剖生理观察研究，起始于维萨里。在他之后，在意大利帕多瓦大学，解剖学方面又有了许多新的突破。18 世纪时，解剖学课仍由外科医生讲授。在解剖大量尸体的基础上，解剖学家和外科医生就有可能识别异常的器官，因此病理解剖开始出现，代表人物是意大利人莫干尼（G. B. Morgagni，1682—1771 年）。莫干尼在帕多瓦大学的解剖教研室任教 56 年，进行过大量的尸体解剖。在法罗比奥（G. Falloppio，1523—1562 年）自费创建的解剖学研究室的基础上，莫干尼建立了病理学研究室。同时，他又是临床医生，治疗过许多病人，不少病人死后均由他亲手解剖。当时人们依然根据传统的"四体液"学说来解释疾病的原因。比如一个病人咳嗽、吐痰、咳血，用"四体液"学说来解释就是黏液增多。然而，莫干尼经过多年的解剖，尤其是解剖那些生前他熟知的病人后发现，生前有咳嗽、吐痰、咳血的病人，通常他们的肺脏都有变化，即后来所说的病灶。莫干尼据此认为疾病的原因，不是黏液的改变，而是脏器上的变化。他在 79 岁时，根据 640 个解剖病例，发表了《论疾病的位置和原因》，认为一切疾病的发生都有一定的位置，只有脏器变化才是疾病发生的真正原因。莫干尼因而成为病理解剖学（系统器官病理学）的创始人，纵然当时还未有"病理解剖学"这一术语。莫干尼仔细描述了病理状态下的器官变化，并且据此提出关于疾病发生原因的有严密科学根据的推测。该书以书信的形式写成，详细记述了病人的生活史、发病经过和预防死亡的主要事项以及经尸体解剖得到的各脏器情况。其将"病灶"和临床症状联系起来。莫干尼认为身体各器官独立。

莫干尼开创的病理解剖学，后来由罗基坦斯基（K. Rokitansky，1804—1878 年）进一步充实完善。他解剖了大量尸体，积累了丰富的病理解剖经验。在罗基坦斯基之后，医学家对于病理解剖学研究的重视程度逐渐升高。

（二）细胞学说的建立

19 世纪，细胞学说的建立经历了从结构到功能、从简单到复杂的探索过程。就在 19 世纪，尤其是在前 10 年，光学显微镜技术持续较快发展。19 世纪初，意大利学者齐奥凡尼·巴·亚米齐（G. B. Amici，1786—1863 年）成功地制造复合透镜，使各种不同透镜产生的误差大体互补，他又把实物浸泡在液体中，从而大大改善了影像。光学显微镜技术的日臻完善，使人们有机会更详细地观察细胞。1832 年，英国植物学家布朗（R. Brown，1773—1858 年）对动物的一系列脏器和组织进行了观察，发现了动物细胞的内部构造。1827 年，德国生理学家贝尔（E. von. Bear，1792—1876 年）在显微镜下观察了哺乳动物的卵细胞。到 19 世纪 30 年代，人对细胞的结构及其在生物体中的功能有了相当完善的认识，提出系统细胞学说的条件已然具备。

19 世纪，由于显微镜的不断改进，微观结构研究的持续扩大，因而出现了细胞学。细胞学说最终由德国植物学家施莱登（Schleiden，1804—1881 年）和动物学家施旺（Th. Schwann，1810—1882 年）完成。

施莱登发现了许多植物细胞内有核的存在，认识到细胞核是细胞的重要组成部分，并且进一步指出，在多细胞组成的植物体内，每一种细胞均有两种功能：一是维持自身的生长，二是维持细胞整体的功能，即自身独立的生活和多个细胞的共同生活。对于细胞的发生，他认为不是细胞分裂增殖所造成的，而是细胞内部自身产生新细胞所致。他撰写了两部植物学著作，一部是 1838 年出版的《植物发生论》，另一部是《科学植物学》（1843 年）。

施旺于 1839 年提出了细胞学说，发表了《在显微镜下研究动植物的构造及其发育的结果》。施旺认为动物组织和植物组织均由细胞构成，但是动物细胞比较复杂，不如植物细胞易于分类。他还指出动物的卵就是一个单一的细胞，复杂动物的每一部分均由一个单细胞发生而来。施旺证实，动植物都是由细胞以及细胞产生的物质所构成的，这是生物学发展过程中非常大的进展。

除了施莱登和施旺以外，莫尔（Mehl，1805—1872 年）对细胞学说亦有研究。他曾将植物细胞的细胞膜和中央区分开，将中央浆液性的物质称为原生质（Protoplasm）。舒尔茨（Schultze，1825—1874 年）指出，无论是高等、低等动物细胞，还是植物细胞，其原生质具有相同的性质，并认为原生质是生命的基本物质。

（三）组织学

组织学又称为显微解剖学。17 世纪 60 年代，马尔皮基发表了通过显微镜研究生物体得到的最初成果，证实了毛细血管的存在。因其显微镜研究成果而被视为组织学的先驱。胡克在显微镜下观察软木塞切片时，发现其中有许多小格，并将其命名为细胞（cell）。18 世纪末，法国人比沙（F. I. Bichat，1771—1802 年）开始将显微镜引入解剖学，将马尔皮基的观察研究引向深入。1801 年，比沙提出"组织"一词。他曾记载动植物的构造像一个纺织物。他还发现肌肉、骨骼、血管在显微镜下均有独特的结构，并且根据这些不同的结构将人体组织分为神经组织、细胞组织、软骨组织、血管组织、骨骼组织、淋巴组织和纤维组织等 21 种不同的组织，并且认为器官是由组织构成的。比沙因而被认为是组织学的创始人之一。

19 世纪上半叶，施莱登和施旺提出了细胞学说，揭示了机体结构的奥秘，推动了组织学的发展。19 世纪下半叶，随着光学显微镜、切片技术及染色方法的不断改进与充实，可在细胞水平上对机体标本进行全面而详细的观察和研究，使组织学发展成一门独立而系统的学科。到了 20 世纪 30 年代，电子显微镜出现，经过不断改进，可使观察对象放大数十万倍。大约 20 年后，发展出与之相适应的超薄切片术，可观察到细胞的超微结构。20 世纪 80 年代初，又发明了扫描隧道显微镜，可放大一百万倍，能直接从原子水平观察物质结构。

（四）胚胎学成为一门学科及对其研究的新成就

帕多瓦大学的解剖学家法布里修斯亦是胎生学的始祖，他描述了鸡卵中产生雏鸡的状态。血液循环的发现者哈维晚年与他的老师法布里修斯一样，亦从事胎生学研究，并在 1651 年完成《关于动物发生的研究》一书，此为胎生学发展史上取得的重要成就。

到了 17 世纪马尔皮基时，胚胎学已经初步建立，然而到了 19 世纪胚胎学才成为一门明确的学科。德国人贝尔（K. Baer，1792—1876 年）为胚胎学的发展做出了重大贡献。其著作《动物的发育》囊括了他在胚胎学方面的成果。他提出"胚层说"，认为除极低等的动物以外，一切动物的发育初期都产生叶体的胚层，而后由胚层发育成动物的器官。胚叶共有四层，最先发育的是内叶和外叶，然后发育的是由两层合成的中叶。贝尔阐明了哺乳动物皆由卵子发育而成，指出不同动物的相同器官来自相同的基本组织层。自贝尔以后，单胚层研究成为胚胎学研究的主要内容。1842 年，德国胚胎学家雷马克（Robert Remak，1815—1865 年）发现了早期胚胎的三个胚层，并命名为外胚层、中胚层和内胚层。19 世纪 50 年代，雷马克又和瑞士人寇力克（A. Kolliker，1817—1905 年）等人证明卵子和精子原来只是简单的细胞，在发育过程中细胞本身可以复制，这一复制过程称为细胞分裂，胚胎发育过程就是细胞分裂分化的过程。德国动物学家鲁克斯（Wilhelm Roux，1850—1924 年）研究了动物卵子受精后如何分裂为器官和组织的结构与功能，由此成为实验胚胎学的创始人。

19 世纪之后，人发现在受精卵细胞核内的脱氧核糖核酸（DNA）中存在决定胎儿全身结构形态的各种基因，胚胎发育是各个基因活动逐步展开的过程。

（五）细胞病理学的建立与发展

病理学的建立与发展与自然科学的发展和技术的进步有着密切的联系。当人还只能依靠肉眼和简单的放大镜观察事物时，便只能产生器官病理学。只有到了显微镜和细胞学出现后，才有可能诞生细胞病理学。至于病理学从细胞和亚细胞水平深入到分子水平、从人类遗传基因突变和染色体畸变等去认识有关疾病，研究疾病的病因和发病机制，则要靠电子显微镜等新技术新方法的应用。

18 世纪莫干尼创立病理解剖学、提出病灶的概念，19 世纪细胞学建立。德国病理学家微尔啸（R. Virchow，1821—1902 年）在此基础上提出了细胞病理学说，将疾病的原因归结为细胞形态和结构的改变，这是形态病理学发展史上的重大发展。微尔啸在创立细胞病理学的过程中，将显微技术和细胞学的成果应用于病理形态学研究，使人类对机体结构和疾病形态改变的认识由组织水平深入到细胞层次，从而确认了疾病的微细物质基础，充实和发展了形态病理学，开拓了病理学的新领域。

微尔啸曾创刊著名的《细胞病理学杂志》。1858 年，微尔啸的代表作《细胞病理学》（*Die Cellular pathology*）出版。在书中，他将人体比喻成一个国家，人体的细胞就是这个国家的公民，疾病是外界因素作用的结果，因而他提出从细胞到细胞的学说。微尔啸的细胞学说要点是：细胞来自细胞，细胞是人体生命活动的基本单位，机体是细胞的总和，机体的病理就是细胞的病理，疾病是由于机体细胞的变化所引起的。关于肿瘤病理，微尔啸认为肿瘤是细胞异常增生的结果。恶性肿瘤即癌症，是由细胞无限度增生所致。微尔啸的细胞病理学确定了疾病的微细物质基础，充实和发展了形态病理学，开辟了形态病理的新阶段。

（六）生理学形成完整的体系

前文提到，以实验为特征的近代生理学始于 17 世纪。哈维在 17 世纪发现血液循环，奠定了生理学的基础。此后，生理学成为一门科学，为生物学的一个分支，是研究人体的生命现象和各个组成部分功能的一门科学。到 18 世纪，生理学又有进一步的发展。被称为近代生理学之父的瑞士人哈勒（A. von Haller，1708—1777 年），是研究神经生理学的代表人物。其八卷本著作《人体生理学纲要》概括了当时生理学的成就，研究了呼吸运动、骨骼运动及胎儿的生长发育等内容，并重点研究了神经系统的生理功能。苏格兰外科学家贝尔（C. Bell，1744—1842 年）亦对神经生理的研究做出重大贡献，被尊为近代神经生理学的先驱。对消化生理做出了重要贡献的有法国人瑞奥玛（A. de Reaumur，1683—1757 年）、意大利人斯巴兰桑尼（L. Spallanzanin，1729—1799 年）等。但是在 19 世纪之前，人对人体机能的认识仍然多限于解剖学水平，仍然未能进行深入的生理学研究。如呼吸生理仍然停留在 18 世纪末拉瓦锡的研究水平，直至 1860 年普留盖（E. F. W. Pfluger，1829—1910 年）证明了呼吸的主要化学变化并不在于血液和肺脏，而在于人体各种组织，对呼吸生理的认识才有了突破。到了 19 世纪，人们应用物理、化学的理论知识和实验方法研究机体，使实验生理学逐渐兴起，从而使生理学形成完整的体系。

1. 对新陈代谢的早期研究

19 世纪三四十年代，德国的化学教授李比希（J. F. von Liebig，1803—1873 年）将化学知识应用于生理学，对新陈代谢进行了早期研究，丰富了生理学内容。他在 1831

年首次成功合成氯仿。他还推进了有机化学的分析方法，制造了各种实验装置，其中以尿素的定量测定装置最为著名。因为尿素是蛋白质的分解产物，所以它的定量测定在生理学上具有重大意义。1828 年，菲勒（F. Woohler，1800—1882 年）人工合成了尿素，这是人类第一次将无机物合成为有机物。李比希指出有机的原子团可成为各种物质的不变成分。与元素一样，这一发现对解释人体内的化学变化很有帮助。李比希对植物化学亦有研究，阐明植物从大气中的二氧化碳和氨中获取生长必需的碳和氮，植物腐败后又将这些物质释放到大气中。李比希认为，植物的腐败和发酵是一种化学过程，此种观点与其后法国微生物学家巴斯德在发酵问题上的观点很不一致。

2. 神经生理学的发展

在神经生理学方面，霍尔（M. Hall，1790—1857 年）曾经研究反射运动与随意运动的不同。1811 年，苏格兰外科医生贝尔阐明了运动神经与感觉神经的区别。法国的笛卡儿曾研究过反射运动，霍尔对此进行了更深入的阐述：大脑是随意运动的发源地，延髓是呼吸运动的根源，脊髓是反射运动的中心，交感神经司营养和分泌作用。这时对大脑各部位与各种功能的关系的研究也取得了进展，布罗卡（P. Broca，1824—1880 年）发现了语言、读书和写字的中枢，可以对复杂神秘的大脑进行研究。

德国生理学家穆勒（J. Muller，1801—1858 年）在生理学、胎生学、病理学、心理学和生物化学等方面均有建树，影响非常广泛。其最重要的发现是刺激与感觉的关系，某一感觉神经接受任何方法的刺激，必有同一特殊的感觉；相反，如在不同的感觉器官上给予同样的刺激，则感觉器官各自发生特异的感觉。穆勒证实了贝尔－马根迪法则，即脊髓的前根是主管肢体运动，后根是主管肢体感觉。他还研究了人体外围感官的构造与功能、动物神经系统的发育以及生理化学（淋巴、血液和乳糜的化学成分等），并发现了各腺体在构造上的统一性。

3. 伯尔纳与生理学

法国人伯尔纳（C. Bernard，1813—1878 年）是 19 世纪生理学的另一位代表人物。他于 1834 年进入巴黎医学院学习。其创立了联合生理学、病理学和治疗学的实验医学。他在生理学上首先发现肝脏有产生和储存淀粉酶的功能。他最初把糖注射到狗的静脉内进行实验，推测出动物可以把复杂的食物分解，亦可以从摄取的各种物质中合成自身需要的新物质。1849 年，他公布了穿刺狗的第四脑室，可以使狗患糖尿病。在消化生理方面，在伯尔纳之前，只知胃有消化作用。伯尔纳以实验证实胃的消化功能是整个消化过程的准备阶段，主要的消化工作还在胰腺，胰腺分泌物可把脂肪分解成甘油和脂肪酸，把淀粉分解为糖，还可以把胃不能分解的蛋白质加以分解。他还研究了交感神经系统的血管运动机能，以实验证明毛细血管的收缩和扩张是受神经支配的。伯尔纳认为，生理学既是生命现象的基础，也是临床医学的基础。治疗学应以明析的疾病现象机制和药物特性为根据。

1860 年，伯尔纳写成《实验医学研究导论》一书，标志着生理学上一大跨越式发展。

4. 路德维希与生理学

德国的路德维希（K. Ludwig，1816—1895 年）对实验生理学有相当大的贡献。他最先把血管运动中枢定位于延髓，首次测量了毛细血管血压，发现了心率的抑制神经及加速神经。1871 年，他与美国生理学家鲍迪奇（Bowditch，1840—1911 年）共同提出心脏活动的"全或无定律"，并奠定了尿与淋巴形成的现代理论。其首次证明了人类的消化腺活动受分泌神经的影响。他还发明了许多实验器械，如动脉血压示波器、血流速度计、分离血流中气体的水银气泵等。

5. 巴甫洛夫创立"条件反射学说"和"两个信号系统学说"

俄国生理学家巴甫洛夫（Pavlov，1849—1936 年）研究了神经系统在人体生命活动中的主导作用。他对消化生理有深入的研究。他的研究工作可划分为两大阶段：第一阶段在 1890 年之前，他研究循环系统生理，探索药物及情绪对血压的影响，阐明左、右迷走神经对心脏活动所起的作用。他后来又研究了消化生理，设计了巴氏小胃等手术方法，用以对未麻醉动物的消化液分泌等功能进行终身观察。并从唾液腺的神经性兴奋出发，转移到对高级神经活动的研究，创立"条件反射学说"。第二阶段在 1890 年之后，巴甫洛夫研究了大脑皮层及皮层下中枢活动的生理机制，提出了高级神经活动有"两个信号系统"的学说。"第一信号系统"为人和动物所共有；"第二信号系统"即语言功能和抽象思维系统，是人类所特有的。其理论对于医学心理学亦有重大意义。

（七）药理学与实验药理学的开创与发展

药物治疗的发展是在药理学的独立和发展中实现的。从 19 世纪初起，人们开始用动物实验和化学分析的方法研究药物的化学成分、性质、药理作用及其毒性反应等。意大利生理学家方塔纳（Fontana，1720—1805 年）曾通过动物试验对 1000 余种药物进行了毒性测试，得出的结论为：天然药物都有其活性成分，并且选择性作用于机体某个部位而引起典型反应。19 世纪初，由于化学，尤其是有机化学的进步，使实验生理学得到进一步发展，可以从植物药中提出生物碱和有效成分，形成了西药的特点，产生了药理学。例如，1804 年，由鸦片提取出吗啡（morphine）；1817 年，由吐根提取出吐根碱（emetine）；1818 年，由马钱子提取出士的宁（strychnine）；1819 年，由归那皮提取出奎宁（quinine）；1821 年，由咖啡提取出咖啡因（caffeine）；等等。19 世纪中叶，尿素、氯仿、苯胺等已经可以人工合成。1859 年柳酸盐类解热镇痛剂合成成功，到了 19 世纪末精制成阿司匹林。以后，各种药物的合成精制技术亦不断获得发展成就。从天然植物中有效药物成分的提取到人工合成的成功，标志着西方医学在药物方面从经验医学转向实验医学。

经过一系列生物碱和植物有效成分的提取以及药物的合成以后，人们开始研究药物的性质和功能。以临床医学和生理学为基础，以动物实验为手段，使药物的作用机理开始得到研究。1804 年，德国人索托诺（F. W. Sertürner）从鸦片中提取出吗啡，并在狗身上证明了其有镇痛作用。1819 年和 1856 年，法国人马根迪（F. Magendie）和伯诺德（Bernald）分别用青蛙实验确定了士的宁的作用部位是脊髓，筒箭毒碱作用于神经肌肉接头。在这一基础上，德国的布克哈姆（Buchheim，1820—1879 年）建立起世界上首个药理实验室，创立了实验药理学，并撰写了第一部药理学教科书。这些成就为后来研究药物作用部位的器官药理学奠定基础。1878 年，英国生物学家郎里（J. N. Langley，1852—1925 年）根据阿托品与毛果芸香碱对猫唾液分泌的拮抗作用的研究，最早提出了受体概念，这为后来药物作用的受体学说的产生奠定了基础。

（八）病理生理学的开创与发展

病理生理学随着医学的需要而建立和发展起来。到了 19 世纪，人们认识到，只用临床观察和尸体解剖的方法不可能对疾病有全面、深刻的认识和理解，于是开始在动物身上复制人类疾病的模型，用实验方法来研究疾病发生的原因、条件以及疾病过程中功能、代谢的动态变化，此即病理生理学的前身——实验病理学。法国生理学家伯纳德首先倡导以研究活体的疾病为主要对象的实验病理学。病理生理学作为一门新兴的学科，进一步揭示了人患病时的各种临床表现和体内功能代谢变化的内在联系，阐明了许多疾病发生的原因、条件、机制和规律，进而使人对疾病本质的认识上升至理论的高度。

病理生理学作为一门独立的教学科目，以及独立的病理生理学教研室，均最早出现在 1879 年俄国的喀山大学。后来德国及其他一些国家的大学也教授病理生理学或设立病理生理学教研室。

（九）微生物学奠基及初步发展

前文已经提到，17 世纪的荷兰学者列文虎克已在显微镜下观察到一些微小生物，但仍处于对观察结果进行客观描述的阶段。一直到 19 世纪，由于自然科学基本学科的发展与显微镜技术的改进，对微生物的研究工作日益深入。微生物学奠基并发展。微生物学的奠基人是法国的巴斯德和德国的科赫。

巴斯德在科学研究上成果卓著。他最初从事化学研究。这个时期法国制造的酒，包括葡萄酒和啤酒，在运输过程中，经常出现酒变酸变苦的现象，严重影响了法国的酒业。法国政府请巴斯德帮助解决这一问题。他经过研究后发现，酒发生变质并非因为发生德国化学家李比希所说的纯化学作用，而是由微生物的发酵作用引起的，必须采取加热处理的办法。为了解决酒在 100 ℃时挥发的问题，巴斯德只把酒加热至 60 ℃左右，而把加热时间延长到 20—30 分钟。这既能杀死致发酵的微生物，又不使酒挥发，解决了酒变质的问题。这种方法被称为巴氏消毒法，并被广泛应用于医学。巴斯德成为微生物学的奠基人。

巴斯德对微生物学的另一大贡献是推翻了当时盛行的"自然发生说"。他通过实验证明了在经过消毒并一直屏蔽外界污染时，微生物不可能存在，一切细菌都是由已有细菌产生，从而彻底打破了当时盛行的"自然发生说"。巴斯德的这些成果对医学科学意义重大，为近代消毒、防腐法提供了科学根据。

科赫（Robert Koch，1843—1910 年）是微生物学的另一位奠基人。他出生于德国。普法战争期间，在部队任军医。战争结束后，做了一名医生。科赫得到一架显微镜，此后他就开始从事细菌学研究。1876 年，他研究了炭疽杆菌的生活条件以及与牛羊和人类的关系，揭示出在动物体外培养了几代的炭疽杆菌仍然可以在动物体内引起炭疽病。虽然这一观点遭到很多人反对，但得到巴斯德的支持，最后被人们接受。1877 年至1878 年，他对细菌学技术进行了研究和改进，如在玻片上干燥细菌的方法、将细菌的鞭毛染色的方法和给细菌拍照的方法等。由于这些研究成果，科赫于 1880 年成为德国政府卫生研究所的研究员。1881 年，他发明了用动物胶（gelatin）平板培养细菌的方法，这是科赫所改进的最著名的方法。当这种平板培养基在英国伦敦国际会议上展出的时候，受到巴斯德的赞赏，因为此前巴斯德是用肉汤培养细菌的。1882 年，科赫发现了结核杆菌，并又公布了细菌学三定律，即 Koch 氏法则。1883 年，科赫被推选为德国霍乱委员会的会长，并到访埃及和印度调查了霍乱的流行情况，发现了人的霍乱弧菌。发现结核杆菌和霍乱弧菌是科赫最重大的成就。1885 年，科赫被任命为柏林大学细菌学和卫生学的教授。1890 年 8 月，在柏林举行的第十届国际医学代表大会上，科赫又公布其发现了治疗结核病的药物，称之结核菌素（tuberculin）。由于科赫是很著名的科学家，因而他的这一发现没有引起怀疑，导致其后不少人成为结核菌素的牺牲品。不久，人们发现了结核菌素只能用于诊断结核病，不能作为结核病的治疗药物。

1879 年，汉森（Hansen）和奈瑟（Neisser）从麻风病患者的结节中分离出麻风杆菌。脑膜炎双球菌亦于同年分离出来。1880 年，巴斯德和斯坦伯格（Sternberg）同时发现了 Croup 氏肺炎球菌。同年，卡尔（E. Karl）在伤寒病人尸体的脾脏和肠管内发现伤寒杆菌。1883 年，克雷白（E. Klebs）在显微镜下观察到白喉的病原体。1884 年，里夫勒（Loffler）又把克雷白发现的白喉杆菌进行体外培养。球菌与化脓的关系也在 1884年后被确定。1889 年，北里柴三郎在体外培养了破伤风杆菌。1894 年，鼠疫在香港大流行，北里柴三郎和页桑（Yersin）先后发现了鼠疫杆菌。1897 年，志贺发现了痢疾杆菌。1900 年，肖特穆勒（Schottmuller）将伤寒杆菌与副伤寒杆菌加以区别。细菌学在19 世纪后半叶发展迅速，多种致病菌被发现。

（十）寄生虫病学的建立与发展

真正对寄生虫进行专门的观察和描述开始于 17 世纪。首先在显微镜下对寄生虫进行观察和客观描述的人是列文虎克。1681 年，他在患腹泻时对自己的粪便进行检查，发现了大量肠梨形虫。1684 年，意大利医生雷迪（F. Redi，1626—1697 年）发表了关于家畜和野生动物体内若干蠕虫的调查报告。1773 年，丹麦生物学家米勒尔（O. Muller，1730—1784 年）首次描述了在人类唾液和齿垢中观察到的毛滴虫。

1. 发现寄生虫病病原体

进入 19 世纪后，对寄生虫病的研究有迅速的发展。随着显微镜的改进和细菌学的发展，各种传染病的病原体被相继发现。这些被发现的病原体都与寄生虫病有关。法国医生欧文（R. Owen，1804—1892 年）在 1835 年发现人体肌肉中有旋毛虫幼虫寄生。翌年，法国医生多恩（A. Donne，1801—1878 年）首次报道了寄生于妇女阴道的阴道毛滴虫。1846 年，美国医生利迪（J. Leidy，1823—1891 年）发现在猪肉中寄生的旋毛虫幼虫。1851 年，德国学者比尔哈茨（T. Bilharz，1825—1862 年）发现了埃及血吸虫，澄清了长期以来人体不明血尿的病因。1852 年，德国学者库奇梅斯特（F. Kuchenmeister，1821—1890 年）用兔体内的豆状囊尾蚴喂狗，获得了豆状带绦虫成虫，再用其卵喂兔获得了囊尾蚴。这种应用动物模型的实验方法极大地推动了后来寄生虫病的研究。1857—1859 年，德国学者洛克卡特（Leuckart，1822—1898 年）和微尔啸各自完成了旋毛虫生活史的研究。1870 年，英国学者刘易斯（T. R. Lewis，1841—1886 年）在人的粪便中发现了结肠阿米巴。

2. 对疟疾的研究

疟疾（malaria）一词源于意大利语，是瘴气之意。在希波克拉底的著作中就提到了这种病，以后也陆续有人记载。到 17—18 世纪，疟疾在欧洲相当流行。人在 17 世纪已经知道用金鸡纳治疟疾，但直到 19 世纪末以前，并不知道疟疾的病原体。1880 年，法国医学家拉弗朗（C. L. A. Laveran，1845—1922 年）发现疟疾是一种寄生虫病，后来苏格兰人曼逊（P. Manson，1844—1922 年）提出疟疾是通过蚊子传播的，后经证实传播疟疾的蚊子是疟蚊（Anopheles）。曼逊于 1866 年作为一个海关医官在中国厦门用 12 年时间研究了橡皮病，证实这种病是由丝虫或马来线虫通过蚊子叮咬传播的。此为第一个被证明以昆虫为媒介传播的疾病。

疟疾是与寄生虫相关的热带传染病。19 世纪，在寄生虫病的研究中，最为突出的是对疟疾的研究。参与这项研究的有法国、意大利、英国等国的很多专家，地域涉及欧、亚、非三大洲，历时近 20 年，在 19 世纪末完全阐明了该病的机制。英国医生罗斯（R. Ross，1857—1932 年）完成了对疟原虫的流行病学调查，并将研究成果写成专著《疟疾研究》，在书中提出了灭蚊预防疟疾的有效措施。

3. 寄生虫病学成为独立的学科

随着对寄生虫病研究的快速发展，寄生虫病学在 19 世纪成为一门独立的学科。1894 年，英国利物浦热带医学学校开设了寄生虫学课程，由著名学者罗斯任教，并创办了《热带医学及寄生虫学》年刊。之后，欧洲各国也先后建立了热带医学与寄生虫病学的研究院所，为 20 世纪寄生虫病学的长足发展奠定基础。

（十一）免疫学的奠基及初步发展

随着细菌学的进展，免疫学也逐渐发展起来。这是伴随病原微生物学发展起来的一门学科。免疫的历史源远流长，如中国的人痘接种术和 18 世纪英国的贞纳发明的牛痘接种法，均可认为是免疫学的开创，但科学的免疫学研究是在 19 世纪后半叶才开始的。

巴斯德于 1881 年将毒力减弱的炭疽杆菌注射到健康的牛、羊体内。这样，在炭疽病流行的时候，健康的牛、羊就可免遭侵害。巴斯德运用同样的方法做过鸡霍乱的研究。这两件事即人工自动免疫的开端。巴斯德还运用同样的方法研制出狂犬疫苗，有效地预防了狂犬病的发生，这是巴斯德最重大的成就。首位注射狂犬疫苗的是儿童，其于 1885 年 7 月被一只疯狗咬伤，因为及时注射了巴斯德研制的狂犬疫苗而免于发病。

在免疫学方面，贝林（Behring）和北里柴三郎于 1890 年完成了白喉抗毒素的研究，开创人工被动免疫。梅契尼柯夫（E. Metchnikoff, 1845—1916 年）发现了吞噬细胞。1903 年，赖特（A. Wright）发现了调理素。德国人艾利希提出了抗体形成的侧链学说。1896 年，肥达（F. Widal）发明了用于伤寒诊断的肥达氏试验。1906 年，瓦瑟曼（A. von Wasserman）发明了用于梅毒诊断的瓦瑟曼试验。1911 年，锡克（B. Shick）发明了检测白喉免疫性的锡克氏试验。

四、近代化临床医学的发展

前文提到，18—19 世纪，近代科学不断地突破性发展，推动了基础医学与临床医学不断地取得突破性进展，学科不断分化，一个又一个新的学科产生；另一方面，临床医学各学科间的相互交叉渗透日益加深，基础学科与临床学科之间的联系也在不断加深，新的临床学科陆续归并整合出来。许多研究成果被极快地应用到临床医疗中，这使得临床医学能使用更加客观、更加先进的诊断治疗手段，最终实现全面近代化。

（一）诊断学的突破与发展

因为受病理解剖学和细胞病理学的影响，当时的临床医学尤其注重对内脏器官病理变化的研究与诊断，想尽办法寻找"病灶"，使诊断方法手段和辅助诊断工具不断增多。19 世纪初期，诊断学的主要进步是叩诊法的推广应用和听诊法的发明。听诊器和叩诊法的发明奠定了现代物理诊断学的基础。此后又有一系列的物理诊断技术出现，如用体温测量法并绘制体温曲线，视力表的发明，膀胱镜的发明并应用，直达式气管镜和胃镜的发明。到 19 世纪末又把对病人的直接检查或多或少地转变为化验室的检查，这为诊断方法与手段带来彻底的改变，使诊断学发生变革性发展。

1. 叩诊法的发现

18 世纪诊断器械仍然没有大的改进。桑克托瑞斯发明的体温计、脉动计均不适合临床应用。直到 18 世纪后半叶，诊断学上才出现了叩诊法。

叩诊法的发明人是维也纳圣三医院的内科主任奥恩布鲁格（L. Auenbrugger, 1722—1809 年）。其年幼时，在父亲的酒店里做学徒，看到父亲经常用手指敲击装酒的木桶，根据声音推测桶内的酒量。这样做既方便，又可防止打开桶盖后酒的挥发，他对此方法一直有清晰记忆。由于他受到器官分类和寻找病灶思想的影响，对通过叩击来发现病理变化非常感兴趣，于是开始研究叩击的声音。他发现了叩击胸部产生的不同声音可以说明胸部有不同的病灶。经过多年探索研究，包括尸解追踪等，终于在1761年发表了其成果《新发明》，倡导胸部叩诊技术。具体方法是：用四指末端轻轻叩击胸壁，仔细辨别声音的高低、轻重变化，以判断有无疾病。当时他的方法并未引起足够的重视，直至19世纪临床上才普遍接纳他的方法。叩诊法与其后发明的听诊法几乎同时应用于临床。

奥恩布鲁格发明叩诊法与莫干尼找寻病灶，在思想方法上一致。他们突破了"四体液"学说，开始从人体器官内部寻找疾病的根源。

2. 叩诊法被推广应用

前文提到，18世纪中叶，奥地利医生奥恩布鲁格就已发明并改进了叩诊法，但不被当时保守派医生认可，叩诊法在当时未能得到推广应用。19世纪初，法国医生高尔维沙尔（Corisart，1755—1821年）经过20年的研究后对叩诊法加以推广，才促进了叩诊法在临床上的广泛应用。高尔维沙尔于1808年将奥恩布鲁格的著作《新发明》译成法文，并附以长于原文四倍的详细评析。他还出版了《论器质性疾病及心脏和大血管损伤》的专著，介绍和推广叩诊法在疾病诊断中的价值。他还设计制造了叩诊板与叩诊锤，发明了间接叩诊法。在其推动下，叩诊法得到医学界的广泛重视和应用。1838年以后，叩诊的声学原理得到合理的解释，叩诊的方法也得到改进，即医生用左手指背做叩板，用右手中指叩击左手指背进行叩诊，此法一直沿用。

发明听诊法的是法国病理学家、临床医学家、巴黎医学院的教授雷奈克（R. Laennec，1781—1826年）。他从希波克拉底的著作中得到对于心肺可以听诊的启示。他最初用耳直接听诊，后来制成听诊器，进行间接听诊。雷奈克有一次在巴黎的卢浮宫广场看到孩子们在玩一种游戏。他们用一根针轻划木棒一端，用耳朵紧贴另一端就可以很清楚地听到声音。受这一启发，他将一张厚纸卷成圆筒状，一端贴着耳朵，另一端放在病人的胸部。结果，他听到了比直接听诊更清楚的心音。他于1887年改制成木制简单听诊器，命名为听诊器（stethoscope）。他检查了许多病人，记录了由听诊器发现的各种微小现象。雷奈克还对许多尸体进行了解剖，把解剖结果与临床现象相比照，积累了丰富的听诊知识，并根据这种新的检查方法诊断肺和心脏疾病。1818年，雷奈克出版的《间接听诊或论肺部和心脏疾病的诊断》一书，叙述了听诊法的改进及其意义。1888年，巴济宾奇（Bazzibianchi）又发明了双管听诊器，显著提高了听诊效果。叩诊法和听诊法的发明与应用，完善了视、触、叩、听的物理诊断方法。

3. 临床辅助诊断方法的应用

1724年，费赫（Fahreheit）发明了温度计。1850年，德国医生特劳贝（Ludwig Traube）把温度计引入临床医学。1854年，奥地利医生耶格（E. Jaeger，1818—1884年）首先提出视力表；1862年，荷兰科学家斯内伦（H. Snellen，1834—1908年）改进了视力测定法并发明了视力表。1896年，意大利医生里韦-罗奇（Sipione Riva-Rocci）发明了简易的血压计。1905年，俄国人科罗特科夫使血压计的测量更加精确化。随着照明装置和光学器具被创造出来，一系列光学检测器械的相继发明和运用，较早的有德国人赫尔姆霍茨（H. Helmholtz）发明的眼底镜，继而喉镜、膀胱镜、食道镜、胃镜、支气管镜等也先后出现。体腔镜的发明与应用，丰富了临床诊断的方法手段，使体腔内治疗成为可能。1846年，英国外科医生休奇逊（J. Hutchinson，1828—1913年）发明了肺活量计。19世纪，诊断学上的一项重大进展是X射线的发现，将在后面"现代医学"这一编的"临床诊断技术进展"中详述。

由于化学的发展，临床医学利用了化学分析方法检查血液成分的变化。化学诊断方法补充了物理诊断方法的不足。除了定性定量分析之外，其他如尿和血液冰点测定、氢离子浓度测定等都在临床化验中被采用。各种诊断方法相继出现，例如，1827年，德国学者格梅林（L. Gmelin，1788—1853年）发明了尿的胆色素试验；1837年，马格奴斯（H. Magnus，1802—1870年）发明了血气定量分析方法；1841年，特罗默尔（K. Trommer，1806—1879年）发明了尿糖检查法；1874年，艾斯巴赫（G. Esbach，1843—1890年）发明了尿蛋白定量法；1878年，维罗特（K. Vierordt，1818—1884年）应用光谱分析法分析血红蛋白、胆汁和尿液；1878年，海耶姆（G. Hayem）发明了血小板计数法；1894年，托波佛尔（G. Toepfer）发明了胃液酸度测定法。诊断方法的增多，使诊断疾病能够更加客观准确。

由于显微镜学不断有进展，使得研究机体体液和固体部分的组织结构的有形成分、正常和异常排泄物的组成成分等成为可能，使形态诊断学在临床诊断中逐渐获得重要的地位。

到19世纪之后，由于微生物学和免疫学的发展，开始应用细菌学和血清学的检查方法，使临床辅助诊断方法有迅速的发展。

（二）临床治疗的突破性发展

进入19世纪后，近代医学随其基础医学研究不断有新突破，基础医学发展水平迅速提高，促进临床医学迅速发展。近代临床医疗上也不断总结出新经验，发现新方法。到19世纪末，近代临床治疗的方法、手段之先进和丰富，在临床治疗的爆发性突进发展中呈现于世。

19世纪临床治疗的发展，也体现在药物疗法和物理疗法的进步上。药物治疗的发展是在药理学的独立和发展中实现的。从19世纪初开始，人们尝试用化学方法对一些植物药的有效成分进行提取。1804年，斯特纳（F. W. Sertüner）首先从鸦片中提取出吗啡，1817年又从吐根中提取出吐根碱。随后一系列药物被提取和纯化，如士的宁（1818年）、奎宁（1819年）、咖啡因（1821年）、阿托品（1831年）和可卡因（1860年）等。同时，人们用动物实验和化学分析的方法，研究药物的化学成分、性质、体内代谢过程、药理作用以及毒性反应等。加上化学工业和有机化学的进展，也使药物的精制和合成得到迅速发展。特别是法国学者普拉瓦兹（C. C. Pravaz，1793—1853年）在1853年发明了注射器以后，药物注射法广泛应用于临床，改变了过往仅靠口服、吸入、涂抹等给药途径。随着物理学的发展，许多物理疗法如X射线疗法、光能四疗法等也被相继推广应用，尤其是电疗法取得了特别大的进展。

（三）产科学的独立及发展

前面提到，随着包括医学科学在内的近代科学技术的迅速发展，促使医学的学科分科越来越细、越来越多。产科学的独立就是这种发展的反映，在某种意义上来说，产钳的推广应用使产科学独立出来。产科学的独立使其迅即得到极大的发展。18世纪以后，受过医学教育的产科医师逐渐取代了助产婆，使产科有了一定的发展。到了19世纪，由于受外科学发展的带动，产科学有了迅速的发展。首先是产钳的推广应用所展现的产科器械的改进与产科技术的进步，然后是产科手术的发展进步、产科感染难题被攻克、对产妇解剖学的深入研究，使得产科从妇科中独立出来并得到空前的发展。

18世纪，产科有较大的突破性发展，首先是产钳的改进与推广应用。法国医师帕尔法恩（J. Palfyn，1649—1730年）对产钳进行了改进，确立了产钳的应用原则，产钳的应用得以推广。1740年，英国著名产科医师皮尤（B. Pugh，1718—1798年）应用了经过改进的弯曲产钳。另一位著名产科医师斯梅利发明了多种产科器械，其中包括改进了的产钳和钝钩等，并在他的名著《助产士理论与实践》中制定了产钳应用原则。产钳的应用，使众多难产孕妇和新生儿获救。

同样是在18世纪，产科医师已认识到骨盆狭窄变形是难产的重要因素之一，因而对包括骨盆在内的与妊娠、分娩有关的解剖学研究更加重视。1753年，英国产科医生斯梅利（W. Smelli，1697—1763年）首次提出测量骨盆对角径；鲍德洛奎（J. L. Baudelocque，1740—1810年）开创用测量骨盆的骶耻外径，还研究了胎儿在子宫内不同位置及各种情况下所应采取的最好分娩方法，确立了正常分娩的机械原理。在理论上，斯梅利于1752年出版了《产科学的原理和应用》。1754年，他又出版了专门适用于产科的《解剖学》一书。其学生威廉·亨特（W. Hunter，1717—1783年）于1774年出版了《妊娠子宫解剖学》一书，总结了自身25年的产科临床经验。因为亨特既是产科医师，又是解剖学家，所以对于孕妇的解剖学研究十分精细，书内附有34幅铜版解剖图，准确地描述了妊娠子宫及其相关内容。在对正常结构研究的同时，一些产科医生对于临床常见的异常结构也进行了研究和描述。如莫里肖对前置胎盘及其处理方法的研究（1668年）；斯梅利对前置胎盘和子宫后倾及其处理方法的研究以及对佝偻病性骨盆的观察和研究（1774年），内格尔（F. K. Neagele）对倾斜性骨盆狭窄的描述（1839年）。尤其是德国学者米夏利斯（G. A. Michaelis，1798—1848年）著《狭窄骨盆》一书，对骨盆变形与狭窄进行了全面论述。其书中所称"米夏利斯菱形"至今仍被作为测量骨盆时的重要标记之一。此书在作者去世三年后，由友人利兹曼（C. C. T. Litzman，1815—1890年）整理出版。利兹曼在米夏利斯工作的基础上进一步研究，在1861年出版《骨盆形状》一书，对骨盆及其有关的问题做了更深入的探讨。自此，临床医师更加重视骨盆的测量并成为产科的一种常规检查。

德国医学院于1737年开始讲授产科学，在18世纪50年代建立了第一所附属于大学的助产士学校。1760年，意大利佛罗伦萨开办了首个产科学讲座。在医学教育上的这些举措，促进了产科学的迅速发展。

在 19 世纪，由于外科手术攻克了疼痛、感染和失血三大难关，使产科手术得到推广和发展。

产科的感染以产褥热对产妇的危害最大。1857 年，美国医生巴克（B. F. Barker，1819—1891 年）在他的《产褥热评述》中认为，产褥热是一种传染性疾病。同年，美国医生加里格斯（H. J. Garrigues，1831—1913 年）在纽约产科医院中应用二氯化汞清洁病房，强调病房通风，产科人员穿戴消毒衣帽，他还将分娩前和分娩后的产妇与产褥热患者分房隔离。然而，在 19 世纪对产褥热进行有计划研究并提出有效预防措施者中，奥地利医生塞麦尔维斯的贡献应是最大的。他在 1846 年进行科学的对照实验，用事实证明产褥热的发生是医生不洁之手所引起的，因而要求所有进入产房的医生或学生都需要先用漂白粉溶液洗手，并浸泡产科器械，使产院的产褥热死亡率急降。1861 年，塞麦尔维斯发表了《产褥热的病因、概念及预防》一书，成为研究产科感染的名著。此后，由于巴斯德等人对包括溶血性链球菌在内的一系列细菌的发现和鉴定，以及无菌技术的建立，从而使产褥感染得到有效控制。

18 世纪中叶以后，男子也可以接生，此为产科的一大进步。

（四）外科学的突进发展

18 世纪时，外科地位有了提高，外科治疗不再仅是一门手艺，亦不准施行外科手术的人称其为医生。到 19 世纪，外科技术中的难关被相继突破，外科学于是有了重大发展，外科学地位迅即大为提高。麻醉方法的发现及应用，消除了手术中的疼痛，提高了手术安全性，扩大了手术范围，促进了外科学的发展。消毒及防治伤口感染的方法的发现及应用，输血方法及技术的发现与应用等使得外科学有突飞猛进的发展。

1. 外科的发展

帕蒂德（J. Petit，1674—1750 年）是法国外科医生，发明了螺旋止血带和许多手术方法，如乳突凿开术，其代表作有《骨病的治疗技术》（*L'art de guerir les naladies des os'*）。佩龙尼（F. Peyronin，1678—1747 年）是法国外科医生，擅长手术，尤其是肠疝修补术和肠外伤修复术。法国医生贝萨拉克（J. Baseilhac）是膀胱结石刀的发明人，利用膀胱结石刀做过上千例结石取出术，包括耻骨上膀胱结石取出术。彻斯尔登（W. Cheselden，1688—1752 年）是英国圣·托马斯医院的外科医生。他因能用不足一分钟的时间取出一个膀胱结石而闻名，他于 1723 年发表了《论结石的高位手术》，还提出了侧位手术的主张。波特（P. Pott，1714—1788 年）是 18 世纪后半期英国较有成就的外科医生，1769 年著的《关于骨折的一般现象》（*Some Few General Remarks on Fractures*）中记载了波特病，即伴有瘫痪的脊椎弯曲。1782 年，他提出此病与结核有关。里德（J. Loyd，1728—1810 年）是波士顿的外科医生，推行膀胱结石术，推广血管结扎法。弗雷尼（G. Flaiani，1739—1808 年）是意大利膀胱结石术专家，为圣灵医院的解剖学创始人。德国外科学家里奇特（A. Richter，1742—1812 年）是对疝气施行手术疗法的先驱。绰波特（FR. Chopart，1743—1795 年）是法国泌尿外科的开拓者。蒂斯奥特（P. Desault，1744—1795 年）在法国创立了第一个外科门诊部，发明了锁骨骨折绷带治疗法。托里奥（M. Troia，1747—1828 年）是意大利那布勒斯人，擅长膀胱手术和骨科手术。威廉·亨特于 1762 年首次描述了动静脉瘤。约翰·亨特（Jihn Hunter，1728—1793 年）因跟腱意外破裂，促使他探求畸形足与肌腱破裂的修复方法。他在皇家公园的鹿角上做了侧支循环实验，为治疗动脉瘤提供了依据。在他之前，截肢是治疗动脉瘤的唯一方法，否则只能等待动脉瘤自行破裂。他用鹿角做实验，发现结扎动脉后鹿角的毛细血管会代偿性扩张，使被结扎动脉周围的血流更丰富，由此保证了鹿角的正常血液供应。约翰·亨特由此发明了结扎血管治疗动脉瘤的技术，取代了肢体截断术，为患同类疾病的病人保全了肢体。波斯特（P. Post，1763—1828 年）担任哥伦比亚大学医学院外科学教授，于 1796 年成功地重复了老师约翰·亨特发明的动脉结扎术，1814 年成功地进行了髂外动脉结扎。他将实验的方法引入外科手术。

2. 麻醉方法的发现与应用

古代有过应用麻醉药和麻醉法的记载，然而麻醉效果均不够理想。在近代的 18 世纪末到 19 世纪初，进行外科手术时还只能使用某些器械来压迫神经使人失去知觉。直到 19 世纪中叶，因为一氧化二氮、乙醚和氯仿这三种全身麻醉药的发现和应用，使外科手术能够在无痛的情况下施行，真正的麻醉法得以发展。麻醉法的应用，促进了外科手术的迅速发展。在麻醉法应用之前，19 世纪前的外科医生都非常重视提高手术速度。有了麻醉法之后，外科手术可以更细致更妥善地进行，而且还能防止没有麻醉药时患者的挣扎，使得以前难以施行的大手术亦能在无痛中实施。

（1）一氧化二氮麻醉作用的发现

最早发现一氧化二氮（1795 年）有麻醉止痛作用的是英国化学家戴维（H. Davy，1778—1829 年）。但是，此发现未能迅速在临床中推广。1844 年，美国牙医韦尔斯（H. Wells，1815—1848 年）借助一氧化二氮无痛地拔掉了自己的一颗牙齿。一氧化二氮气体可使人产生欢快的感觉，并可引发人难以控制的狂笑，一氧化二氮因而也称作"笑气"。戴维在给朋友的一封信中，讲述了其吸入一氧化二氮后的感觉。

（2）乙醚、氯仿麻醉作用的发现

美国人郎（C. Long，1815—1878 年）在一次实验中无意间让乙醚逸出，偶然发现了乙醚具有麻醉作用。1842 年，他将乙醚用于摘除一位患者头部囊肿的外科手术，这是使用乙醚的最初尝试。另一位使用乙醚进行手术的医生是郎的朋友莫顿（Morton，1819—1868 年），他在 1846 年演示把乙醚应用到拔牙手术中，他的麻醉法得到很多医生的认可。从此，乙醚麻醉就被普遍地应用于外科手术。1846 年底，莫顿在美国的《波士顿医学杂志》上正式发表关于乙醚麻醉法的报告。次年，英国的爱丁堡大学产科学教授辛普森（J. Simpson，1811—1870 年）又将乙醚用于产科手术。在 1847 年 1 月19 日，辛普森首次使用氯仿来缓解分娩疼痛，这种方法迅速盛行。

（3）可卡因局部麻醉作用的发现

全身麻醉药被发现和应用后不久，人又开始寻找不令全身失去感觉，而只是使病变局部感觉消失的局部麻醉药。1884 年，维也纳医生科勒（C. Koller）首先把可卡因（cocaine）应用于眼部，然后又应用于鼻和身体的其他部位，于是局部浸润麻醉产生。不久后，又有人使用可卡因作皮下注射。1885 年，美国的霍尔斯特德（W. S. Halsted）曾设想把可卡因注射到神经内，后来库欣（H. Cushing）实现了这个设想。再后来美国人科宁（L. Cornind）把可卡因注射到了脊椎管内，让人体下半身的感觉消失。

3. 消毒方法的发现与应用

在发现消毒方法并使用的 19 世纪以前，外科习惯用烧灼法或沸油冲洗法处理伤口，这使患者极为痛苦。通过一系列消毒方法的发现并使用，无菌操作手段不断改进，使无菌术渐臻完善。这是外科治疗有了根本性突破的条件。

（1）塞麦尔维斯应用的消毒法

伤口"化脓"是 19 世纪前外科医生所面临的最大难题之一，当时的截肢术后的死亡率高达 40%～50%。19 世纪初，在病原微生物学建立之前，出生于匈牙利的塞麦尔维斯（I. P. Semmelweis，1818—1865 年）首先应用消毒法解决这一问题。其于 1844 年在维也纳获得了医学博士学位，1846 年成为维也纳产科医院的助理产科医生。他在巴斯德发现病原微生物之前，发现了严重威胁产妇生命安全的产褥热是由于医生的手不干净所造成的，当时普通产科病房的死亡率达 30% 以上，其中由学生接生的病房死亡率更高。他经过观察发现，这是由于这些学生常常在上完解剖课之后，未洗干净手就为产妇接生。根据塞麦尔维斯的提议，自 1847 年 5 月中旬起，这所医院第一病房的医生在检查孕妇或产妇以前，都要用漂白粉溶液清洗双手，并用刷子仔细刷洗指甲缝。这一措施实施两个月，第一病房的产褥热死亡率骤降。1848 年又坚持实行一年，全年 3557 名产妇中死于产褥热者仅 45 人，死亡率降至 1.3%，并且在这一年中连续两个月无产妇死亡，这在历史上从未出现过。然而，塞麦尔维斯的做法还是被其上级强烈反对，这迫使他于 1850 年离开了维也纳，到布达佩斯担任产科学教授。塞麦尔维斯遭到反对，除是由于他的同行对医学新观念抗拒以外，还由于当时盛行的病因学理论。当时的主流观点认为，感染并非因为接触，而是起因于空气中的瘴气。1861 年，塞麦尔威斯发表了关于产褥热的病因和预防的著作，并且公布了预防产褥热的方法。其消毒法是抗菌技术的开端。

（2）外科消毒法与李斯特

英国外科医生李斯特（J. Lister，1827—1912 年）施行了他的第一例抗菌手术。当时外科的重大问题是多数患者在手术后发生败血症，或者发生类似丹毒的情形。根据李斯特的记载，在实施了截肢术的病人中约有一半患者死于这些疾病。也在此时，李斯特得知巴斯德发现发酵是由于微生物所引起的，他因而受到启发，猜测败血症等疾病也是由微生物所造成的。他将其应用到外科学上的第一个原则是"伤口中的腐败和分解过程，是由微生物引起的"。于是他借鉴巴斯德的消毒方法，试用过氯化锌等物质，最后试用石炭酸并获得了成功。1865 年 8 月 12 日，他首次把石炭酸应用在一个 15 岁男孩的骨折手术中，获得满意的效果。李斯特不仅使用石炭酸清洗伤口，并且还用石炭酸消毒手术台、手术室，并用包扎法包裹伤口。这些措施大大降低了因手术感染、化脓的死亡率，他施行的截肢术的死亡率由 46% 降到 15%，从而奠定了抗菌术的基本原则。李斯特虽然受到许多人攻击，却仍坚信他的消毒方法是正确的，继续坚持并逐渐改进这个方法。到了普法战争后期，石炭酸消毒法已经被普遍采用。

（3）高压蒸气灭菌法的采用

有了石炭酸消毒法之后，许多复杂的腹部手术都得以施行。然而，伤口感染的问题并未得到彻底解决。1877 年，德国的别尔格曼（E. von Bergmann，1836—1907 年）对 15 例膝关节穿透性损伤伤员进行伤口周围清洁和消毒后加以包扎，结果有 12 例痊愈并保全了下肢。他认为，不能将所有的伤口均归为感染所致，不让伤口再被玷污更为重要。1886 年，别尔格曼使用了高压蒸气灭菌法，并研究了布单、敷料、手术器械等的灭菌措施，在外科学中创立起无菌术。

（4）避免创口感染方法的发现及应用

1883 年，法国医生泰利隆（O. Terrillon）提倡用煮沸、干热和火焰等方法消毒外科器械。1885 年，德国医生纽贝尔（G. Neuber，1850—1932 年）首创手术时穿手术隔离衣。1888 年，费伯林格（P. Furbringer）提倡用氯化汞溶液和乙醇消毒术者的双手。1890 年前后，美国医生霍尔斯特德首先提倡在手术中要从容不迫、仔细止血、严格无菌，手法轻柔、精细操作、爱护组织、消灭死腔、创口内不留遗物（如线头、坏死组织），细致修复创口，并创用丝线缝合创口。这些手术原则为外科手术的突破性发展奠定良好基础。1897 年，德国医生费吕格（C. Flugge，1847—1923 年）用实验证明，面向创口讲话能造成创口感染。同年，奥地利医生米库利兹·拉德凯（J. Mikulicz-Radecki）在费吕格的启示下，倡议手术者用口罩将鼻、口遮住，以减少外科手术的感染。发展到麻醉、无菌外科时代，医学界逐渐认识到如果手术粗糙，即使无菌条件十分完备，也不能保证避免创口感染。1889 年，德国的佛伯灵格（Furbringer）提出了手臂消毒法。1890 年，美国的侯斯替德（Halsted）提出手术者应戴橡皮手套。

4. 血型的发现与输血技术的突破

18 世纪，已经有人曾尝试使用输血的方法，即把动物的血输入人体，这显然不可能成功。后来，又有人进行人体之间的血液输入，有时获得成功，有时则造成受血者突然死亡。直至人认识了血型之后，才解决了输血这一难题。

1896 年，美籍奥地利人兰德茨坦纳开始研究免疫机理和抗体的本质，在 1900 年发现了红细胞凝集反应的本质，并在 1901 年发现人体存在三种不同的血型，即 A 型、O 型和 B 型。第二年，他又发现了 AB 型血型。兰德茨坦纳指出，不同血型的人相互输血会造成溶血现象，导致死亡。而 O 型血的人给其他血型的人输血，却很少发生溶血现象。AB 型血的人，无论接受 A 型、B 型还是 O 型人输的血，均不会发生溶血现象；但假如 AB 型血输给 A 型、B 型或 O 型血的人，皆会出现溶血现象。由于这一重大发现，使输血变得安全，这就解决了因手术出血过多而导致病人死亡的问题。

（五）眼科学的独立及技术发展

眼科最初与耳鼻咽喉科合于一个专科内。眼科学的发端可以追溯至16世纪文艺复兴时期。人在17世纪认识到眼的屈光成像，在18世纪初认识到白内障就是晶状体的硬化，法国眼科医生戴维尔（Jacqueos Daviel）发明了白内障摘除术。到了19世纪，由于科技的发展和医学的进步，眼科学真正脱离外科而独立。1805年，英国的桑德尔（John C. Saunder）建立了一个专门的眼科诊疗所。1812年，维也纳的贝尔（Joseph Baer）成为第一位眼科教授。1851年，德国的赫尔姆霍茨发明了眼底镜，促进了眼科的专业化。荷兰眼科医师东德斯（Frans Cornelis Donders，1818—1889年）开展了光折射基本原理的研究。1857年，德国眼科医师格拉夫（Albrecht von Graefe，1828—1870年）开展了虹膜切除术及斜视、白内障等眼外科手术。瑞典眼科医师古尔斯特兰德（Allvar Gullstrand，1862—1930）发明了"古尔斯特兰德裂隙灯"，并开展了对眼的折光系统的研究。1884年，美国眼科医师科勒（Carl Koller，1857—1944年）首先使用可卡因作为眼部手术的表面麻醉药，并使用了消毒技术，使手术更加安全有效。在眼科还对青光眼、内斜视、视网膜剥离等病的治疗也有所革新和进展。在眼科学上的各种革新与进展，促使眼科学成为一门独立的医学分科。

（六）耳鼻喉科学的独立及发展

耳鼻喉科学历经一个由分到合的发展过程。耳科学发展较早，在18—19世纪，欧洲就开始出现独立的耳科。此后，鼻科学与喉科学也相继独立。大约在19世纪中叶，耳鼻喉科逐渐合并成为临床医学中一门独立的二级学科。

1800年，法国耳科学家伊塔尔（Jean-Marc-Gaspard Itard，1775—1838年）和梅尼埃尔（P. Meniere）开始投入大量资源从事聋哑人的教育。在1841年，维也纳的乡村医师波利特泽尔（Adam Politzer，1835—1920年）发明了额镜，从而促进耳鼻喉科的专门化。在同年，法国医师霍夫曼（Hofmann，1806—1886年）发明了耳镜，波利特泽尔将其推广应用。在19世纪中叶，英国第一位耳外科医师耶尔斯莱（James Yearsley）创立了专门的耳科医院。英国医师韦尔德（William Wilde，1815—1876年）在都柏林创立专门为耳科和眼科疾病而设的医院。从19世纪70年代开始，英国医师韦尔德和德国医师施瓦茨（Hermann Schwartee，1847—1916年）开始使用乳突切除术，此后成为常用疗法，他们的名字也因而与耳外科的进展紧密相连。直到20世纪四五十年代，随着使用抗微生物药物治疗耳的传染病，乳突切除术的使用才大为减少。勒皮特（Julius Lempert）医生还首先采用了开窗手术治疗耳硬化症。

1854年，西班牙声乐教师加西亚（Manuel Patricio Rodriguez Garcia，1805—1906年）发明了喉镜。1898年，德国的基林（Gustav Killian）开始使用支气管镜。局部麻醉术的发明对鼻中隔和鼻窦手术起了重要作用。麦肯齐（Morrell Mackenzie，1837—1892年）创立英国第一间喉科医院。1873年，在瓦格纳（Clinton Wagner）主持下创立美国大都会喉科医院和纽约喉镜学会。

（七）牙医学的创建及其科学化发展

早期的牙医，只是具有治疗牙病技艺的人，就是牙匠。当时的牙科治疗是由理发师和牙匠完成的。1728 年，被誉为"牙医之父"的法国医生法卡德（Pierre Fauchard，1678—1761 年）出版了世界上第一本牙科专著《外科牙医学》（*Le Chiruegien Dentiste*），描述了牙齿的解剖、生理、口腔病理和临床病例，列举了 103 种牙病和口腔病。他将牙医从外科中独立出来，使其成为一种独立职业，并被称为牙外科医师（surgeon dentist），从而奠定近代牙医学的基础，使治牙术开始往牙医学发展。1840 年，美国的赫顿（Haydan）和赫利斯（Harris）在马里兰州创办了第一所牙科学院——巴尔的摩牙科学院（Baltimore College of Dental Surgery）。从这时起，牙医学从医学院独立出来。在这以后，世界各国均成立了牙科学院或牙科系。牙医学院的独立招生，培养出了一批又一批专业牙科医师，使牙医学得到了相当快的发展。在 1840 年之后的 100 多年间，奠定现代牙医学的基本理论和生物学基础。到 20 世纪中叶之后，生物学和医学的发展深刻影响了牙医学的发展，之前的牙科（称为机械外科和粘着牙科）再也不能解决由于牙病带来的其他一些口腔病，牙医学的发展开始超越牙齿本身疾病的范畴，进而使牙医学发展成为口腔医学。

（八）法医学的创建及学科的发展

1. 法医学兴起过程及其渊源

1575 年，近代外科学创始人、近代法医学先驱巴累出版欧洲第一部法医学著作《报告的编写及尸体防腐法》。1600 年，意大利 Palermo 大学教授蒂纳特·菲德尔（Fortunato Fedele，1550—1630 年）发表欧洲第一部系统的法医学著作《论医生的报告》。1621 年，意大利医学家保罗·查克其亚（Paulo Zacchia，1584—1659 年）出版了法医学著作《法医学问题》（*Questiones Medicolegales*）。在这部专著中，著者在法医学发展史上最先为这一新兴的学科定名为法医学（Medico-legales），这就是第一个英文法医学术语 legal medicine 的由来。查克其亚因而被称为欧洲法医学之父。1667 年，荷兰人斯维麦丹（J. Swammerdam）发现婴儿能够呼吸后，其肺就能浮在水面上，不会下沉。1681 年，施雷尔（J. Schreyer）就是根据斯维麦丹的发现判断一名妇女无罪。当时有人怀疑该妇女杀死了自己的孩子，但经实验发现，这个婴儿的肺在水中下沉，证实了孩子还没有出生就已经死亡。

18 世纪，随着病理解剖学的建立，法医学有了新发展。1723 年，德国人赫尔曼（T. Hermann，1685—1746 年）撰写了一部法医学著作，被欧洲人认为是法医学的权威著作。1763 年，法国的路易斯（A. Louis）应用医学知识判断法律案件，并开始记述自杀与他杀的鉴别点。1783 年，英国的亨特（Hunter William）也记述了私生儿被杀的特点。

2. 法医学的真正建立及其科学化新发展

19 世纪初期，法国著名法医毒物学家欧菲拉（Orfila）的《论毒物》（1814 年）出版。此书被誉为第一部科学的毒物学著作，其标志法医毒物学的诞生。由于法医毒物学的创建，医学鉴定制度和鉴定人资格认定的发展，开展尸体解剖和应用毒物学理论与技术解决鉴定工作的问题，才能够使法医学在科学的基础上为法律服务。19 世纪中叶，柏林的卡斯帕（J. Caspar）的《实用法医学》、奥地利的霍夫曼（E. von Hofmann, 1837—1897 年）的《法医学教科书》等较高水平的法医学著作出现。克拉夫特［Richard-von Krafft-Ebing R.（1840—1902 年）］和默塞尔（Mercier）对精神异常的疾病进行法医学的观察和论述。19 世纪后半叶，开始出现法医学术团体。1868 年，法国成立了第一个法医学会——巴黎法医学会，在 1873 年更名为"法国法医学会"。到 19 世纪末 20 世纪初，欧洲法医学有了比较详细的记录，关于缢死、绞死、窒息、溺死及婴儿被杀的资料逐渐多了起来。后来，更有了 DNA 分析、乙醇中毒、吸毒等问题的研究，DNA 重组技术在亲权鉴定和个人识别上的应用，众多的多态性 DNA 片断的阐明，DNA 档案的建立，等等。

（九）精神病医学的曲折历程与科学化新发展

关于精神病的记载历史非常久远。收容精神病人的"精神病院"亦很早就有。在 14 世纪的伦敦就有精神病院，在 1784 年的维也纳有癫狂病院。在医学记录和人们的认识中，看待精神病人如野人一样。在很长一段时间里，解释精神病的原因有如神鬼附体等。精神病人往往被送进寺院，用祷告、念咒等驱鬼方法进行治疗，有用烙铁烧皮肤、长针穿舌头等。到了 19 世纪初，由于受人道主义思想影响，这种状况才有所改变。法国的皮尼尔（Pinel, 1754—1826 年）撰写了一部书名为《精神病治疗哲学》的著作，阐明了解放精神病人的观点。皮尼尔是首位疯人院的院长，他解除了精神病人身上的铁链和枷锁，将疯人院变成医院，开创了历史性的改革。从此时开始，精神病被视为是一种需要治疗的疾病，精神病人被认为是社会的成员。1838 年，埃斯基罗尔（J. Esquirol）出版《根据卫生、医学、法律的观点考察精神病》一书。此书为早期关于精神病的重要文献。1845 年，柏林大学教授格里辛（W. Griesinger, 1817—1868 年）在《精神异常之病理及其治疗法》中，引用了当代大脑生理和病理解剖的资料，记叙了精神病人的症状以及精神病与病理解剖学的关系，并且论述了精神失常是一种脑病的论点。克雷佩林（E. Kraepelin）则用新的观点解释精神病，陈述说明了早发性精神病，使精神病学建立于科学的基础上。

（十）护理学

护理工作在 19 世纪有了近代化、科学化的新发展，这使护理学成为医学科学的一门独立学科。

1. 弗利德纳开始培训护理人员

护理在医学中从来都是不可或缺的。然而经过训练的护士是在 19 世纪中叶之后才出现的。在中世纪的欧洲，在教会管治之下，护士由信教的女教徒担任。马丁·路德改革之后，虽然有普通的妇女充当护士，然而这些妇女缺乏相应的知识和经验，所受待遇与普通勤杂人员无异。据载，在 18 世纪中叶英国的医院中，护士从早晨一直工作至晚上，看护病人，打扫卫生，非常繁忙。19 世纪，德国的弗利德纳（T. Fliedner，1800—1864 年）与其夫人于 1833 年创办了一个收容机构，收留那些刚从监狱释放的女囚犯，后来亦收留一些贫苦的病人。他们在工作中意识到护理工作的必要性，就于 1836 年开办了一所小医院，挑选了一些品德好的妇女，让她们在医生的指导下学习护理工作。德国的一些小医院里因而出现了专门从事护理工作的妇女。在不长的时间里，这种训练护理人员的方式就传到欧洲各地。

2. 南丁格尔在护理史上的新开创

南丁格尔（F. Nightingale，1820—1910 年）出生在意大利佛罗伦萨，生于英国贵族世家，长大后对护理工作极感兴趣。在 1850 年，她到上述的小医院探访，学习有关护理的知识。她回英国后考察研究了英国医院的护理工作。1854 年，克里米亚战争爆发，英国的伤病员无人救护，南丁格尔便率领 32 名护士前往前线救护。她们在初到战场的 10 天里，护理的士兵达 1000 人，在 100 天后达到 10000 人。她们的护理工作，使伤员的死亡率由 42% 降至 2%。她们因而受到英国政府的重视。1860 年，南丁格尔募集到 10 万英镑，在伦敦的圣·托马斯医院（St. Thomas Hospital）设立南丁格尔基金，成立南丁格尔护士学校，正式培养护士。她提出了科学的护理理论，从而使护理学正式成为一门科学。她提高了护士的地位，认为只有那些有教养、讲道德的妇女才能胜任护理工作。南丁格尔开创的事业不仅影响了欧洲，还影响了世界。自从南丁格尔开展护理改革之后，许多生命得到拯救。南丁格尔著有《医院管理须知》《护理须知》等专业书籍。

五、预防医学的发端与发展

18 世纪至 19 世纪，西方国家的近代公共卫生事业得到迅速发展。预防医学发端，卫生学和流行病学建立并发展起来，成为独立学科。

（一）预防医学的发端

16 世纪以后，西方国家对预防医学及其社会性关注。意大利医学家兰德斯（G. Landsi，1654—1720 年）研究了疟疾的暴发流行，认为这种疾病可以传染，蚊子是传染媒介。意大利帕多瓦医生拉马齐尼（B. Ramazzini，1633—1714 年）在对手工业工人的健康和生活环境进行深入调查的基础上，出版了《论手工业者的疾病》一书。书中描述了 52 种职业工人的健康与疾病状况。他深入研究了空气、水质和生产环境等因素对人体健康的影响。拉马齐尼被称为"劳动医学之父"。18 世纪末期公共卫生方面最杰出的人物是德国医生弗兰克（J. Frank，1745—1821 年）。他前往德国、奥地利和俄国等地行医和讲学，并进行了大量社会调查，提出了居民的悲惨生活是疾病的温床的观点。他在 1779—1817 年完成了 6 卷本巨著《全国医学监督体制》。此书第一卷论述了生殖、婚姻、怀孕和分娩，提出了婚前检查和优生；第二卷论述了儿童卫生与性病等；第三卷论述了食物、衣着和住舍；第四、第五卷论述了事故、犯罪和丧葬；第六卷论述了医学教育、医学实践和国家福利等问题。弗兰克设想通过国家的法规等监督措施来保护公众健康。他的思想和著作在欧洲和美国影响甚广，尤其是在传染病和环境卫生方面的认识被人们广泛接受。他被医学界公认为是预防医学和社会医学的先驱。最先把弗兰克的主张付诸实施的是德国医学家迈（F. Mai）。他向政府提交过一项卫生法规，对欧洲的健康立法具有一定的推动作用。

　　西方国家从 18 世纪开始重视预防医学。因为当时只有在军队中才有可能对受伤和生病的士兵进行监督、观察和疾病统计，所以，18 世纪预防医学发端于陆海军的军医。

　　在陆军方面，苏格兰人普林格尔（J. Pringle，1707—1782 年）是一位代表人物。由于普林格尔在英国军中工作较久，地位很高，因此其建议可以较容易在军队中实现。1750 年，他发表了《腐败性和非腐败性的物质实验及其在医学上的应用》，阐明医院热与斑疹伤寒是同一种病，并呼吁改善军营的供水和排水，在军营增建必要的卫生设施，适当地修建兵营便所，明确了一些兵营卫生规则。他还主张军队的医院应该中立，同时受交战双方保护。

　　而在海军方面，英国军医林德（G. Lind，1716—1794 年）的卫生经验丰富，被称为"海军卫生学之父"。他是首位开展严谨的临床试验的人。1753 年，他发表了一篇《论坏血病的研究》的论文。当时，在海上长期生活的人，多患有坏血病，常不治而死。根据他的研究，常吃蔬菜和柠檬汁就可预防坏血病。他还提出一些预防海上传染病的规则。1757 年，他发表了《论保持海员健康的最适当的方法》。他还发表了欧洲人在热带地方积累的关于热带病知识的文章，可以说这是热带病研究之始。18 世纪著名的探险家库克（J. Cook，1728—1779 年）船长，依照林德的预防办法，在历经 3 年半到南洋的航海过程中，110 名海员中没有人因为坏血病而死亡，这在航海史上是惊人的成就。1910 年之后的生化研究证明，果汁中的确含有预防坏血病的物质：维生素 C。

（二）公共卫生状况的改善及人道主义观念在其中所起的作用

　　正式把卫生学引入社会是在 19 世纪，这时兴建大规模公共卫生设施的时机已经成熟。但是在 18 世纪，已经有人基于人道主义，提议改善监狱卫生，解放精神病人。英国人霍尔德（J. Howard，1726—1790 年）调查研究了德国、意大利、法国、荷兰、希腊和土耳其等国家的监狱设施、医院和海港检疫，撰写成以改善监狱、病院的卫生状况为目的的著作，并建议成立专门治疗医院热病的特殊病院。18 世纪中叶以后，医院和药房建筑有所改进，如英国的伦敦病院和圣·巴托罗缪病院，分别于 1752 年和 1753 年改建。自 1700—1825 年的 100 多年里，仅英国改建的医院和诊所就有 154 家。改建后的医院空气流通通畅，设备水平提升。

在英国产业革命之后，都市的卫生问题尖锐突出，不利于人体健康。随着都市的迅速扩大，城市人口的不断增多，一系列新问题随之而来，如食物供给持续增多，土地不断开发，使改进灌溉排水和改善生活环境卫生的需要迫切起来。农村的卫生状况就更差。于是，城市开始改善排水方式，由此减少了疟疾的传播。都市卫生在 18 世纪中叶以后开始得到了改善。例如伯明翰在 1765 年，伦敦在 1766 年，曼彻斯特在 1776 年先后实行了卫生法规，包括掩盖污水和改良地下水设施等。其他小城市也效仿大城市实施卫生法规。产业革命后，小儿健康受到了重视，少儿卫生水平逐步提高。据 1740 年的统计，英国不足 5 岁的幼儿死亡数占小儿总数的 75%，1800 年以后降到 41%，1815—1825 年又下降到 14%。18 世纪初，英国许多儿童患有佝偻病，死亡率相当高，产业革命后死亡率明显下降。产业革命带来公共卫生环境的改善，也改善了产业革命带来的城市和农村中新出现的公共卫生问题。

（三）牛痘接种法的发明

18 世纪中叶，欧洲天花流行，死亡人数非常多。尤其是在未感染天花的人群中，发病率极高。这时，出现了一位为预防医学史带来根本性转折的人物：贞纳（E. Jenner，1749—1823 年）。他是一名乡村医生，出生于英国的格济斯特郡（Gloucestershire）。在贞纳之前，亦有人试图采用种牛痘的方法预防天花，但均未能做出科学而有效的试验。贞纳发明种牛痘的方法，一来受到中国种人痘的启发；二是他听说挤牛奶的女工，一旦出过牛痘，再遇上天花流行也不会被传染。他便去信给老师韩特，提出是否可从中得到预防天花的办法。老师回信鼓励他去实践。贞纳于是致力于种牛痘的观察和实验。1796 年 5 月 14 日，他正式从一位挤牛奶女工手背上的牛痘里吸取少量浓汁，接种到一名儿童身上。两个月后，他又为这名儿童接种天花病毒，结果少儿并未发病。1798 年，他发表了著名的论文《关于牛痘的原因及其结果的研究》。虽然开始时英国人反对种牛痘，但后来牛痘接种法终于被世界各国所接受。贞纳发明的牛痘接种法，为最终消灭天花做出贡献。

（四）流行病学成长为一门独立学科

到 18 世纪末 19 世纪初，疾病可能是由不健康的生活方式和社会行为方式所导致的思想传播开来，并通过政府立法和公共卫生管理开始大规模有组织地实施改革，向民众普及预防医学和公共卫生知识，改善城市规划，倡导良好的生活方式。预防流行病的思想开始深入人心。

18 世纪末至 20 世纪初，以预防传染病为主要任务，以独特的调查分析方法为特点，结合实行具体措施，传统流行病学成长为一门独立学科。这将防疫工作带进新的时代。1796 年，英国的贞纳发明接种牛痘预防天花。1848—1854 年，英国的 John Snow 进行了伦敦霍乱调查。1850 年，在伦敦首次成立流行病学会（London Epidemiological Society）。全世界第一个流行病学会的建立，标志着流行病学学科的形成。

1851 年，欧洲各国在巴黎举行第一次国际卫生学大会，制定了共同的检疫措施以防止鼠疫、霍乱和黄热病的传播。1892 年，在威尼斯举行的国际医学会议上制定了防止霍乱的国际公约。人们已认识到传染病的流行是对世界各国的共同威胁，公共卫生事业的成功需要国际社会的协作。

为了控制传染病的流行，医学界在传染病的病因、病原体、传播途径以及预防治疗措施方面做了大量的调查和研究工作。直到 19 世纪 80 年代，巴斯德和科赫等人在致病的生物体内发现了病原微生物，并证实了它们就是传染病的病因，从而奠定了近代传染病和流行病学的科学基础。

（五）公共卫生学的建立

19 世纪，公共卫生学建立了起来，成为预防医学体系中一门最重要的学科，而数理化等基础学科的迅速发展推动了卫生学研究方法的发展，实验卫生学的奠基人——德国学者皮腾科费尔（M. Pettenkofer，1818—1901 年）完成了使卫生学成为精密科学的一些实验工作。皮腾科费尔对空气、水、土壤与人体健康的相关关系进行了实验研究。他还研究了住舍的取暖、通风、防湿、卫生设备、供水排水系统以及水源污染与霍乱、肠伤寒病流行的关系等问题，为现代实验卫生学奠定了基础。他与弗以特（C. Voit，1831—1908 年）共同研究了人体的营养和物质代谢，测定了空气中二氧化碳的含量及其卫生学的意义，研究了住宅的通风与供暖设备。1882 年，其与他人合作出版的《卫生学指南》在实验卫生学上有里程碑式的意义。皮腾科费尔是现代卫生学的主要奠基人之一，其研究为当时城市卫生状况的改善提供了科学依据，促进了预防保健事业的发展。在这一时期，人们认识到，要想调查研究社会生活状况与健康问题的关系，有赖于可靠的统计数据。卫生科学研究工作开始向定量方向发展。数理统计方法随着这一时期人口、疾病、死亡和寿命调查的需要被引入了卫生保健领域。

在劳动卫生学方面，相当多的卫生学专家对不同职业与疾病的关系进行了多方面的研究，如开展对缝纫、烟草、火柴和炼铅等行业工人的职业病研究，对职业中毒和粉尘的研究，研究肺结核对不同职业人群的影响等。劳动卫生学在这一时期发展较快，逐渐从公共卫生学中分化出来成为独立的学科。

19 世纪中叶之后，欧洲一些国家开始关注学校卫生问题。从 1890 年起，伦敦教育委员会制订规划，委派官员和医生对小学新入学的儿童进行体格检查，并逐渐开展定期复查。

大规模排污和公共卫生设施工程的开展，公共场所环境的改善等，在提高公众健康水平方面取得显著成功。

19 世纪 80 年代之后，一些国家相继成立了卫生研究机构，如 1885 年在柏林、罗马和巴黎成立了卫生研究所，1891 年成立了李斯特研究所，1899 年建立了利物浦和伦敦热带病学校。这些机构在广泛开展卫生保健和流行病学调查的同时，亦十分注重实验研究方法在预防医学和社会医学中的价值，从而促进了这些学科的形成和独立发展，有力地推动了现代预防医学和公共卫生的建立。

欧洲的一些发达国家，开展大规模的排污和公共卫生设施工程，对公共场所环境的改善等一系列公共卫生运动在提高公众健康水平方面取得了显著成功。

（六）社会医学的兴起

社会医学随着近代预防医学的出现而兴起。1838 年，罗舒（IA. Rochoux，1787—1852 年）最先提出"社会卫生学"（Social Hygiene）的概念。他指出，"人类是凭借社会才能生存的一种社会动物"，并将卫生学划分为个人卫生和公共（社会）卫生两大类。盖林（J. Guerin，1801—1886 年）则倡导社会医学，呼吁为了公众的利益应采取相应的措施，建立新的社会医学体系。他把医学监督、公共卫生和法医学等学科归于一个有机整体——社会医学（Social Medicine），并把社会医学分为四大部分：研究人群的身体和精神状态以及其与法律、社会组织制度、风俗、习惯等的关系；研究健康和疾病的社会问题；研究增进健康、预防疾病的措施；制定治疗措施和采取其他手段来应对社会可能遇到的不良因素和其他情况。盖林把社会医学看成当时卫生改革中最重要的一个问题，呼吁医生自觉运用社会医学的观点去观察和解决社会的卫生问题。

（七）预防医学的迅速发展与近代公共卫生体系的形成

19 世纪以来，疫苗的诞生、抗生素的发明和应用、计划免疫的实施、环境的改善、健康教育的开展、医疗卫生服务的普及、人们生活水平的提高等多因素使许多传染病、寄生虫病和营养缺乏性疾病得到了有效防制。随着公共卫生管理法规化与制度化，近代公共卫生体系逐步形成，并被纳入国家管理体系，成为国家社会制度的一部分。

一些发达的工业国家率先进行公共卫生管理与公共卫生的法制建设。1840 年，英国国会采取了许多加强城市卫生建设的措施；1847 年，英国利物浦政府任命了首位卫生官，以后其他城市也开始委任医学官员；1848 年，议会通过了第一部重要的国家卫生法——《公共卫生法》；1850 年，国家卫生局成立，有关童工、女工、孕妇、职业病和卫生保健的法规也逐渐颁布，其他许多卫生法规也陆续被通过，如《清除污害法》《食品掺假法》《1866 年卫生法》等；1875 年，一部综合了多项卫生和卫生设施法规的卫生法产生，它使英国拥有了当时世界上最先进的国家卫生体系。法国在 19 世纪初也成立了一批国家卫生机构：1802 年，马赛省成立了欧洲第一个卫生委员会；1810 年，法国通过了一系列调节工人劳动的法律，并成立了疾病自愿保险委员会；1822 年，法国成立了最高卫生委员会。由于受到霍乱和黄热病等瘟疫的影响，美国各城市从 19 世纪初开始任命长期负责隔离检疫的官员；1866 年，纽约成立了美国第一个市属卫生委员会；1869 年，马萨诸塞州建立了美国第一个州立卫生委员会；19 世纪末，美国大多数城市相继建立各种形式的卫生机构。欧美其他国家也先后采取相应措施，确立了政府对公共卫生负有责任这一原则。

　　自然环境与疾病的关系在此时也备受关注。芬克（L. Finke，1747—1837 年）出版了第一部医学地理学专著。1830 年，纽约医学会的一个委员会提出了"本洲医学地志学调查"的计划，提出医学地志学的主要对象是"确定气候、土壤、不同职业以及心身原因对疾病发生和发展的影响"。研究自然地理学、地区自然学以及流行病和地方病的专著、期刊和文章相继出现。

六、新型的保险与卫生管理的出现

　　19 世纪，近代公共卫生服务管理机构与制度、医疗保险制度与社会医疗保障机制开始出现，医疗卫生公益机构开办，并成为医学体系的一部分。国际红十字会的创办在医学史上具有重大的意义。

（一）保险制度与公共卫生保障体系的初现

　　19 世纪，医疗保险制度开始出现，近现代公共卫生服务管理机构与制度也开始出现，成为现代医疗保险制度和现代公共卫生管理之滥觞，并成为医学体系的一部分。这对后来现代医疗体系及现代社会保障体系的建成，对现代社会公共卫生福利事业的形成与发展，使现代医学发展为系统的社会体系，都有着深远的影响。这将在第十四章"现代医学"中详述。

（二）国际红十字会的成立

　　1859 年夏，以法国与意大利为一方，以奥地利为另一方，在意大利北部爆发了激烈的战争。瑞士银行家兼慈善家杜南（J. Dunant，1828—1910 年），于其时从阿尔及利亚到法国的途中，看到双方伤亡惨重而无人救护。他因而考虑成立一个组织，救济这些伤员，无论伤员属于哪一方。后来，他捐款成立了红十字会。1863 年 10 月，在日内瓦召开了第一次国际红十字会会议，有 14 个国家的 36 位代表参加，会议决议确认伤病员、医师和护士在战争中都处于中立地位。由于瑞士的国旗是红底白十字，于是他挑选白底红十字作为标志，这一标志以后就成了国际红十字会的标志。1864 年召开了第二次会议，此次会议确定成立国际红十字会，议定了《国际红十字和约》10 条，以便入约国共同遵守。1899 年，各国政府代表在荷兰举行会议。会议结束时，各国代表在和约上签字。杜南创立了以"救死扶伤"为宗旨的国际红十字会。

七、新型的医学团体和医学期刊的出现与发展

进入 19 世纪后，欧美开始出现各种医学会等新型的医药护社团，创办了各类医学期刊。

1832 年，英国医学会（British Medical Association，BMA）创立，交流临床经验和科学发现。英国医学会是全国性学会，在英国各自治领地都设有分会。1840 年，英国医学会创办了《英国医学杂志》（*British Medical Journal*）。此杂志与 1823 年创办的《柳叶刀》（*Lancet*）杂志共同推动了英国医学的发展。

在 19 世纪之前，美国各地已成立了市医学会和州医学会。1847 年，美国医学会（American Medical Association，AMA）成立，全美几乎所有医生都是其会员。学会出版周刊《美国医学会杂志》（*Journal of American Medical Association*）。约翰·柯川博士于 1812 年创办了《新英格兰医学与外科期刊》，季刊，于 1828 年改为周刊，同时更名为《波士顿医学与外科期刊》。马萨诸塞州医学会于 1928 年以 1 美元的价格象征性地"购买"了这一杂志，并将其改名为《新英格兰医学杂志》（*New England Journal of Medicine*）。《美国医学科学杂志》（*American Journal of the Medical Sciences*）和《纽约医学杂志》（*New York State Journal of Medicine*）等都是最具有影响力的医学期刊。

德国、法国、意大利等欧洲国家亦组建了各自的医学会，创办了医学杂志。

其后，许多国家逐渐组建其新型的医学团体，创办了医学杂志。近现代医学团体的出现，医学科学杂志的出版发行，对医学科学的发展有重大作用。这将在第十四章"现代医学"中叙述。

八、医学教育的近代化变革

随着近代医学科学向前发展，近代医学教育发生了巨大的变革。

（一）近代临床教学的开创与医学教育的改革

16 世纪之前，欧洲的医学教育奉经典为教条，学生在校学习，只需要读书，临床教学不接触病人，考试及格即可毕业。这样的经院式教学，严重窒碍了医学教育的发展。到了 16 世纪，意大利帕多瓦大学的教师蒙塔奴（G. B. de Montanus，1498—1552 年）首先提出面向病人的临床教学原则，指出"医学的根源只是在病人的床边""要学习，只能访视病人"。17 世纪，欧洲的一个医学中心荷兰莱顿大学的医学教授希尔维斯（F. Sylvius，1614—1672 年）在确立临床教学法方面起了重要作用。他以 12 张病床的

诊疗所为基地，正式开设临床医学讲座，结合病人实际开展教学。在同一时期，英国的临床医学家西登哈姆也倡导采用临床教学法。他认为医生获得知识的唯一源泉就是经验与观察。18 世纪之前，他已经开展过临床教学的尝试。

把临床教学法确定下来并提升至较高水平的人，是 18 世纪莱顿大学的临床医学家布尔哈夫（H. Boerhaave，1668—1738 年）。他于 1701 年开始在莱顿大学任理论医学讲师，在 1714 年开始主持莱顿大学的临床教学。他认为医生的首要任务是研究病人，理论应为医疗实际服务。其以病房为课堂带领学生在病床边开展教学。他指导学生如何询问病史、检查身体和分析病情，怎样用体温计给病人测量体温、用验尿等化验手段协助诊断，教导学生要根据各种疾病的特征做出判断，绝不能照搬书本上的教条硬套。为了提高教学质量和临床诊断率，他积极开展临床病理讨论，在病理解剖之前尽量给学生提示临床症候与病理变化之间的关系，这就是以后临床病理讨论会（C. P. C）的开始。布尔哈夫对临床教学的改革，成为当时欧洲医学教育的典范，吸引大批各国学生来到莱顿大学。他为欧洲培养了大批优秀的临床医生，莱顿大学声誉尊崇。布尔哈夫既是临床内科学家，还是化学家和解剖学家。他把广博的知识与临床实际相结合，成为近代临床教学的先驱。

法国则成功地进行了医学教育改革，于 1794 年通过立法将医学教育整合为单一体系，还率先建立全日制带薪教师和国家奖学金制度，教授及助手可以专门从事医学教学，外省的贫寒学子能够通过考试或会考到巴黎求学。

英国的医学教育受法国影响，医学教育规模随之扩大。从 1830 年起，伦敦大学设立医学院，一些著名的医院也建立了医学院，例如盖仑医院、圣玛丽医院和圣托巴斯医院。19 世纪下半叶，爱丁堡大学的医科当时属世界一流。在英国伦敦，开展了以医院为基础的医学教育，特别是在临床和外科训练方面。与当时大学学究式教育显著不同的是，其强调医疗实践。学生跟随有经验的医生学习，能更好地掌握实用的医学知识。然而，由于伦敦的医院不授予医学学位，要获得更好教育的人通常先在伦敦学习 1 ～ 3 年，然后到爱丁堡大学去攻读学位。

19 世纪五六十年代后，德国也开始医学教育改革。一段时间之后，德国和奥地利的医学发展赶上了英国和法国。德国医学吸收了法国医学的长处，还将临床教学与实验室的实际操作结合起来，提出医学教育不仅培养医生，还应当培养既可从事临床工作，又能进行科学研究的医学科学家。教育与实验的结合发展，成为一种临床研究方式。19 世纪下半叶，德国成为当时世界医学科学的中心。

（二）外科学教育在欧洲医学教育中地位的提高

18—19 世纪，欧洲医学的外科学地位得到确立，例如德国外科学于这一时期在德国医学中的地位变化，从中可以看到这一变化的过程。德国的外科学到了 17—18 世纪才得到医学界和大学的承认。前文已有详述，同欧洲其他国家一样，德国的外科医生在相当长时期内不被人尊重，因为外科医生非学院出身，仅被看作医生的助手，将其与书记员、钉书工和小差役划归一起，同属小市民。非学院出身的外科医生极难加入受过大学教育的医师行列；如果他们并非同时从事解剖学教学，亦难以凭其外科技能进入大学的圈子。当时要从事解剖工作，只有在经常进行尸体解剖的规模较大的大学里才有可能。外科医生都难以有这样的条件。然而，在医学近代化科学化的进程中，外科学的地位不断提高。1531 年，莱比锡大学医学院建立了外科教授席位。1629 年，维也纳大学医学院也任命了解剖学和外科学教授。到 18 世纪末，德国各医学院陆续设立了外科教授席位。不过，当时外科常常同解剖学合设一个教授席位，而且往往为兼职。然而外科毕竟在德国的大学有了位置，其培养的医生可授予外科硕士学位。

（三）高水平医学院校的出现及实习医生制度和住院医生制度的创立

1802 年，法国为出色的学生和新毕业生在巴黎医院设置了实习期和实习医师的职位。在这以后，当过实习医师成为此后行医的先决条件。一段时间后，法国的医学教育就形成了自己的结构。根植于医院的法国医学教育体系极大地推进了临床教学的发展，推动法国成为当时欧洲医学的中心。

法国创立了实习医生制度，这是医学教育史上的一次意义深远的重大变革。法国大革命以前，医学院的学生为了取得临床实践的机会，去医院担任内科和外科主任的助手。实习医生负责查询和监护病人、按照科主任的医嘱处置病人，如绑绷带、放血、书写病程记录等。初时，大学医学院反对这种做法，认为这样做破坏了原来的教学体系，但这种做法得到法国医院委员会总会的支持。后来，拿破仑建立了住院实习医生和非住院实习医生的制度，这一制度规范了医院的医学教育，并促进了专科化的培训。住院实习医生和非住院实习医生为两个阶段，一般必须先完成非住院实习医生的训练后才能进入住院实习医生的培训阶段。做过实习医师成为以后行医的先决条件。

在这一时期，高水平的医学院校出现了。如爱丁堡大学医学院是 18 世纪末至 19 世纪中期欧洲最著名的医学院，也是当时最负盛名的西方医学院，其影响遍及全世界。中国近代第一个到欧洲留学，学习医科课程的留学生黄宽，就是毕业于这所医学院。

（四）洪堡对医学教育的影响

19 世纪，德国教育家洪堡（Wilhelm von Humboldt，1767—1835 年）提出了"自由发展和独立行事"的思想，这种思想最早体现于柏林大学医学院。其思想从教学自由、学习自由、研究与教学结合这三方面影响了德国医学教育的发展，也对世界医学教育乃至整个近现代教育产生了关键性影响。教学自由是指主任教授有权自主地进行某一领域的研究；也可以在本专业内自由地采用任何方式给学生讲授他认为合适的内容。学习自由是指洪堡反对被动的说教式教学。他主张研究应与教学结合起来。要想把科学研究与教学结合起来，其基础是建设好实验室和医院，并使其成为大学的一部分，甚至在医院里也要建立实验室。实验室研究与临床研究的区别在于使用的手段不同。由于对科学研究的概念在认识上有所发展，临床研究受到重视，并且逐步与实验室研究结合起来，促进了德国医学科学的发展，并产生了现代医学。

（五）美国开始进行医学教育改革

19 世纪末，美国开始进行医学教育改革，并由国家给予大量财政支持。哈佛大学和宾夕法尼亚大学等开办了医学预科，延长本科学习年限，从国内外请来优秀教师，充分利用外国先进的教学方式。约翰·霍普金斯医学院于 1893 年建立，并引入德国的教学—临床—科研模式，这对美国医学教育发展影响深远。这些改革为后来美国医学教育的迅速发展并在进入 20 世纪后处于世界领先地位提供了条件，做好了准备。

第十三章　中国近代医学

中国近代医学的进程，在鸦片战争后开始。

一、西医在中国的传播与对中国医学的影响

鸦片战争后，西方医学大规模传入中国，中国医学踏上近代化的进程并发生根本性变化。

（一）西方医学具规模地初传中国

西方医学传入中国最早可追溯到汉唐时代，但西方医学有系统、具规模、成建制地传入中国，是在16世纪，但对中国医学的影响极微。此时到鸦片战争期间的中国医学仍是传统医学。

近代西方海上列强中第一个世界海洋强国葡萄牙，最先来华叩关。葡萄牙人在广东珠江口的澳门驻留下来，澳门随之出现由葡萄牙天主教教会开办的中国最早的西医治疗机构、收治病患者的住宿点和发放药品的场所，教会还在当地收生徒传授西医医术，以辅助传教。这是西方最早传入中国的西医机构。

先是各国的天主教教会传教士，后来加上新教传教士，尝试经澳门、广州等中国南方沿海口岸进入内地，为当地人医病，通过著述与个别收徒传播西方医学，以辅助传教，个别人曾进入中国内陆，甚至接触到皇室。荷兰人曾短暂地将西方医学带入我国台湾。也曾有过俄罗斯东正教携西方医学入华的记载。

葡萄牙人在广东澳门定居下来后，天主教会迅即派其代表卡内罗于1568年到澳门任天主教会澳门区代理主教，卡内罗即于1569年在澳门开办贫民医院（亦称圣拉斐尔医院、圣拉法尔医院）和麻风病院。建于万历二十二年（1594年）的澳门圣保罗学院，扩充为大学后，曾设医科实习班。在澳门出现西医治疗机构并传授医学。

16世纪中叶后，欧洲基督教会相继派遣传教士来华，有耶稣会教士利玛窦、庞迪我、熊三拔、龙华民、邓玉函、阳玛诺、罗雅谷、艾儒略、汤若望等。为利于传教，他们或多或少具有医学知识，其中有的医学专业水平较高。他们常利用医药为媒介进行传教活动。利玛窦于1583年在今广东肇庆地区，就曾在为病人诊治疾病时劝说患者入教。此时的西方医学很大程度上通过他们传入中国。在广州一口通商以前，西方医学主要通

过澳门至广州的线路传入中国。在清代乾隆二十二年（1757 年），中国在广州实行一口通商之策后，西方医学主要通过广州入华。

耶稣会教士邓玉函于天启元年（1621 年）在澳门行医，并做过病理解剖，在明朝万历年间由他译述并经毕拱辰整理加工的《人身说概》约成书于 1635 年，还有天主教耶稣会传教士罗雅谷（Giacomo Rho）所译《人身图说》，是西方传入中国最早并且比较完备的两部解剖学专著。此外，有法国传教士巴多明用满文译述的皮理·第阿尼斯（Pierre Dionis）的解剖学。

后来，基督教新教团体的传教士医师，也以澳门为跳板进入广州，到中国内地行医传教。新教传教士医师的行医传教影响越来越大。

当时，还有罗德先慎斋、樊继训、罗怀忠子敬、安泰治得、罗启明曜东、巴新懋修等人士，在澳门和广州等地利用医药进行传教活动。

以耶稣会教士为主的天主教传教人士，翻译了与医学有关的科学著作。如傅汎际和李之藻合译的《名理探》，在讨论知觉、思维的过程中兼论一些解剖生理知识。利玛窦在其《西国记法》中介绍了神经解剖知识。高一志在《空际格致》中介绍古希腊的四元素说和解剖生理知识。艾儒略的《职方外纪》述及欧洲焚毁城镇的防疫法，在《西方问答》中介绍了欧洲玻璃瓶验尿诊断及放血疗法。熊三拔在《泰西水法》中叙述了排泄、消化生理知识、温泉疗法以及药露蒸馏法。

然而，此时的西方医学对中国医学的影响还极为有限。而且，包括在澳门的外国人在内的所有外国人，未经允许不能进入中国内地，外国政治、经济、文化的影响被阻遏渗入内地，西方医学通过澳门传入内地受到中国政府的严格限制。

然而，这一时期的西方医学一直在迅速发展，这时至鸦片战争爆发数百年间的中国传统医学则没有质变式的进步。

1678 年，方济各会在广州创办并存在了 50 多年的广州医院，其发展水平超越 1569 年建成的澳门贫民医院。这间医院在清代雍正皇帝登基后实行驱逐西洋传教士政策而于 1732 年停办，标志着具规模成系统的西方医学传入中国内地的进程告寝，直至百年之后才再有西医院在广州建成。

在西方基督教文明进入近代至中英鸦片战争爆发的几百年间，西方医学主要是经广东地区传入中国的。但是，在少数情况下，西方医学也有经中国其他口岸传播到广东以外的中国别的地方。还有个别的俄国人通过陆路将西方医学带入中国北疆。荷兰人于 1624 年进占台湾后的 38 年中，西班牙人在台湾的 16 年（1626—1642 年）中，都把西方医学引入了台湾，荷兰人曾在台湾设有医院。后来，西医随着荷兰人及西班牙人撤出台湾而在当地消失。

在中国明清两朝，西方国家的传教士均设法向内地传播西医辅助传教。随着其在以广东为主的中国沿海登陆并在当地行医传教站稳脚跟后，渐入内地开展传教活动，有的传教士也在当地行医，有的还设有收治病人的场所，但绝非当时澳门的那种医疗机构。

利玛窦来华之后，与中国医药界人士接触，据说他与医家王肯堂曾多次交往。王肯堂的《疡科准绳》所记载的人体骨骼数目和形状，就是在西洋解剖学的影响下写成的。利玛窦译著中的西方生理观念，对中国医学界带来影响。如其"记含之室在脑"之说，震动中国医学界。

这一时期，西方医学也传入了皇室。鸦片战争前西洋传教士在中国宫廷的医疗活动主要集中在康熙朝的后30年，雍正、乾隆等各朝宫廷中也有过传教士医生的医疗活动，但以康熙朝时期的西医医疗活动最活跃。

17世纪后期的康熙朝，由清代在鸦片战争前最愿主动接触西洋器具及事物的君主康熙皇帝主政，他聘用过一些西洋人。康熙帝对他们的服务相当满意。1688年，来华不久的法国传教士白晋（Joachim Bouvet，1656—1730年）、张诚（Jean Frangois Gerbillon，1654—1707年）两位神父开始为康熙进讲西洋科学知识；后来因为康熙帝偶患疾病而中止，他们便转而为进讲西洋医学知识做准备。康熙帝病愈后，他们便将编译的西医讲义呈康熙阅览，皇帝对各篇都相当赞赏，对他们明诏奖励。他们趁机请求皇上解除禁教令，皇帝许之。[①] 这便是康熙三十一年（1692年）容教诏令。1693年清朝康熙皇帝患疟疾，传教士洪若翰、刘应献上金鸡纳一磅，张诚、白晋又进上其他西药，治愈了康熙的此病。此外，法国传教士医师罗德先（Bemard Rhodes，1645—1715年）曾为康熙治愈心悸症和上唇生瘤。其时，有传教士充任御医，康熙还曾经命人翻译过一本包括血液循环等欧洲近代较先进医学理论的著作，但未予刊行。康熙皇帝对西医西药很感兴趣，曾命传教士白晋和张诚在宫中建立了一个制造西药的作坊。他还就一些西药的药性、何病该用何药医治等问题，询问西洋传教士，发现宫中缺少那些西药，便派人赴广东的澳门等地寻找。

当时西医在中国社会上层已有一点影响。但后来的"礼仪之争"中断了这一局面。1704年，罗马教廷传令，禁止中国教民尊孔祭祖。康熙迅即强硬地表示将以禁教作为回应。后来更由于有传教士卷入康熙晚年的继位之争，雍正登基后便决然下令禁教，开启"百年教难"时期。依附传教而来的西方医学传入中国内陆的进程中止，仅偶见宫廷有西洋医生短暂出现。此后，西洋医生还活跃于广东的澳门和广州。

（二）中国近代前夜在华建立的西医机构

经过宗教改革的基督教新教，也前来中国从事行医传教活动。新教教会派遣第一个来华的传教士是英国人罗伯特·马礼逊（Robert Morrison）。1820年，马礼逊与东印度公司助理医生李文斯敦一起在澳门开设一家小型医馆。

1827年，郭雷枢在澳门开设诊所，免费为澳门及其周边的贫病华人医治眼疾；1828年，他和美国医生布拉德福在广州建立了一所医院，这标志着西医传播点由澳门移至广州。

1834年10月，美国公理会派传教医生彼得·伯驾（Peter Parker）到广州，1835年11月在广州成立"眼科医局"（医局设在新豆栏街，又称新豆栏医局），为博济医院的前身，是美国在中国广州开设的第一所教会医院。伯驾是在十三行行商伍敦元的资助下，利用其提供的用房建成一所诊所，规模、服务均超过此前在中国创办的所有西医医

----

① 白晋：《清康乾两帝与天主教传教史》，冯作民译，台湾光启出版社1966年版，第97-98页。

疗机构，并完整地将西方近代医学科学引入新豆栏医局，医院的医疗水平已达到西方近代西医院的水平。由于它的建成与延续正好跨越中国进入近代的标志——1840 年爆发的鸦片战争，因而可将其视为中国近代创建的第一所近代西医院。

1837 年，由医院委员会购买了一艘丹麦船"贝克士（Baker's）号"改装为医院船，改名为"希望（Hope）号"，停泊在黄埔为英国船员服务，于 1838 年 6 月售予行商并随即面临被拆解。

1838 年，由中华医务传道会组织的美国医院在澳门花王堂大三巴街一座两层楼的洋房内（原来郭雷枢医院）成立，由美国医生伯驾主持工作，到 1842 年关闭。

（三）西方医学传入近代中国及其对中国医学的影响

中国近代史以鸦片战争为开端，中国医学史的近代开端也应定于此时。当时的中国，由于长期封闭守旧，经济、文化和科技远落后于西方，被轻视的医术就更加滞后。此时西方的经济、文化、科学，远走在中国前面。包含在近代西方科学文化里的近代西方医学，无疑比当时的中国医学先进。由于当时中西医在科学水平上的巨大差异，当中国封闭的国门被打开时，西方医学随即大规模传入中国，引发中国医学发生了数千年发展史上未有的质变。从那时起，中国医学逐步与世界医学交融接轨，展现不同于传统医学的面貌。西医已由传统医学发展为医学科学，具有远优于当时的传统中国医学的医学水平。西方近代医学首先登陆中国南海之滨广东，主要通过穗澳往中国内陆传播。随着中西文明力量的此消彼长，中国国门被打开后，西方近代医学最终全面进入中国，形成近代西方医学大规模传入中国的大势。近代西方医学为中国医学带来根本性改变。当时的中国，兴办综合性和专科性西医院，创办西医校及开展各层级医疗卫生教育及促进到西方国家留学医科，创建现代医药企业，开办医药报刊，建立近现代医学基础学科与临床学科，创立西式医学卫生团体，兴办现代社会卫生福利事业，参照西方模式建立公共卫生及其教育管理机构以及相应的管理制度，中国医学开始近代性的全面重构。

广州从清朝乾隆二十二年（1757 年）至鸦片战争期间一直是中国独口对外开放的贸易港，近代西方科学文明最先在此登岸，使这里成为西方医学在近代中国的发端之地。中国近代西医是在以广州为中心的广东珠江三角洲地区发端，在跨越近代前后迅速发展。在中国近代前夜的 1805—1806 年，英国船医皮尔逊（Alexander Pearson，1780—1874 年）就在澳门、广州两地试种牛痘，并将此术传授给广东南海人邱熺等人，还编成《种痘奇法》一书。1817 年该书被译成中文，书名《引痘略》，将种牛痘技术编成小册子印行，为近代西方医学传入中国之滥觞。西方医学悄悄渗透传入中国广州。1835年，美国传教士伯驾在广州开办"眼科医局"，它是中国近代最早开办的一间西医院。1866 年，美国传教士医师嘉约翰（John G. Kerr）在博济医院内设立医校，此为近代中国第一所西医学校。该校开办之初只招男生，1879 年招收女生，这是近代中国首招女生的医学校。

1842 年，英国和中国签订《南京条约》，迫使中国开放五大口岸。西医医院在中国内地大量开办。这一时期开办的西医院多是参照博济医院的模式开办或受到博济医院的影响。

中国的西医学校也纷纷创办，这一时期创办的西医学校也或多或少受博济医院所办西医校模式的影响。如 1871 年京师同文馆开设生理学和医学讲座；1881 年天津医学馆设立，后来发展为北洋医学堂。

大量的西医书籍以中文编译出来，最先出现在以广州为中心的广东地区，进而在全国出现。

西方国家的医疗医事管理制度及方法、医学教育制度及方法和医疗慈善事业的制度及方法慢慢传入中国。西方国家的有关医疗防治、公共卫生、保健福利和医德伦理及人道主义的观念也渐渐传入中国。

从国家到地方的近现代医疗医事和医学教育的管理机构逐步建立，近代医学专业团体纷纷成立。

近代中国，参照西方国家的医疗卫生体系，初步建立起自己的近现代医疗卫生体系。

中国进入近代以后，近代西方医学的先进医疗技术、医疗设备及硬件设施、医学教育系统、医学管理系统、医学理论、公共卫生体系、医学研究方法及其与医学相关的各种思想理念传入了中国，打破当时中国医学的既有格局，深刻改造了中国传统医学，重组了中国的医疗卫生及其教育体系，建立了近代医药企业体系，开启了中国医学由传统走向近代的根本性转折，近代中国医学与近代世界医学接轨。中国医学在近代西方医学的冲击下，由被动到主动地进行近代化、科学化的改造。

近代西方医学传入中国，对中国传统医学产生独特的影响。在西方医学科学的冲击下，中医传统理论与近代西方科学观念的巨大差异日渐显著，民国的政府曾数度制定了不利于中医的政策，中医存继成了问题。中医界有人开始了融通中西医的尝试，如进行了"中西医汇通"和"中医科学化"等方面的探索。

中国近代医学还受到日本近代医学的影响。明治维新后，日本政府决定引进西医作为现代化改革的一部分，在日本曾经非常兴盛的汉方医学没落，1875 年又颁布医师开业规则，所有未经医学校学习毕业的医师必须通过考试才准开业行医，而所有的考试科目全是西医课程。1883 年颁布医师考试规则和医师执照颁发规则，汉医学校被取缔。中日甲午战争后，中国注意学习日本崛起的经验，赴日留学生剧增。著名医史学家陈邦贤说过："医学为之一变，中国要改良医学，设假道于日本，当较欧美为便利。"清末从日本辗转引进西医知识的方式盛行，其中丁福保编著的《丁氏医学丛书》就翻译了日本医学书籍 68 种。民国初年，北洋政府制定的《壬子癸丑学制》，就是效仿日本政府的做法。

二、中国近代公共卫生及防疫事业的开端与发展

中国近代公共卫生事业是以 1805 年皮尔逊在澳门、广州两地试种牛痘为开端的，

也就是从跨越中国近代前夜开始，这也是中国近代化防疫的发端，并且是近代西方医学科学传入中国的始端。在中国近代的前夜，近代型西式医疗机构，也开创于澳门，后集中开设于广州。

（一）种牛痘术传入中国与中国近代公共卫生及防疫事业的开端

1803 年，印度孟买应英国东印度公司的要求向广州寄来牛痘疫苗样本，疫苗到了黄埔以后却因为路途时间过长而失去功效。但是，东印度公司的医生皮尔逊并没有放弃，1805 年，葡萄牙商人许威特把牛痘"活苗"带至澳门进行接种。英国东印度公司的医生皮尔逊在澳门接种成功，并编印介绍牛痘接种术《牛痘奇法》。这是中国近代预防医学的发端，也是中国近代公共卫生事业的滥觞。澳门有了疫苗以后，皮尔逊就从澳门将牛痘引入广州。皮尔逊委托东印度公司书记斯当东将牛痘种植的技巧翻译成书，即《英吉利国新出种痘奇书》。为能够出版，洋行商人郑崇谦挂名共同出版这本书，书中详细介绍了种痘技巧和方法，广受欢迎，最初发行 200 册，迅即告罄，随后又发行两次。后人多直接写成是由郑崇谦译《种痘奇书》。

1805 年冬至 1806 年春，广东天花大流行，许多人向皮尔逊要求种牛痘。1806 年，他雇用当地番禺青年梁辉，香山的张尧，南海的邱熺、谭国担任助手，并把种痘术传授给他们。南海人邱熺很快便出色地掌握了牛痘术，洋行的商人便让他在洋行会馆专门施种牛痘。十三行行商出重金邀请皮尔逊至广州，在十三行商馆内设立牛痘局宣传推广牛痘术，共捐银 3000 两，当年就有数千儿童接种。皮尔逊在澳门、广州两地试种牛痘。十三行行商为推广牛痘法，提供条件培养出梁辉、张尧、邱熺、谭国等一批种痘骨干，治愈了大批病童。推广牛痘术方面发挥最大作用的邱熺，被十三行行商聘用为牛痘局首任专司，大力推广牛痘术几十年，并总结多年行医经验，著《引痘略》。

在英国东印度公司医生皮尔逊在澳门、广州两地试种牛痘的同一年，在当时的中国北方边境，俄国使团医师雷曼（Rehmann）也有种牛痘的活动，他曾为一些蒙古儿童接种过牛痘，[1] 但对中国影响极小。

19 世纪，俄国向清帝国派遣了一个由 IO. A. 戈洛夫金率领的使团。[2] "使臣 IO. A. 戈洛夫金伯爵是亚历山大一世皇帝的个人代表……最终未能通过清帝国的蒙古前哨到达中国。"[3] 雷曼是这个使团的医生。他在使团期间还从事了有关牛痘疫苗的工作：

列曼（即雷曼——笔者注，下同）医生，弗兰克医生的得意门生，一到俄罗斯就进入使团。他虽然本职工作繁忙，但照顾的事却不分分内分外。官员人数众

---

[1] Wong Chimin K, Wu Lien-Ten. History of Chinese Medicine. 2nd ed. Shanghai: National Quarantine Service, 1936: 276 – 277.

[2] ［俄罗斯］B. C. 米亚斯尼科夫：《19 世纪俄中关系 资料与文献 第 1 卷 1803—1807 上》，徐昌翰等译，广东人民出版社 2012 年版，第 1 页。

[3] ［俄罗斯］B. C. 米亚斯尼科夫：《19 世纪俄中关系 资料与文献 第 1 卷 1803—1807 上》，徐昌翰等译，广东人民出版社 2012 年版，第 1 页。

多，患者和途中事故也多，但他对医院、药局、矿泉水乃至所有慈善机构都进行了专门的检查。由于他的热心，牛痘（1）才被送到北冰洋和鄂霍茨克海沿岸。对所有的人都是有求必应，不求回报。①

（1）原文如此（按：应为牛痘疫苗)②。

雷曼是在随使团出行期间为蒙古儿童接种牛痘的。目前没有任何资料显示，雷曼曾将接种牛痘技术传授给中国人。

19 世纪上、中叶的广州和澳门开设的几家西式医疗机构，皆由英美医学传教士兴办。这几家西式医疗机构的建成，促成澳门医疗卫生系统走向近代化，直接为中国近代西医在广州发端做了准备。这些西式医疗机构在行医方式、办院模式、服务对象和财务支持上有明显的传承关系，而且在传承中有创新，最终迎来孕育已久的中国近代化西医医疗机构——新豆栏医局的诞生。

（二）中国近代卫生防疫管理

在中国进入近代以前，西方的公共卫生与防疫管理模式已传入中国。1569 年，葡萄牙人管理的公共卫生福利事业机构——仁慈堂在澳门开办。仁慈堂是西方在中国境内设立的第一个公共卫生管理机构。它管理的麻风病院也同时在澳门正式开办。这间麻风病院是历史上在中国境内建立的第一间西式防疫收治机构，也收治华人。然而，仁慈堂及其管理的麻风病院，实际对中国医学及中国人的生活影响极微。

中国进入近代以后，中国参照西方国家的卫生防疫管理经验、方法和模式，开始开展公共卫生防疫工作。

1873 年，中国海关开始办理检疫，但当时中国海关检疫权为英国人执掌。1900 年夏，八国联军攻占天津，随后在天津设立了临时政府委员会，史称"都统衙门"。都统衙门设立一套近代化的政府管理机构，对天津进行近代化的整治和管理。③ 其中设有卫生局。袁世凯在 1902 年 8 月代表清政府在天津从都统衙门手中收回了对天津的治权。在列强的要求下，袁世凯保留了卫生局，李鸿章设北洋卫生局，后设北洋防疫局。袁世凯就任直隶总督后，保留了卫生局，并组成了天津卫生总局，下设 3 个分局、4 个传染病患者收容所。负责船舶、火车及其他各处的检疫，还负责街道、桥梁及沟渠等处的日常清扫。1905 年，清政府于巡警部警保司内设卫生科。卫生科掌管事项包括卫生的考验、给凭、洁道、检疫及审定一切卫生和保健章程。1906 年，改巡警部为民政部，将卫生科升为卫生司。卫生司下设 3 科：保健科，职掌检查饮食物品，清洁江河道路、贫民卫生及工场、剧院公共卫生；检疫科，职掌预防传染病、种痘、检霉和停船检疫；方

---

① ［俄罗斯］B. C. 米亚斯尼科夫：《19 世纪俄中关系 资料与文献 第 1 卷 1803—1807 下》，徐昌翰等译，广东人民出版社 2012 年版，第 1347 页。

② ［俄罗斯］B. C. 米亚斯尼科夫：《19 世纪俄中关系 资料与文献 第 1 卷 1803—1807 下》，徐昌翰等译，广东人民出版社 2012 年版，第 1347 页。

③ 罗澍伟：《天津近代城市史》，中国社会科学出版社 1993 年版，第 314 – 321 页。

术科，考医、验稳婆和验药业等。1907年，各省增设巡警道，下设有卫生课，包括掌管清道、防疫、检查食物和屠宰等事项。

1910年，中国东北发生鼠疫，当时中国政府派伍连德（1879—1960年）前往防治，由伍连德出任大会主席和防疫会会长。同时在北京设防疫局及卫生会，在山海关设检疫所，各海口也同时检疫，不久鼠疫扑灭。辛亥革命后，北洋政府在内政部设卫生司，总管医药卫生行政。由于鼠疫在东北流行过，1912年在哈尔滨设立东北疫防处，并在东北各地设立防疫医院，1915年在天津、北京设立传染病院。1916年内政部卫生司公布预防传染病条例。1919年，在北京成立防疫处，负责传染病的研究和生物制品的制造，是中国最早的生物制品制造机关。

1930年，中国政府在上海设立了海港检疫总管理处，并在各地海港设检疫所。1932年在南京开办中央卫生设施实验处。中国的卫生防疫工作推广到边疆，1934年在兰州设西北防疫处，1935年在绥远设立绥蒙防疫处，1936年设立蒙古卫生院。当时，卫生署改隶行政院。设传染病检验和预防属保健科，另增设"海港检疫处"。

七七事变后，卫生署改隶内政部。至1938年6月，卫生署医疗防疫队设立了11个大队，下辖25个中队、11个防疫医院、5个卫生材料站、1个细菌检验队和1个卫生工程队。军政部也配备了防疫队，每个战区1个防疫大队。1941年，卫生署改隶行政院，设医政、保健、防疫和总务4处。

1940年，战时防疫联合办事处成立，受卫生署、军医署两署署长指导监督，编印《疫情旬报》，组织各地力量防疫。战时防疫联合办事处规定报告的传染病包括11种，分别是霍乱、伤寒、赤痢、斑疹伤寒、回归热、疟疾、天花、白喉、猩红热、流行性脑脊髓炎和鼠疫。抗日战争期间，卫生署曾先后在交通要道设置医疗防疫队和公路卫生站，吸收从沿海各省、市内迁的医护人员，从事卫生防疫工作。医疗防疫队为流动性质，巡回于交通沿线，后又协助军医署成立防疟队。公路卫生站设在公路线上，其任务除医疗外，也包括传染病的预防及调查事项与环境卫生的改良及设计事项。抗战结束时，这些卫生站交由当地县政府接收，改设为县卫生、医疗机关。

三、西医院的大规模兴建

1842年《南京条约》签订后，中国开放广州、福州、厦门、宁波、上海五处为通商口岸，通称五口通商。除广州已有教会医院外，厦门、宁波、上海、福州几个通商口岸也设立了教会医院。

鸦片战争后，第一间兴建的教会医院是伯驾于1842年11月在广州原"眼科医局"的旧址重新建立的医院。这所医院已经超越专科医院性质，成为综合医院。后来由嘉约翰接手掌管这所医院。1856年因再次爆发中英战争，医院被毁，1859年1月由嘉约翰在广州南郊新址重建。医院后来更名为"博济医院"。这所医院是美国在中国开设的第一所教会医院，也是当时规模最大、影响最大的教会医院。

1844 年，英国传教医师洛克哈特（Dr. William Lockhart，1811—1896 年）在上海南市建立"中国医院"，即后来的"仁济医院"，这是上海最早的西式医院。

1861 年，洛克哈特来到北京，开设西医门诊，1864 年他回国，由刚来华的英国传教士医师德贞（John Dudgeon，1837—1901 年）接管诊所。次年，德贞选择东城米市大街的一座寺庙，将其改建成医院。因为该医院门前有两根高大的旗杆，俗称"双旗杆医院"。

西方国家在华的各派教会认识到联合的重要性，于是相继成立了几个医学团体和医疗中心，如 1886 年在上海成立了教会医生的联合组织中国博医会；1906 年，英、美等 6 个教会将双旗杆医院与其他几个医院合并成为协和（Union）医院，成为北京最大的教会医院；1908 年，武汉 3 个教会在汉口组成联合医院；1909 年，英国浸礼会与北美长老会在济南成立共和医院；1913 年，英、美、加等 6 个教会在成都建立协和医院。

开始时，教会医师来华的人数不多，所设医院、诊所规模也不大。据当时调查，1859 年全国仅有教会医师 28 人；1876 年有教会医院 6 所，诊所 24 所；1897 年有教会医院 60 所；1905 年教会医院已发展到 166 所，诊所 241 所，教会医师 301 人。这些医院分布在全国 20 余省。据 1936 年《中华年鉴》统计，各国在中国开设的教会医院达 426 所，遍布中国各地，如上海仁济医院、宁波华美医院、天津法国医院、汉口仁济医院和普济医院、汕头福音医院、上海同仁医院、宜昌普济医院、杭州广济医院、天津马大夫医院、汕头盖世医院、九江法国医院、苏州博习医院、上海西门妇孺医院、武昌仁济医院、通州通州医院、福州柴井医院、福建南台岛塔亭医院、北海北海医院、南昌法国医院、南京钟鼓医院、九江生命活水医院和保定戴德生纪念医院等。

中国近代早期建立的西医院包括：博济医院、宁波华美医院、上海仁济医院、福州塔亭医院、汉口普爱医院、北京双旗杆医院、上海同仁医院、浙江广济医院、天津马大夫医院、九江天主堂医院、苏州博习医院、上海西门妇孺医院、青州广德医院、盛京施医院、北海普仁医院、南京鼓楼医院、成都仁济医院、重庆宽仁医院、福州柴井医院、上海同济医院、上海文仁医院、中国红十字会第一医院、山西汾阳医院、九江生命活水医院、南昌法国医院、协和医院、圣心医院与中比镭锭治疗院、上海中山医院等。

四、从传统以师带徒到西医学校教育培养模式的转变

西方医学传入中国后，为培养中国的西医医护人员，先由外国人开始，再由国人继续对当地中国人进行医学训练。训练方式则由以师带徒式发展到医校式，既有国内训练也有出国留学培养。到了晚清至民国这一时期，中国近代医学教育体系先以西医教育为基础建立起来，形成了公立西医学校、私立西医学校和教会医学校三位一体的中国主体医学教育体系，随后也包括了中医教育。中国近代医学教育体系是中国近代医学体系的重要组成部分。教育层级有高等教育、中等教育及初级培训等。这一时期，以西方医学教育体系为参照模式的中国近代医学教育体系逐渐形成。中国近代医校教育逐渐形成相

对稳定的培养模式：学生的入学考试以及在校期间的一系列考核已形成一定标准；课程设置上渐趋一致；教学方法上形成了以教师、课堂、教材为中心的模式；不论学校学制长短，无论国立、私立还是教会办学，基本上都采用基础、专业和实习三段式教学模式；教学与科研并重。在师资培养上，有的培养方式被广泛采用，如导师制、住院医师制度、进修制度、出国留学、客座教授制度等。到 1949 年，全国高等医药院校有 22 所，中等医药学校有 225 所。

（一）以医院为培养场所的学徒式医学教育

中国近代早期的西医人才培养与教会医院有密切联系。开始时，传教士医师为了医疗上的需要，在医院或诊所招收个别生徒，训练他们担任护理工作或传教。1805 年，英国东印度公司医生皮尔逊来华后，在广州、澳门设医药局，1806 年开始招收华人学医。1837 年，伯驾在眼科医局向关韬及其余两名学生授以医学知识。合信（B. Hobson）于 1839 年来华，曾在广州沙基金利埠开设惠爱医院，曾兼招生徒传授医术，他主张开办医校，但未能实行。1843 年，麦克高文（D. J. Mac Gowom）在宁波开设眼科诊所，并教中医学习解剖和生理。1879 年，布恩（H. W. Boone）担任上海同仁医院（1869 年开办）院长，也招收学生辅助医务。1883 年，巴克（W. H. Park）在苏州博习医院招收 7 名学生进行教学。1884 年，司督阁（Dngola Christie）在奉天盛京施医院招收学生，用中文教授。1885 年，梅滕更（D. Duncan Main）和尼尔（James Boyd Near）分别在杭州广济医院和登州医院招收学生。1893 年，古田的怀礼医院成立，招生 7 人。1887—1896 年，高如兰（P. B. Con Slamd）先后在汕头、潮州主持医院，兼收生徒。据 1897 年尼尔的调查，当时的教会医院所培养生徒数量极少，在 60 所教会医院中，有 39 所兼收生徒，其中 5 所招生人数超过 10 人，其余仅为 2～6 人，平均每所只有 4 人。

（二）由教会及外国人兴办的医学校开创中国近代医校教育

鸦片战争后，中国门户大开，外国传教士陆续来华开展系统的医学教育。这一时期教会主持的西医教育程度不一。

1866 年，医务传道会在博济医院设西医校，由嘉约翰主持，这是外国教会在中国建立的第一所教会医学校，也是中国的第一所西医校。

继博济医院开办西医校后，中国各地纷纷开办西医校，1884 年杭州成立广济医学校。1887 年香港成立阿利斯（Alice）纪念医院，并于同年 8 月成立医学校。1889 年南京成立斯密斯纪念医院医学校。1890 年南京成立济南医学校。1891 年美国教会在苏州成立苏州女子医学校，1894 年成立苏州医学校。1896 年上海圣约翰大学设立医科。1900 年成立广东女医学堂（1921 年改为夏葛医科大学，1932 年改为私立夏葛医科学院，1936 年并入私立岭南大学医学院）。1903 年上海成立大同医学校（1917 年并入齐鲁大学医学院）。1904 年成立震旦学院，1909 年迁上海吕班路，招收医学生。1904 年英美教会在济南成立共和道医学堂（1906 年青州医学校成立，并入共和道医学堂）。

1906 年英美教会在北京联合创办协和医学校。1908 年汉口成立大同医学堂，北京成立北京协和女子医学校，南京成立金陵大学医科，汉口成立协和医学校。1910 年南京成立华东协和医学校。1911 年在青岛成立德国医学校，福州成立协和医学堂，成都成立华西协合大学并于 1914 年设立医科。1914 年美国教会在长沙成立湘雅医学专门学校。据统计，1900—1915 年，西方国家在中国先后建立了 323 所教会医学院校。

　　另外，外国人设立的医学校也丰富了初创时期的中国西医教育模式。如 1907 年，德国人宝隆（E. H. Paulum）在上海设立同济医院，附设同济德文医学堂（1917 年由中国政府接办，改名为同济医工专门学校，1924 年改名同济学院），该医学堂采用德语教授医学。1911 年，日本人在奉天设立南满医学堂，用日文教授医学。1911 年在青岛成立德国医学校，在福州创立美国的协和医学堂；1914 年成都华西协合大学设立医科，长沙成立湘雅医学院；1917 年美国、英国、加拿大 3 国教会共同创办齐鲁大学医科。1915 年美国洛克菲勒基金会设立中华医学基金会，参与中国医学教育，在与伦敦会协商后达成了接办协和医学堂的协定，并将其改名为北京协和医学院。此外，中华医学基金会还对湘雅医学院、国立中央大学医学院、北京医学专门学校等学校提供了援助。外国人所办的医学校，所用语种有英语、法语、日语、德语等。学校的学制及所用的教材，也全部仿照英、美、德、法、日等国的学制及教材。出现有完整的长学制医学博士课程的医学教育。圣约翰医学院于 1906 年起，学生的入学要求与美国医学院相同，学制 5 年，毕业授予医学博士学位。金陵大学于 1911—1917 年曾办医科，预科 2 年，医本科 5 年，授予医学博士学位。埃利希·宝隆于 1907 年创办德文医学堂，设德文和医学两科，学制 8 年（预备学堂 3 年，医学堂 5 年）。上海震旦大学于 1914 年将医科改为 6 年制，按法国医学院的标准培养学生，1917 年首次颁发医学博士证书。北京协和医学校于 1915 年改组为协和医学院，学制 6 年。湘雅医学院于 1914 年开始 2 年制医预科课程的教学，第一班医科学生于 1916 年开始学习 5 年学制的医学课程。

（三）晚清时期中国官办与民国时期公立的西医学校

　　19 世纪 60 年代，为了"自强求富"，清政府开展了"洋务运动"，主张学习西方科学技术，提倡"新教育"，开始模仿教会学校建立新式的西医学校。1862 年在北京设立同文馆；1865 年北京同文馆开设科学系，逐渐引进西方的自然科学技术知识；1871 年设立生理学和医学讲座，聘德贞为生理学教授。1898 年创办京师大学堂，1903 年京师大学堂增设医学实业馆。

　　1881 年，直隶总督李鸿章在天津创办了医学馆，由英国人马根济（Mackenzio）和英美驻天津的海军外科医生共同担任教学任务。1893 年校舍落成，正式招生开学，委任林联辉为第一任总办（校长），以原有的医院作为实习医院，同时改名为北洋医学堂。这是中国自办的第一所西医学校。该校直接由李鸿章领导，经费由天津政府拨给。学制 4 年，不分科，教员多是英国人，并以英语医书为课本。此校的教员在清末有爱尔兰人杜宾（Dubbin）及英国派来的军医，后又聘美、法等国教师。课程设有解剖、生理、内科、外科、妇产科、皮肤花柳科、公共卫生、眼耳鼻喉科、治疗化学、细菌学及动、植物学等。有 60 张床位供临床实习使用。

光绪二十四年（1898 年），创办京师大学堂，在专门学中设立卫生学（包括医学）。同年 7 月，谕管学大臣孙家鼐，认为"医学一门，所关至重，亟应另设医学堂，求考中西医理，令大学堂兼辖，以期医学精进，即着孙家鼐详拟办法具奏"。在筹办京师大学堂的疏中，分为 10 科，第 10 为医学科，但未实行。

光绪二十七年十二月初一（1902 年 1 月 10 日）谕"从前所建大学堂应切实举行"，并委派张百熙为管学大臣，在京师大学堂章程概略中，在大学院设医学实业馆（设置未定），大学专门分科课目中，医术列于第七，下分医学及药学两目。钦定章程颁行于光绪二十七年十二月，但于二十九年（1903 年）即行废止。又于该年闰五月，颁布《奏定学堂章程》将大学分为 8 科，其中第四科为医科，分医学、药学 2 门。大学分为本科及预科，医本科修业年限为 3～4 年，预科 3 年。以上拟议至光绪二十九年（1903 年）始得实行。1903 年京师大学堂增设医学实业馆，招生数十人，教授中西医学，1905 年改称京师专门医学堂，学校的章程主要仿照日本大学的学制，医预科 3 年，医科 3～4 年。1906 年，医学馆加习 2 年，学制改为 5 年，所有加习课程，要求博采东西各国之长，并由政府的学部核定。该馆于光绪三十三年（1907 年）又决定停办，将在校学生将送往日本学习。

1902 年，袁世凯将北洋医学堂改为海军医学堂。同时，还设立了北洋军医学堂，任命北洋候补道徐华清为总办，日本二等军医平贺精次郎为总教习（教务长）。此校学制 4 年，每班 40 人。后在天津河北四马路新建校舍，并附设防疫学堂，由日本人古城梅溪主持，教员多为日本人，亦使用日文课本。1906 年由陆军军医司接收，改名为陆军军医学堂，这是中国最早设立的陆军军医学校。1907 年伍连德任协办（副校长）。1908 年又增设药科，学制为 3 年，常有 200～300 人同时在校学习。1915 年陆军军医学堂迁往北京。

1906 年 7 月，清政府在广州设立随营病院（即随军医院），由两广总督岑春煊电商出使日本大臣杨枢代聘日本医学士 1 人，担任随营军医学堂总教习及随营病院诊察长。同年 8 月，又开办随军医学堂，招收学生。这是中国第一次开办的随军医院和随军医学堂。

此后，各省也相继办起了医学堂，如 1908 年张之洞创办湖北医学堂；1909 年广东设立陆军医学堂及海军医学堂，至此，中国海陆两军均有培养军医的学校。

然而，这些医学堂无论在学制上或在课程设置上皆未健全，缺乏统一规划，尚未形成独立的医学教育体系。

1912 年中华民国成立，不久教育部颁布了《大学令》（壬子学制）。1913 年修改壬子学制，称为"壬子癸丑学制"，规定医科分医学、药学 2 门。修业年限：医学预科 1 年，本科 4 年；药学预科 1 年，本科 3 年。1922 年，北洋政府公布的新《壬戌学制》规定，大学分为 4 个层次：大学、专门学院、专修科以及大学院。1924 年 2 月公布《国立大学条例》，中国的医学教育逐步被纳入正规的教育体系。

这一时期，广东、北京、江苏、浙江等地先后建立了一批国立或公立医学校。如 1909 年成立，后来归并广东大学的广东公医医学堂；1912 年北京成立北京医学专门学校，杭州成立浙江省立医药专门学校；1916 年保定创立省立直隶医学专门学校；1927 年创办国立同济大学医学院；1928 年创立河南省立中山大学医科。

（四）晚清至民国初年的私立西医学校

随着国立或公立医学校的设立，一批私立医学校也相继开办。从西方医药学传入中国后，中国医学专业的知识分子经过一段时间的累积，业务素质渐趋成熟，技能也有长足进步，具备自办医校的能力，而当时西方列强对中国的进逼与轻视，促使他们的民族意识与爱国精神的激扬，开始自办医药院校。如 1908 年成立的广东光华医学堂，就有这样的社会背景。还有 1912 年张謇创办的南通医学专门学校和 1926 年上海创办的私立东南医科大学等。

（五）出洋留学风兴

随着中国进入近代后西方医学传入国内，对掌握西医的人才的需要陡增。最先提出这种需要的是西方教会来华人士。1841 年，美国传教士伯驾便提出对有才能与有希望的中国青年进行医学教育的建议，很快引起英国"皇家外科医生学院"的注意，得到该院院长的支持与合作。1842 年，伯驾的报告在美国也得到"纽约中国医学教会协会"的支持。在中国建立正式西医校前，除在当地采用以师带徒的方式培养西医人才之外，选送中国人到西方国家学医是最系统培养西医人才的方法。黄宽就是在这种背景下得到在华教会的支持到欧洲留学习医的。

时至晚清，中国政府亦倡导留学。1903 年，清政府公布《约束奖励游学毕业生章程》，明确了对留学毕业生给予相应的科名奖励办法。1906 年，清朝组织回国留学人员 53 人统考，考取者赐以医科进士或医科举人。

19 世纪末 20 世纪初，中国掀起近代的第一次留学高潮。首先是在 1906 年前后形成的大规模留日高潮，其次是在 1908 年美国实行"退款兴学"政策后，留美潮流逐渐兴起。1905 年清政府宣布废除科举制度后，有些读书人选择到国外留学，其中不少人选择了学医。

1909 年，清政府实施庚子赔款留美计划之后，中国留美人数逐年增加。一些医学机构，如协和医学院洛氏基金会，每年派选中国留学生到美国去学医。

在医药卫生界也有相当数量的公、私费学生去西方各国学医。

五、中国近代编译著述的西医书籍

在中国近代编译著述的西医书籍，对西方医学在中国的传播起到巨大作用。首先是近代西方传教士医生大规模翻译西方医学著作。其中影响较大的如英国人合信、德贞、傅兰雅（John Fryer 1839—1928 年）和美国人嘉约翰等。这些早期编译出版的西方医学著作在中国的流传，无疑给当时缺乏西方医学书籍的中国医学界来了新的医学知识，为西医在中国的发展提供了条件。后来，中国人在编译著述西医书籍中发挥重要作用。

近代最早在中国翻译西医西药书籍的是英国传教士医生合信，他在广东南海人陈修堂的协助下，于 1851 年在广州编译出版《全体新论》一书，原名《解剖学和生理学大纲》，这是向中国介绍的第一本比较系统的西方医学教科书，共 39 论，图 200 幅，是一部详尽的生理解剖书籍。同年，美国传教士罗孝全也翻译了一本 40 页的《家用良药》一书并在广州出版。合信又先后编译出版了《博物新编》（1855 年刊行）、《西医略论》（1857 年刊行）、《妇婴新说》（1858 年刊印）、《内科新说》（1858 年刊印）和《医学语汇》（1858 年刊印）等书。传教士医师嘉约翰自 1854 年 5 月 15 日抵广州，直到 1901 年 8 月 10 日在广州去世，于 1859 年到 1886 年间，编译了多种医药书籍，其中有：《化学初阶》、《西药略释》（1871 年）、《裹扎新法》（1872 年）、《皮肤新编》、《内科阐微》、《花柳指迷》（1875 年）、《眼科撮要》（1880 年）、《割证全书》、《炎症新论》（1881 年）、《内科全书》、《卫生要旨》（1883 年）、《体质穷源》（1884 年），以及《全体阐微》《全体通考》《体用十章》《医理略述》《病理撮要》《儿科撮要》《儿科论略》《妇科精蕴》《胎产举要》《产科图说》《皮肤证治》《眼科证治》和《英汉病目》等 30 多种，作为医学校的教材和参考书，对发展医学教育有一定的影响。狄曼著《中英文医学辞汇》（1847 年），最早注意中文医学解剖名词和疾病名称，使中国人对西医学名词有了进一步的认识。1908 年出版的高兰如（P. B. Cousland）的《高氏医学辞汇》，对西医的译名的统一有一定的影响。美国浸礼会传教医师洪特（S. T. Hunter）编译的《万国药方》（1886 年），对近代西医药知识在中国的传播起了一定的作用。合信与嘉约翰的助手尹端模于 1894 年前译述《病理撮要》《医理略述》和《儿科提要》等 5 种。20 世纪初，梅藤更编译了《西医外科理法》和《医方汇编》等书。

清末，中国人也开始翻译西洋和日本的各种医学书籍。赵元益（1840—1902 年），在 1887—1901 年，与傅兰雅等人合作，译述的医药书籍有：《西药大成》《西药大成中西名目表》《法律医学》《保全生命论》《水师保身法》《济急法》《儒门医学》《医学总论》《眼科书》《西法洗冤录》《内科理法》等 18 种。赵元益把西方近代医药知识比较系统地介绍到中国。近代丁福保（1874—1952 年）译述发行的日本医学书籍数量较多、所涉范围较广，他自 1908—1933 年间，先后翻译日文医书 68 种，并自撰医书多种，共 80 余种，内容包括基础理论、预防养生和临床各科。有《新撰解剖学讲义》（4 册）、《组织学总论》、《新撰病理学讲义》（3 册）、《病理学一夕谈》、《诊断学大成》（2 册）、《诊断学实地练习法》、《初等诊断学教科书》、《汉译临床医典》、《新万国药方》（2 册）、《增订药物学纲要》（2 册）、《药物学大成》（2 册）、《民众新医学丛书》、《医学指南》、《医学纲要》、《德国医学丛书》、《人体寄生虫病编》、《病原细菌学》（2 册）、《近世内科全书》（2 册）、《内科学纲要》、《新撰急性传染病讲义》、《倍氏神经系病学马氏精神病学合编》、《外科一夕谈》、《皮肤病学》、《德国式自然健康法》、《实验卫生学讲本》和《衰老之原因及其预防》等。他的这些书又总称为《丁氏医学丛书》。

六、中国近代西药企业的建立

鸦片战争后，随着西方的经济方式及工业模式传入中国，近代西方医学也随之传入中国。西药大量输入中国，西医药的成效出现在中国人面前并慢慢得到国人的认同，这使西药房大批开设，西药厂大量开办，西药商业形式、西药工业模式在中国建立起来。一个近代的药业体系也在中国初步形成。

中国近代早期西药市场是由外商控制的，著名的有 1841 年英国医生屈臣（A. S. Watson）在香港开设的屈臣氏药房，1850 年在广州设立分店，1860 年又在上海设立分店。1882 年，旅美归侨罗开泰在广州创立泰安大药房，是中国人开设的第一家西药房。此后华商药店在各地陆续出现，逐步成为西药市场的主导。但是，中国的西药工业跟不上需要。英商施德之（Star Talbot）于 1900 年在上海设立施德之药厂，这是中国最早出现的西药企业，1902 年在广州创办的梁培基药厂则是中国人自办的第一家西药厂，但当时在华的西药厂大多数仅是配制和加工进口原料药的基地。

七、近代医药卫生管理

中国进入近代，开始逐渐设立医药医事公共卫生的管理机构，开展公共卫生管理事业。

清代管理全国医事的组织沿袭明代设太医院。清太医院设有院使、左右院判、御医、吏目、医士等约 120 人。清代管理宫廷药物的采办、储存和配制的机构为御药房，分东、西两处。其中，西药房由院使、院判、御医等较高级的医官分班轮值。清代设有养济堂、育婴堂、粥厂等救治贫民灾疾。清代专司医学教育的机构为太医院教习厅。1866 年，教习厅改名为医学馆。

中国近代化的官方卫生行政机构的创设，滥觞于 1902 年的天津。1900 年夏，八国联军攻占天津，随后在天津设立了临时政府委员会，史称"都统衙门"。都统衙门设立一套近代化的政府管理机构，对天津进行近代化的整治和管理。① 其中设有卫生局，引入了卫生警察制度、城市粪秽处理机制和防疫检疫制度等近代卫生行政制度。《辛丑条约》签订后，袁世凯在 1902 年 8 月代表清政府在天津从都统衙门手中收回了对天津的治权。在列强的要求下，袁世凯保留了卫生局，并制定了《天津卫生总局现行章程》等规章制度。依据章程，卫生局的施政范围较广，但实际施行的主要是清洁街道和参与由海关主持的卫生检疫事务。

---

① 罗澍伟：《天津近代城市史》，中国社会科学出版社 1993 年版，第 314 - 321 页。

　　在清末新政的变革中，类似近代化的中央卫生机构在中国出现。1905年，清政府成立巡警部，部内设警保司，下设卫生科。翌年9月改为民政部，卫生科改隶民政部。1906年，民政部改为内务部，卫生科改为卫生司。"掌核办理防疫卫生、检查医药、设置病院各事。"① 晚清的卫生行政的创制与制度建立有其独特之处，是从地方影响中央下开展起来，当时的卫生行政与制度的创建基本是先从地方发端、各自为政首先发展起来，尤其从广州、上海、天津等较先开放的沿海都市及武汉等较先开放城市肇端。

　　辛亥革命后，在中央政府内务部内设卫生司，掌握全国卫生行政事务。赵秉钧任北洋政府内务部长时，下设卫生司。1913年卫生司改为内务部警政司卫生科。1916年仍恢复为卫生司。当时学校卫生属教育部管，工业卫生属工业部管，陆军军医及海军军医分别隶属于军政部及海军部管。全国没有一个独立的卫生行政机构。卫生司有两个直辖的卫生机构：卫生试验所，担任药品的化验及标准化；卫生展览馆，陈列卫生模型图表等。

　　北洋政府统治时期，由于有地方分治割据，以至全国的医药卫生管理一直未能统一，北洋政府内也一直未形成完善的卫生行政系统。当时医学学术、医学教育归教育部管属，公共卫生归内政部警察总署管属，公共防疫和海关检疫则归外交部管理。1912年，内政部设卫生司，实际上只管理中医，因为其时西医数量很少且多在军队、教会医院和学校中供职。1919年，设置了中央防疫处。

　　南京国民政府的卫生行政管理机构，比北洋政府更完善健全。1927年，设置内政部卫生司，为全国最高卫生行政领导机关。1929年正式成立卫生部，下设中央卫生委员会（为设计审议机构）、中央卫生试验所及卫生行政人员训练所，部内设有总务、医政、保健、防疫、统计五个司，分别管理相应的卫生工作。同年颁布《全国卫生行政系统大纲》，各省设卫生处，隶属于各省民政厅；各特别市设卫生局，隶属于特别市政府，均受卫生部直接指挥和监督。各县、市设卫生局（科），直接受卫生处指挥和监督。各大港口和边界要冲设立海陆检疫所，直接受卫生部指挥和监督。1931年卫生部又改为卫生署，隶属于内政部，改组缩小规模为总务、医政、保健三科。同年成立了中央国医馆，为半官、半民、半学术、半行政的特殊机构，其理事长一直由陈立夫担任，馆长由焦易堂担任。1932年设中央卫生设施实验处，为国家最高卫生技术机关（1933年改称为卫生实验处）。防疫机构除海港检疫管理处外，还设有中央防疫处，负责制造各种疫苗等。1936年卫生署复改为隶属于行政院。1937年在中央卫生署内设中医委员会，实为中医顾问性组织，从未正式执行过行政权。

　　七七事变后，卫生署由南京迁往汉口。1938年卫生署西迁重庆，又改隶内政部。1940年又直属行政院管辖，扩大组织，署内设医政、保健、防疫、总务四处。抗日战争结束后，卫生署于1948年冬迁回南京。1947年卫生署再次改为卫生部，内设防疫、保健、医政、药政和地方卫生五个司。1947年5月1日，卫生署改组为卫生部。

　　抗日战争期间，在日占区也建立了卫生机构。"满洲国"于1932年在国务院下设民政部，1937年改为民生部，下设保健司。各"省"的卫生事务由民生厅负责，县（旗）的则由警务科负责。"汪精卫政府"初期在行政院下的内政部设卫生司管理卫生，

---

　　① 刘锦藻：《清朝续文献通考》卷一一九《职官五》，浙江古籍出版社1988年版，第8790－8791页。

其地方机构如华北政务委员会设内务总署（1943年改为内务厅），管理卫生事业。1941年，将中央防疫处、卫生实验所、卫生人员训练所等均改组后恢复成立。1943年4月，设置卫生署，直隶于"行政院"。1941年，"内政部"颁布各省市县地方卫生行政机关的组织大纲，规定：各省设卫生局，隶属于民政厅；各特别市设卫生局，隶属于市政府；各县市设卫生局，隶属于该县市政府。前两者受内政部直接管理，后者受省卫生局直接管理。

八、西方近代基础医学和临床医学各学科的引进

中国进入近代以后，西方医学中的近代基础医学各科与临床医科各科逐步在中国引进建立，形成了中国的近代医学学科体系。

（一）解剖学

中国进入近代后，博济医院的传教士医师已进行尸体解剖。鸦片战争以后，随着教会医院的发展，各地教会医院陆续开办了医学班，讲授解剖、生理等西医课程。在1843年，美国浸礼会传教士医生麦高恩（Maegowan）在宁波开设一所医院，并于1845年开办一个医学班，招收了几位学生和当地开业医生教授解剖、生理学等课程。他还借用月湖学院（Moon Lake College）的讲堂，举办了一次"解剖学和治疗艺术的科学"的讲座。1866年，博济医院附设医学校，由嘉约翰和黄宽主持。学校开设了解剖学课程，由黄宽执教。当时解剖工作困难重重，主要原因是受中国传统观念的影响，死亡病人的家属不愿意让死者被解剖。因而，医学校得到尸体解剖的机会极少，解剖教学主要利用动物标本和解剖模型。在1867年，博济医院进行了第一例尸体解剖，由黄宽执刀剖验，是近代中国最早的有关解剖的记载。

19世纪中叶之后，上海、苏州、北京、天津、厦门、奉天、登州、高雄等地的教会医院开办各种形式的医学校或医学班，并开设了解剖学课程，由于当时条件所限，教学多为传教医师兼任，也无完整的教材、教具。19世纪末至20世纪初，各教会团体出资兴办独立的医学院校。这些医学院校的建立，使零散、不系统的解剖教学活动，转变为系统的正规的解剖教学，对解剖学教学有很大促进。

（二）生理学

中国进入近代以后，西方的近代生理学传入国内。1866年，博济医局所办西医校开设了生理学课程。同文馆于1872年春开设生理医学讲座。1881年设立的北洋施医局亦教授解剖生理课。最早的解剖生理学专著当推英国的合信与中国人陈修堂合译，于1851年出版的《全体新论》，虽以解剖学为主，但书中也就涉及的生理功能做简要介

绍。较早专门介绍西方近代生理学的著作是由艾约瑟所译的《生理启蒙》，是《格致启蒙十六种》之一，初刊于 1886 年，书中介绍了有关器官是如何行使其功能，即生理功能的机制及调控机制，并介绍了有关生理的实验。

1902 年，有包尔培、廖世襄等译、经总理学务大臣审定的《动植物生理学》，还有丁福保编写的《生理》和译补的《生理卫生》，以及谢洪赉编写的《生理学》等。清末的《哈氏生理学》(*W. D. Halliburton Handbook of Physiology*)，最初由传教士医生高似兰等译为《体功学》，于 1904 年出版。

在 1913 年，教育部在癸卯学制的基础上公布了新大学规程，其中规定，大学医科中设有"生理学"和"生理学实习"。在 20 世纪 20 年代中期以前，中国各学校的生理学课堂上只有讲授而无实验。直到 1925 年，林可胜在北京协和医学院开设实验课。中国近代早期从事生理学研究的大多是医院医生及外籍人士，中国人最早从事生理学方面的研究大约在 1914 年。如陈永汉分别于 1915 年和 1917 年先后发表了关于正常华人和脚气病患者白细胞分类计数的研究。在 20 世纪 20 年代之前，对生理学的研究基本上处于初级阶段，主要是关于中国人各种生理常数的测定。20 世纪 20 年代以后，在一些条件较好的学校，如北京协和医学院、湖南湘雅医学院、南满医科大学、北平大学医学院、上海医学院以及中国科学社生物研究所等处逐步开展了一些程度不同的实验研究。

（三）组织胚胎学

中国组织学研究工作是在 20 世纪 20 年代前后开展起来。1915 年，马文昭到协和医学院解剖学科进修，师从 Cowdry 学习组织学。翌年赴美国芝加哥大学，从事线粒体和高尔基体的研究工作。1921 年回国后，在协和医学院积极开展了线粒体的研究工作。20 世纪 30 年代中期，中国学者还利用偏振光显微镜观察了肌肉原纤维的构造；研究过白鼠胃的表皮细胞在饥饿时形态时的变化；并将显微镜摄影术应用于组织学研究。中国近代胚胎学的研究，亦是在 20 世纪 20 年代之后才逐渐开展起来。北京协和医学院闻亦传曾于 1928 年赴美国进修胚胎学，回国后在协和医学院从事胚胎学教学工作，并继续研究中国胎儿脑上半月沟的发育情况。中国学者还研究过中国胎儿身体各部分生长的比例；观察了早期人胎和人胎器官的正常发育和畸形发生的情况；大脑皮质在出生后的生长情况以及中国人的上眼睑的发育情况。

（四）生物化学

1917 年，湖南湘雅医学院开设正式教授的生化课。1919 年，协和医学院将生理学、生理化学和药理学组合成为一个系，由伊博恩负责，开始给本科生讲授生化课。1921 年，吴宪回到协和工作，与 Embrey 和汪善英一同担任生理化学的教学工作。在 1923 年，上海同济大学医学院成立生理—生理化学科，当时同济大学医学院生理生化内容仍是合在一起讲授。在此前后，华西大学医学院亦在生理学中介绍有关生化知识，同时还讲授生化临床检验。齐鲁大学医学院在相关课程中也讲授一些生化知识。在这段时间内，中国亦初步开展生化研究工作，主要限于食品的分析方面，如对皮蛋、荔枝、牛奶产品、大豆营养价值的研究等。

在 1924 年，北京协和医学院成立生物化学系，吴宪任系主任。吴宪为发展中国的生物化学事业，吸收从美国留学归来的生化专家林国镐、周田、张昌颖等加入他主持的生化系，并且努力培养国内的年轻生物化学工作者。协和生化系成为当时国内生化教学和研究的中心。中国生物化学学科形成。

（五）病理学

从 1901 年开始，中国医学院校先后开设了病理学课程。1912 年，中华民国教育部在部令第 25 号中公布了"医学专门学校规程令"十条，规定医学专门学校的课程为 48 门，其中包括有病理学及病理解剖学。最先设立病理学教学组织的是北京协和医学院，其于 1920 年就已经建立病理学系，美籍教授米尔斯（Mills）为第一任病理系主任。病理系下设病理学、微生物学及寄生虫学 3 科。不久协和医学院建立了病理学博物馆，胡正祥为此科首任中国籍主任。病理科全科不仅担负协和医院的尸体解剖，亦担负其他科送检的病理标本检查，同时进行科研与教学工作。据报道，1917 年 7 月—1942 年 1 月病理科共收外检 60535 例；1916 年 3 月—1942 年 1 月共做 3673 例尸检；1919—1942 年在国内外发表的科研论文共 104 篇；病理科还定期组织全院规模的病理讨论会，以推动病理科的工作。在上述医学院校中，培养出了中国最早的一代病理学家，其中著名的有胡正祥、侯宝璋、谷镜汧、梁伯强、林振纲等。还有李佩琳、秦光煜、吴在东、杨简等。他们先后到国外学习和深造后回国，成为中国病理学科的骨干力量。

（六）微生物学

中国进入近代后，微生物学被引入中国。此后不久，中国的医科学校都陆续开设了细菌学课程，有的还成立了细菌学研究部，所用教材多为英、美的外文资料。为了适应当时的教学需要，中国人也自编或翻译了一些微生物学书籍。如 1930 年余㵑、李涛、汤飞凡译的《秦氏细菌学》；姜白民编的《实用细菌学》；丁福保译的《病原细菌学》；汤尔和译的《近世病原微生物学及免疫学》；鲍监衡译的《细菌诊断法》；孟合理译的《施氏细菌学诊断》；林宗扬编的《细菌学检查法》等，皆是当时重要的微生物学教材或参考资料。

（七）人体寄生虫学

中国近代医学寄生虫学工作大约起始于 1870 年，由一些供职中国海关的外国医生在中国一些城市、农村开始寄生虫病流行情况的调查。中国的寄生虫学工作者是在 1921 年后才开始从事这方面的工作。到 1934 年中国动物学会成立时，在寄生虫学及寄生虫病研究方面取得了一定的成果。

（八）内科学

从 19 世纪初西方医学的种牛痘术引入中国，成为近代西方医学包括西医内科传入中国的肇始，但是近代西方医学大规模传入中国是在鸦片战争后。

在此将 19 世纪前半叶至 1949 年以前近代西医内科学引入中国的概况予以简介。当时西医治疗范围包括以下疾病。

1）对结核病的防治。近代中国结核病严重流行，在开展对结核病的治疗中，引进了西方医学结核病学科的理论及技术。运用了流行病学进行研究。诊断上运用了临床诊断、病因学诊断、实验室诊断、放射学诊断及其他诊断。治疗上运用了多种技术：①内科治疗，如疗养、人工气胸、化学治疗；②外科治疗，如油胸等治疗方法；③卡介苗接种；④近代结核病控制技术。

2）对其他传染病的防治。如防治病毒及立克次体疾病。20 世纪 40 年代关于病毒的研究方法及仪器已有超滤过法、超速离心机、紫外线摄影、电镜等。病毒培养法已用于流行性感冒、脊髓灰质炎、流行性脑炎、Louis 脑炎的研究。1933 年证实病毒传入途径为咽喉及胃肠黏膜。20 世纪 40 年代证明，Louis 脑炎的传染媒介为斑蚊、黑蚊等，开展了防治流行性传染性肝炎、登革热等。防治的立克次体病包括斑疹伤寒、Q 热及恙虫病；防治的细菌性和寄生虫疾病，包括防治急性脑脊髓膜炎、伤寒及副伤寒、肠沙门氏菌传染、痢疾（细菌性）、霍乱、鼠疫、麻风、回归热、阿米巴肠病（阿米巴痢疾）、疟疾、黑热病、姜片虫病、血吸虫病、丝虫病、钩虫病和肺吸虫病等。

3）防治中毒性疾病。如治疗铅中毒、其他中毒、鸦片中毒等。

4）治疗维生素缺乏病和新陈代谢疾病。如治疗维生素缺乏病、新陈代谢疾病等。

5）治疗结缔组织疾病（胶原性疾病）。如治疗风湿性疾患、硬皮病。

6）治疗呼吸、循环系统疾病。呼吸系统疾病包括支气管哮喘、支气管扩张、肺炎、肺阿米巴病和气胸等；循环系统疾病，包括风湿性心脏病、心脏病与妊娠、冠状动脉血栓形成，特发性高血压、继发性高血压、心内膜炎等。

7）治疗消化系统疾病。包括治疗十二指肠及胃溃疡、慢性腹泻、肝硬化、班替氏病（Banti 氏病）等。

8）治疗泌尿系统疾病。如在 1926 年的《中华医学杂志》上就有较详尽的关于肾脏病诊断及治疗的一系列报道。

9）治疗造血系统疾病。包括治疗贫血、粒细胞减少症、白血病、其他血液病包括血友病、出血性紫癜和何杰金氏病等。

10）治疗内分泌系统疾病。包括治疗突眼性甲状腺肿、黏液水肿和呆小症（Cretinism）等。

11）治疗神经、精神系统疾病。如治疗神经系统疾病，包括治疗脊髓性疾患、脊髓灰白质炎和坐骨神经痛等；精神疾病等。

（九）外科学

19 世纪中叶是中国西医外科学的起步阶段。各医院主持外科工作者，多为外籍医生。至 20 世纪中叶，中国高等医学院校所培养的毕业生中已有不少外科学家。

1937 年 4 月在上海召开的中华医学会第四届大会上，决定成立中华医学会外科学会，选出牛惠生为首届会长。当时有外科会员 19 名，后因抗日战争全面爆发，学会活动未能开展。抗战结束后，中华医学会第七届大会于 1947 年 4 月在南京召开，到会的外科会员由沈克非召集，重新组织外科学会，选举黄家驷为会长，会员 43 名。中国外科的学术交流主要在《中华医学杂志》中文版和外文版两种期刊上，据统计，1940—1949 年 10 年中所发表的论文为 106 篇。外科的专著或参考书多是译本。

美国传教士医生伯驾最早将麻醉术引入中国，直至 20 世纪中期，尚无专职医师负责领导组织麻醉的实践与研究工作。全身麻醉、蛛网膜下腔麻醉（腰椎麻醉、脊髓麻醉或简称腰麻，亦称为半身麻醉），神经干阻滞麻醉（如臂丛阻滞麻醉）及局部浸润麻醉等麻醉法应用最广。中国医院外科对无菌术相当重视，据 1916 年湖南常德某医院报告在 5 年间于无菌术操作下施行 81 例手术的创口愈合结果，可以了解当时的无菌术水平。在磺胺类药及青霉素等抗生素抗菌药物发现之前，为防治人体外部细菌感染，多依赖防腐杀菌剂。常用的防腐杀菌剂有升汞液、石炭酸溶液、高锰酸钾溶液等，用于创口，虽能杀灭微生物，但对机体的正常组织细胞亦有损伤。磺胺类化学治疗药物及青霉素等抗生素药物出现后，对于局部或周身性的化脓性细菌感染的治疗，都开创了崭新的局面，为推动外科学的发展发挥了极为重要的作用。防腐杀菌剂的应用多仅限于器械的消毒而很少直接用于人体。输血也应用于外科。当时血源主要依靠售血人提供，关于贮存血的应用、输血反应等也有一定研究。

中国外科分支学科的建立以骨科（又称为"矫形外科"）和泌尿外科为先，其中尤以骨科较为成熟。北京协和医院于 1921 年成立了骨科和泌尿科专科，由专科医师主持，标志着骨科在中国开始成为外科中的独立分科。中国的医院与医学校，如上海圣约翰大学医学院、上海震旦医学院、同济医学院、北京大学医学院、四川成都华西大学医学院、湖南湘雅医学院和山东齐鲁大学医学院等在 20 世纪 30 年代前后都成立了骨科。20世纪 20—40 年代，中国第一批骨科学先驱们进行了中国近代骨科学的开拓工作。1930年，牛惠生在上海徐家汇创立了中国第一所骨科医院。1937 年，在中华医学会总会领导下成立了骨科小组，由牛惠生、胡兰生、叶衍庆、孟继懋、任廷贵和富文寿 6 人组成，这标志着骨科已在中国成为独立的专科，为中国骨科专业的发展奠定了基础。中国泌尿外科的发展可以分为三个阶段，从 1920 年至 1949 年为第一发展阶段，除大城市的个别大医院外，都包括在外科，并未设专科。在此期间有关泌尿外科的文献有 60 余篇，翻译过 1 本专业书籍。其他分支外科，如神经外科、胸心外科、整形外科、小儿外科、颌面外科等，处于起步阶段或略具雏形。近代中国外科学发展尚处于初级阶段，以普通外科为主，其他分支外科的开展也在逐渐起步。普通外科中开展了阑尾炎、胃十二指肠溃疡、肠伤寒穿孔、急性胆囊炎、胆道蛔虫、腹股沟疝等的手术治疗；胸心外科开展了胸廓成形术，其是对通过适当选择的进展性肺结核病例的有效治疗方法，是一项比较安全的手术。此外，还有食管癌、支气管扩张和动脉导管未闭的手术治疗。整形外科也有所开展，在每篇报告中常刊有符合医学摄影要求的手术前、后黑白照片，以显示术前畸形形象及术后治疗效果。手术主要包括：皮片移植术、皮瓣移植术、唇交叉瓣手术、鞍鼻畸形矫正、鼻再造、阴道成形和肠段带蒂移植等。

（十）妇产科学

19 世纪中叶，一些传教士医生在广东等地的沿海城市开始了妇产科医疗工作。1858 年，英国医生合信著《妇婴新说》，是中国第一本西医妇产科中文书籍。由于几千年来受传统和旧礼教思想的影响，中国妇女患病时，抗拒男医生治疗。妇产科未建独立科室前，由外科医生做妇科手术，多由外籍医生做手术。广东博济医院医生嘉约翰于1875 年行第一例卵巢囊肿切除术，因囊肿大面积粘连未完全切尽，是中国首例妇科开腹术。此后，由于麻醉学的发展及消毒技术、外科手术的进步，各城市的教会医院都有妇科手术病例报道。

20 世纪初，由于在家中分娩的传统习惯，中国的产科仍处于极其落后的状态。根据《博医会报》记载，1900 年前后广东、福建等地的接生人员都是一些无医学知识的妇女，难产几天不能娩出婴儿，也不到医院。往往因为产程长、产妇气血衰竭或宫破裂，导致产妇死亡。医生是在难产几天后才被请到产妇家。在请医生之前，往往已经过多次"助产人员"赤手操作，这些产妇最后虽经医生解决了难产，但仍可能在产后死于脓毒感染。

广东博济医院得到赖马西和富马利两位女传教士医师加入后，妇产科在当地有迅速的发展。

1901 年，英国医生波尔特（Poulter MC.）到距福州 60 哩的福清县开展产科工作。1911 年开始建立产科病房，是中国有记载最早的产科病房。1906 年开始进行护理教学，1908 年正式开办训练班，教授分娩机转等产科基本知识。1892 年广东博济医院斯万（Swan J. M.）报道进行了中国第一例剖宫产。

由于外科手术、麻醉、细菌、化学药物及 X 光诊疗等学科的发展，妇科疾病的诊治得到全面发展。据报道，1912 年开始腹部手术用碘液消毒皮肤。1928 年北平协和医院开始用脊髓麻醉及骶尾麻醉于妇科手术，镇痛效果好，安全。同时，随着女医生、护士的逐渐增多，妇女病人能够接受妇科阴道检查，及时地诊断生殖道各种部位的疾病，一些非危重的妇女病人也能来医院诊治，使生殖器炎症等常见病能得到比较及时的诊治，这使中国妇科学在 40 年中有快速发展。1940 年后，中国开始引入化学药物（磺胺类药物），1945 年抗菌素（青霉素、链霉素）应用于临床，使妇科炎症诊治水平明显提高。1920 年，北平协和医院麦克斯维尔在全国博医会上指出，宫颈癌是常见的妇女癌瘤，但甚少能早期及时诊断并施行根治手术，晚期病人一般只能给予局部的姑息疗法，1935 年上海医学院妇产科王逸慧报告 224 例子宫颈癌。1947 年北京大学医学院附属医院曾昭懿开展了早期诊断宫颈癌的研究，她用特制的木刮板取材宫颈细胞涂片做细胞学检查，为中国宫颈细胞涂片诊断癌症的开端。生殖器官损伤、异位是中国妇女的一种常见病。早在 1920 年麦克斯维尔在中华博医学会北京分会报告，认为子宫脱垂在中国南方多见，与坐位分娩有关。治疗采用手术固定子宫在腹前壁，同时行会阴、阴道成型手术。关于生殖道损伤如膀胱阴道瘘、直肠阴道瘘、阴道瘢痕狭窄等亦有文献报道。1935年上海白良知医师著《妇科内分泌学》，介绍了女性内分泌知识及临床上的应用。但临床用内分泌素治疗月经紊乱始于 1937 年。上海医学院的王逸慧及北平协和医院的麦克斯维尔 1937 年均有报告"月经紊乱之内分泌治疗法"，希望本国国内的妇产科注意此项疗法。妇产科 X 光诊断治疗在中国大中城市医院陆续开展：1932 年北平协和医院王逸慧报告用碘油 X 光检查子宫输卵管。1935 年山东齐鲁大学王国栋报告中国妇女不孕的输卵管因素，可用"鼓气法"，或用碘油造影术确定阻塞部位、行输卵管造口术治疗不育症。1942 年邹仲介绍了 X 光用于妇产科的诊断和治疗，如测量骨盆、诊断宫腔及输卵管有无阻塞及阻塞部位，深部 X 光治疗子宫癌及卵巢癌等。

（十一）儿科学

中国儿科学建立较晚。1926 年，协和医院从内科分设了儿科。诸福棠于 1927 年毕业于协和医学院，毕业后即留在儿科工作，于 1936 年任该院儿科主任，就任当年即与上海的祝慎之、富文寿、高镜朗等人筹建中华医学会儿科学会。学会于 1937 年在上海成立，高镜朗任首届主任委员，推动和促进儿科学的发展。后来在上海、广州、成都、武汉、济南、天津和沈阳等地较普遍地设立了儿科，与内外妇科并列为四大科室。1947年在南京召开了第一届全国儿科学术交流会，自 1938 年开始，《中华医学杂志》每一两年有一期儿科专号，《中华儿科杂志》于 1950 年在上海创刊，由陈翠贞任主编。1943 年诸福棠主编的《实用儿科学》出版，中国有了自著的较完整的儿科参考书，在此之前儿科参考书大多译自欧美和日本。此书介绍了儿科近代各种疾病的发展过程包括中国的科研成就和临床经验。在 20 世纪 30 年代以前，中国儿科医师为数非常少，大部分医院尚未成立儿科，儿科床位有限，广大农村及边远地区缺医少药，儿童保健医疗机构很少，加上当时经济及卫生水平落后，疫病流行，儿童发病率和死亡率远远高于西方发达国家。1933 年，史安那（Scott）曾综合中国南北六大医院住院病儿做过儿童疾病统计，呼吸系统疾病占 31.3%，消化系统疾病占 20.2%，传染病占 12.2%（不包括烈性传染病），营养不良性疾病占 11.1%。1930 年许刚良、诸福棠，1936 年樊培禄曾统计过小儿死亡率，1 岁以下死亡者占 52.1%，5 岁以下占 87.3%。死于各种传染病的占40.6%，居首位；死于腹泻、营养不良占 31.7%。1940 年袁贻瑾报道北平当年痢疾、腹泻、猩红热流行，亦以 5 岁以下儿童死亡率为高。20 世纪 40 年代起，在全国大城市的部分医院设立了儿科，中华医学会于 1943 年开办第一届儿科研习班，促进了近代儿科学重要原理、临床知识技能的普及，儿科专业队伍逐渐发展起来，儿科学有了明显发展。

（十二）眼科学

西医初传中国时就以眼科闻名，远至西医在中国唐代时传入中国，景教名医秦鸣鹤就曾治愈唐高宗"头目不能见物"之疾。西医传入近代中国前后也以眼科知名。1807年英国传道会派马礼逊来广州传教，1820年他与英国东印度公司船医李文斯敦在澳门开设诊所，治疗内、外科疾病，兼治眼科疾病，西方医学传入中国之时，也是西医眼科传入之时。这是因为当时欧洲眼科施行白内障手术已较为成功，正好成为教会医生的医疗手段。1827年英国东印度公司眼科医生郭雷枢来华，在澳门首创眼科医院，先后5年，治疗了众多患者。

1834年，美国派传道医生伯驾来广州，翌年开办一所眼科医院，后更名为博济医院。不久他以带徒弟的方式，训练了3名中国医助，除做眼科手术外，也兼做外科手术，其中关韬在做白内障手术方面，颇负盛誉。继伯驾之后，1855年嘉约翰来广州，在华50年，除诊治眼科病人之外，于1880年翻译出版了《眼科撮要》一书，1881年，在他翻译出版的《外科手册》中第六卷为眼科手术内容。此外传教医生还翻译有《眼科治疗学》《傅氏眼科学》和《屈光学》等。在西医传入中国之初，有的医院虽有眼科，但人数很少，并且大都是外国医生，这是因为当时各教会医院只能采用以师带徒方式培养医生。这在数量和质量上远不能满足日益发展的需要。1866年在博济医院成立的医校，教学内容有眼科。

20世纪后，在许多医学院校设有眼科课程，但内容极不一致，并且多与耳鼻喉科课程合并教授。1918年，北京协和医学校开始将眼科与耳鼻喉科分开，成立中国第一个眼科专科，当时是李清茂任眼科教授，他是中国早期眼科专任教授之一。他于1924年开办眼科进修班，一改过去全用英语授课的方法，开始用中文授课，并翻译了《梅氏眼科学》作为教材。当时参加者20余人，他们多数成为中国西医眼科的主要力量，促进了中国现代眼科学的建立。这一时期一些中国的眼科专业人士在欧美或日本专攻眼科后归国，为中国眼科学的创建和发展做出了贡献。其中最著名的如李清茂、陈耀真、罗宗贤、毕华德、刘宝华和石增荣等。中国在20世纪初，出现了一些以眼科为重点的医院或眼科专科医院，在各地甚或在有的较边远中小城镇亦建立起眼科。

（十三）口腔医学

1840—1845年，有些教会医院设立了牙科。通过这些医院的牙科或牙医诊所的活动，国外先进的近代口腔医学理论与技术陆续传入中国，促使中国近代口腔医学有了缓慢的发展。中国近代口腔临床治疗诊室的建立，最早始于晚清皇宫太医院中的牙医室。在1898年间或稍后，清王朝建立了宫廷式的牙医室，首届主持人陈镜容任牙医师。在此牙医室中，已应用西方的口腔科药品和材料来治疗口腔疾患和修复牙齿缺损及牙列缺失。民间建立近代口腔临床治疗诊室的时间稍晚一些。1908年，英美教会人士在四川成都开设专门的牙科诊所，为平民医治口腔疾病，这是中国最早建立的近代牙科诊所之一。清末，中国口腔医学发展虽比较缓慢，但临床上治疗的病种已涉及牙体病、牙髓病、牙周病、口腔黏膜病、口腔炎症、口腔肿瘤、颜面神经疾患以及涎腺与颞颌关节疾病等。中国近代口腔医学的发展，除一批传教士医师所起作用外，中国在近代早期也有少数学者出国学习西方口腔医学，回国以后应用近代口腔医疗技术开展临床治疗工作，发挥了重要作用。徐善亭牙医师是较早时期从事西医口腔科学的重要代表人物之一。他于1900年前往澳大利亚学习外科与牙科，归国以后，在广州和香港开业医牙疾，并于1904年出版著作《新发明牙科卫生书》。

(十四) 耳鼻咽喉科学

1906年，北京协和医学堂（协和医学院的前身）附属医院内设有五官科，全院80张病床中，五官科病床仅4张，且无专职的住院医师。1907年7月，南满洲铁道株式会社大连医院建立耳鼻咽喉科，该院是中国独立的耳鼻咽喉科首建单位。1916年协和医学院设眼耳鼻喉科，耳鼻咽喉科业务由美籍医师邓乐普（Dunlap）主持。1918年眼科与耳鼻喉科各自独立，高施恩于当年入协和医学院任耳鼻咽喉科医师，成为北京当地史上第一位中国籍耳鼻咽喉科医师。1938年，张庆松在协和医院耳鼻咽喉科开展了变态反应临床业务，但规模很小。1947年协和医院复院后，耳鼻咽喉科下设3个科。刘瑞华负责耳鼻咽喉科业务兼管耳科；张庆松负责鼻科；徐荫祥负责咽喉和气管食管科。北京协和医院耳鼻咽喉科的建立，培养了中国第一代耳鼻喉科的人才，以后在中国其他各省、市医院陆续开设了耳鼻咽喉科。

(十五) 皮肤病和性病学

在中国进入近代前后，外籍传教士医生先后在广州、上海、厦门、宁波等城市开设诊所或医院，当时除了外科、眼科手术外，没有严格的分科，医生兼治皮肤病。在西方传教医生中，对中国皮肤性病起过启蒙作用者为嘉约翰，他于1874年和1875年在广州分别出版了《皮肤病新篇》（*Manual of gutaneous Disease*，即皮肤病手册）和《花柳指迷》（*Treatise on Syphilis*）。

在中国近代，皮肤病和性病发病率相当高。1886年，聂会东诊所的年报表中，皮肤病病人数仅次于胃肠病，病人数居第2位；1886年，Park估计当时中国可能有15万麻风病人。1887年，杭州传教士医生Main报告全年门诊就诊的10277人中有皮肤病患者1213人，认为皮肤病多与卫生习惯不良有关。1915年，北京对4000个家庭进行的生命统计中，梅毒占9%，皮肤病占8%。1917年，上海哈佛医学院对1913—1914年中国医院性病发病情况统计，2760例皮肤病患者中梅毒582例（约占21%）、淋病386例（约占14%）。20世纪初，各医学院校先后成立了皮肤花柳科，延聘国外皮肤科专家来华讲学，还选派医师到欧美及日本留学，为中国培养出第一批皮肤性病学者，如陈鸿康、张乐一、蹇先器、胡传揆、穆瑞五、赖斗岩、林子杨、宁誉、于光元、尤家骏和杨国亮等。

（十六）法医学

1891 年，刚毅（1837—1900 年）编辑出版了《洗冤录义证》，汇集了文晟和许梿等所著书籍中的重要内容，但以近代解剖学骨图代替许梿的骨图，是第一部吸收欧洲解剖学成就的中国法医学书籍。

1865 年，北京同文馆设科学系，开始对医学知识进行研究，聘德贞为教习。德贞因睹《洗冤录》所截骨骼部位，次叙名目，中西迥异，莫或折中，因译英国的法医学说以助中国法医学的参考。所著《洗冤新说》连载于《中西闻录》。这是外国法医学向中国输入之始。1899 年，英人傅兰雅口译，赵元益笔述的《法律医学》由江南制造局出版，是中国最早的近代法医学译本。1908 年，王佑、杨鸿通合译石川贞吉所著《实用法医学》，更名为《东西刑事民事检验鉴定最新讲义》。另一方面，中国的法医学著作也被译为外文。

1884 年，中国水兵李荣被日本警察殴打致死，在中日双方官员到场的情况下，请西医布百布卧施行解剖，这是中国有法医解剖之始。1907 年，颁布了由修律大臣沈家本修订的《大清新刑律》，首次列入对鉴定人的规定，其中涉及精神病鉴定、血痕鉴定等现代法医学鉴定部分。

（十七）护理学

西方医学传入中国后，护理事业也传入中国。在西方基督教文明崛起的时代，在澳门建立的贫民医院、麻风病院和在广州建立的广州医院，都有基督教教士从事护理性质工作的记载。

19 世纪中叶的博济医院等教会医院中，已开始由医院简易培训助理人员，护理工作开始由男子担任，后来也培养女子护理人员，但均非正规护校培养的护理人员。1884 年，美国护士麦克奇尼（Mckechnie M.）来华后，提倡护理制度，并在上海妇孺医院开展近代护理工作。1888 年美国人约翰逊女士（Johnson E.）在福州一所医院开办护士训练班，布特女士（Butler E. H.）在南京也开始举办护士训练班。1900 年以后，中国的教会医院日渐增多，欧美各国的医生、护士接踵而至。各地的教会医院都开始培训护士。如北京同仁医院、湖北普爱医院和保定思罗医院等还开办男护士学校。1900 年，汉口普爱医院正式成立一所护士学校，由此院医护人员合编的一本《护理技术》为教材，规定训练期限为 3 年。1904 年，美国教会在北京道济医院建立了一所护士学校，但没有独立的经费和校舍，亦无正规、完整的教学制度。教员是医院的医生和护士，有空就上课。学生须参加医院的劳动，值夜班。

九、中国近代医疗保障制度的建成

中国近代医疗保障制度始建于清末，开始是利用中国社会民间互助互济的传统，发挥各类民间慈善机构的作用，为城市贫民施医送药、防治疫情，还有西方来华教士建立医疗服务及防疫服务。

20世纪20年代北洋政府时期，颁布了一系列劳动保障的法规和条例，从而开始了中国包括医疗保障在内的社会保障制度近代化的历程。政府参与社会保障的程度逐渐增强，并愈渐走向主导。

南京国民政府在构建中国近代医疗保障制度上，较之北洋政府时期的近代医疗保障制度有更全面的发展。南京国民政府时期的医疗救助，一是利用中国社会民间互助互济的传统，发挥各类民间慈善机构的作用，为城市贫民施医送药、防治疫情，还有西方来华教士建立医疗服务及防疫服务，在一定程度上起到了防止疾病的传播与蔓延的作用；二是通过政府立法，借助法律的强制作用对劳工进行疾病救助与工伤抚恤，例如在国民政府《工厂法》中，就规定工厂要设置医疗所等卫生设施，并且工厂要为劳工提供疾病救助和工伤抚恤。抗日战争结束后，国民政府就职工工伤、医疗、死亡等分别制定了一些规定，例如为员工的非因公疾病提供免费诊疗和药品，女职工生育给假6周，工薪照发等。政府在包括医疗救助在内的社会保障立法方面做出初步尝试。

当时的国民政府还开始了一些关于疾病社会保险的立法工作。劳动法起草委员会编纂完成《劳动法典草案》。其最后一编为"劳动保险草案"，由两部分组成，第一章为"伤害保险"，第二章为"疾病保险"。这是中国最早的医疗保险法律。

参照西方先进医疗保障制度，国民政府在20世纪30—40年代实行了公医制度。这项制度首先在一些地方进行试点，之后经分析总结，结合中国社会客观情况，在国民党五届八中全会上，以《实施公医制度以保证全民健康案》的形式确定在全国推行，并在部分地区得以落实。此后不久，公医制度被纳入《中华民国宪法》，以宪法形式规定将公医制度的确立为国家行政目标之一。公医制度规定医疗事业由国家负责，所有国民健康都应由政府保障。公医制度的两个重要手段是治疗和预防，主要工作目标是控制流行疾病，提高人民健康水平，降低国民死亡率。[①]

十、中国近代建立的西医药学术团体

在西方医学传入近代中国的发展过程中，各种中国的西医药学术团体陆续成立。

---

① 高恩显等：《新中国预防医学历史资料选编（一）》，人民军医出版社1986年版，第42－183页。

中国红十字会于 1904 年在上海成立，最初的名称是"上海万国红十字会"，1907 年改名为"大清红十字会"，1911 年辛亥革命后正式改名为"中国红十字会"。

中华医学会于 1915 年在上海成立，1932 年与"博医会"合并，同时合并的有"中国微生物学会""中国细菌学会""教会医事委员会"等，名称仍为"中华医学会"。1935 年后陆续成立"中国病理学"、"微生物学会"、"医史委员会"、"皮肤性病学会"、"精神病委员会"、"中华眼科学会"、内科、外科、妇产科等专业委员会"公共卫生委员会"、"名词委员会"、"出版委员会"等。

中国药学会：1907 年冬由在日本东京千叶研习药学的留日学生发起组成，1912 年改称"中华民国药学会"。1936 年在南京举行了大会，改名为"中华药学会"。1942 年取消"中华药学会"，重新组织"中国药学会"。

中华护士学会：前身是 1909 年在庐山牯岭成立的"中国中部护士联合会"。

中华公共卫生教育联合会：1916 年由中华基督教青年会卫生科、中国博医会卫生部、中华医学会公众卫生部各推代表组成，为中国最早提倡公共卫生的机构。

中华卫生教育社：1935 年在南京成立。

全国医师联合会：1929 年在上海成立。1934 年第二次执委会通过决议，组织专委会。其中有"助产士教育研究委员会"，为中国最早的妇产科学术团体。

创办的团体还有：1911 年成立的"万国鼠疫研究会"，1933 年成立的"中国预防痨病协会"，1935 年成立的"中国预防花柳病协会"，1937 年成立的"中华麻风救济会"，1938 年成立的"中华天主教医师协会"，1946 年成立的"中华营养促进会"等。

十一、西医药刊物

1880 年，美国传教医师嘉约翰（John G. Kerr）主编的《西医新报》，是中国最早的西医药刊物。1886 年尹端模在广州创办《医学报》，是中国人自办最早的西医刊物。《医药学》《卫生世界》《医学卫生报》《光华医事卫生杂志》《中西医学报》等刊物影响较大。近代中国出版的西医药刊物，有力促进了西方医学在中国的传播。

据不完全统计，1912—1937 年这 25 年间，出版了西医药刊物近 237 种。其中上海几占一半，广州、杭州、北京等地次之。影响较大的有《中华医学杂志》《广济医报》《卫生月刊》《医药评论》等多种。绝大多数刊物出版时间不长。

1937—1945 年，历时两年以上的有《现代医学》《西南医学杂志》《华北医药月报》《药学季刊》《新中华医药月刊》等。

1946—1949 年，先后出版西医药刊物 50 余种，抗日战争结束后复刊的有 4～5 种。

十二、中国传统医学在近代的延续发展

中国进入近代以后，中国传统医学面对近代由西方传入的医学科学以及中国近代医学体系的重构，以独特的方式延续发展。近代中医药学走出了一条延续发展之路。

（一）中西汇通派的产生

随着近代西医在中国的传播，中国传统医学受到来自西方的医学科学的冲击，连生存延续都有危机。于是，中医界尝试融通中西医，进行中医的学术革新，开展"中西医汇通"和"中医科学化"等探索，开拓中国传统医学发展的新路。

来自西方的近代医学科学的传播，促进了中国医学的发展，但同时也给中国传统医学带来前所未见的巨大冲击。当时面临生存危机的中医，面对着能否摆脱危机及如何摆脱危机的境况。"中西医汇通"作为中医出路的选项，摆到中医药界面前。

李鸿章于1890年在为《万国药方》所作的序中，最早提出"中西医汇通"的主张。然而，实际上开始进行中西医汇通的是中医界的有变革认识之士。他们认为中医学术必须继续提高与发展，主张吸收西医所长，摒弃中医学术所短，努力探索以西医的医学见解来沟通和发展中医，形成近代医学史上的"中西汇通派"。进入20世纪，主张中西医汇通的医家迅速增多。他们尝试在学术上沟通中西医学，推动中医学的发展；在教育上引入新的教育体制来培养中医药的人才；在临床上取中西医之长；有的医家以"中医科学化"为目标，或倡导"改进中医"。

中西汇通思想既肯定了中国传统医学的价值，反对把中国传统医学视为糟粕；又看到中医的不足，认为应该用现代科学技术来发展中医。这种看法成为近代中医界的主流。许多医家在中西汇通思想的影响下，开展汇通中西医学的实践，并获得一定的成绩。

（二）废止中医及其受阻

进入民国之后，北洋政府和南京国民政府均想效法日本明治维新后取缔汉医之法，要废止中医。1912年7月，北洋政府举行临时教育会议，参照日本学制，制定新学制，中医未被列入学制系列，试图从取消中医教育开始以达到取消中医的目的，中医界强烈反对并组织请愿。在1925年的全国教育联合会上，中医界提出中医加入教育系统的议案，呈报教育部，然而教育部以中医"不合教育原理"为由不予允准。废止中医论盛行一时，并得到执政者支持。

1929年2月23至26日，国民政府召开第一届中央卫生委员会议，通过余云岫等提出的"废止旧医以扫除医事卫生之障碍案"。这一议案通过后，受到中医界的强烈反对，未能实行。不久，余云岫又向南京政府教育部递交《请明令废止旧医学校》提案。1929 年 4 月，教育部发布命令，将中医学校一律改为"中医传习所"，不准立案。不久，卫生部下令将中医医院改称医室或医馆，不许中医开设医院，禁止中医应用西药西械，限制中医发展。

当时的政府对中医的政策激起中医界的反对，国民政府的上层对此亦有不同看法。为了缓和矛盾，国民政府于 1931 年批准在南京设立中央国医馆。

在 1936 年 1 月 22 日，国民政府立法院公布《中医条例》，承认中医和中医学校的合法地位。同时决定在卫生署内设"中医委员会"，负责管理中医工作，明确了中医管理的政府行政体制。

（三）近代中医药教育的变革

近代西方医学大规模传入中国，使中国传统医学的传承方式面临前所未有的巨大冲击，中医药界起而应对，并进行了一些变革。首先是中医学校的建立。19 世纪 60 年代，清朝开办"京师同文馆"，教习太医院医士、医生，学习课程有"素问""难经""脉诀"以及"本草""方书"等，每年春秋二季由教习厅派员考试，每届 6 年，太医院会同礼部大试，学业荒废者仍发教习厅课读。这一医学馆是太医院办学的延续。

近代一些中医学校在中国各地也建立起来，并受到传入中国的西方医学的影响。名医陈虬于光绪十一年（1885 年）在浙江省瑞安县创办"利济医学堂"。据《利济学堂报》记载，学制 5 年，学习"医籍之外，兼课以古今中、西一切学术"，其为中国近代有影响的中医学校，体现了在近代的历史条件下中医的变革。

废除八股取士的科举制度后，中医学校相继出现。"巴县医学堂"（后改称"巴县民立医学堂"）于 1906 年在四川重庆创办，辛亥革命后由重庆医学研究会接办，依靠中医界和社会人士的资助维持，在 1916 年停办。广东南海贡生罗熙如、黎棣初等，于1906 年创办"广州医学求益社"，1921 年改名为"广州医学卫生社"，以联络医界团体、振兴医务教育为宗旨，其创建促进了广东中医教育事业的发展，对近代中国的中医变革发挥过作用。晚清设立的中医学校，还有 1901 年创办的江西中医学堂，1905 年盛京军督部堂所提出在沈阳开办的中医学堂，1906 年清政府拨款建立的山西医学专门学堂等。

（四）中医文献的编辑出版

在中国近代，中医界仍继续研究经典著作，从事古医籍的考证、校勘和辑复，编辑刊行丛书、医案、医话和工具书等。例如有人继续研究《伤寒论》等经典著作，编纂周学海的《周氏医学丛书》（1891 年）、何廉臣的《全国名医验案类编》（1927 年）、《中国医学大辞典》（1926 年）和《中国药学大辞典》（1935 年）等。这对保存和研究中国古代重要医学文献有重要的历史贡献。

在临床医学方面，对慢性病、妇产科、儿科常见病、眼科、喉痧、外科、针灸、按摩和药物学等均有专著出版。如费伯雄的《医醇剩义》（1863 年）、马培之的《外科传薪集》（1892 年）、潘霨的《女科要略》（1877 年）、吴尚先的《理瀹骈文》（1864 年）等。

到了民国时期，又有丁福保（1874—1952 年）著的《中药浅说》，承淡安著的《中国针灸治疗法》（1931 年）等。

（五）近代中医刊物

近代刊物《绍兴医药学报》是中国医学史上较早的中医刊物，由绍兴医药学研究社于 1908 年创办，到 1923 年改组为《三三医报》。《中医杂志》由上海中医学会于 1921 年创办，《医界春秋》由上海医界春秋社创刊于 1926 年，中央国医馆成立后也在 1932 年 10 月出版机关刊物《国医公报》。这些刊物是近代比较有名的中医刊物，反映出中医药界传播发展的动态。

（六）近代中医社团

1902 年，余伯陶、李平书、陈莲舫、蔡小香和黄春圃等人发起组织"上海医会"。1906 年，"上海医务总会"成立，入会者 200 余人，是中国近代影响较大的中医学术团体。周雪樵、蔡小香、丁福保、何廉臣等于 1907 年在上海创办"中国医学会"。1910 年，丁福保等在上海发起成立中西医学研究会。同年，翰林院侍读学士恽毓鼎在北京成立了"医学研究会"。民国建立后，有更多的中医学会团体出现，较有影响的如神州医药总会、武进中医学会、中西医学研究会、全国医药总会、中央国医馆医药改进会等。这些学会和学术团体在医药研究交流等方面都发挥了重要作用。

现　代　编

第十四章　现代医学

进入 20 世纪后，科学技术得到空前的发展，医学发展亦进入全新的时代。随着现代科学技术的发展，现代医学发展成为庞大科学知识与技术体系，是包括基础医学、临床医学和预防医学的现代医学科学体系。医学又受社会影响，为社会环境所制约，使现代医学发展为系统的社会体系。这一体系，联系着医护药界及其团体、病人及其团体、医事医政管理机构、公共卫生及防疫体系、医疗保障制度与医疗保险体系、药企、政治体制、经济制度以及社会各相关方面。联系这一体系的各方面影响或制约了现代医学的发展。

一、现代医学体系的形成及其特点

自 20 世纪以来，随着科学实验手段的进步，科学研究方法日益增多，科学探索领域不断拓展，科学技术各个领域之间相互渗透。以前已经进行着的学科之间的分化和综合在不断加速发展。学科越来越多、分工越来越细、研究越来越深入；同时，学科的联系愈来愈密切，科学研究朝着综合性、整体性的方向发展。科学技术的发展促进了医学进步，20 世纪医学的进步主要依托于物理学、化学、生物学及其他自然科学学科的发展。科学技术的应用使 20 世纪的医学在各方面都有了大规模发展，医学与科学技术的结合越来越密切。医学研究的领域也在不断地开拓和扩展，医学现代化水平不断提高，现代医疗管理机构与医事管理制度建立起来并不断完善，医疗保健的现代化程度不断提高，预防医学水平不断提高并建立起现代预防医学及防控传染病及防疫体系，现代公共卫生防控及防疫管理机构与制度构建起来，现代医疗体系逐渐地建立起来，现代医疗保障制度在构建，现代医学教育体制建立起来并不断发展，各种现代型的医学及医事团体建立起来，争取病人权益的团体及各种关注卫生事业的社会团体出现，拥有巨大经济资源、科研力量和生产能力的医药企业的作用越来越大，对医学一直影响很大的宗教组织作用未见稍衰，政府通过直接或间接地对现代医药卫生的影响日渐加强。现代医学体系终于形成并得到持续的完善。

20 世纪初，在医学领域中出现了一些有重大影响的学术派别，如微尔啸学派（细胞病理学说）、巴甫洛夫学派（高级神经活动学说）、塞里学派（应激学说）和心身医学学派（精神分析学说）等。这些学派对疾病的发生、发展和防治都有一套比较完整的理论体系。现代医学已经形成比较完善的知识体系，源自物理学和化学的实验和定量的研究方法已被应用到医学研究领域，医学的研究对象也由宏观向微观发展，为全面深入到分子水平做好了准备。在 DNA 双螺旋结构被发现之后，分子生物学成为人类认识自身和疾病本质的重要工具。

20 世纪日新月异的科学进步，使基础医学有了非常迅速的发展，也促使基础医学不断产生或独立出新的学科，各基础医学学科之间互相影响与相互交叉的程度不断加深，基础医学的发展又促进临床医学学科的发展，进而促使临床医学不断产生或独立出新的学科，各临床医学学科之间互相影响与相互交叉的程度不断加深，与此同时，基础与临床各学科也在日益互相影响与相互交叉。这使得 20 世纪的医学发展出现了一个显著特征，就是医学分科专门化、高度精细化。19 世纪，医学已有分科，进入 20 世纪以后，医学分科越来越细，越来越专门化。学科分化呈两个方向发展：一为纵向分化，是随着原有学科对象研究层次的深入，形成新的层次上的分支学科，如病理学分化为细胞病理学和分子病理学等；二为横向分化，是随着原有学科领域各个部分、各个方面研究的发展，单独形成新的分支学科，如内科学分化出了消化内科、呼吸内科、心血管内科、神经内科和血液内科等。同时，医学在高度分化的基础上又高度综合，出现了在整合中发展的趋势，展现了医学科学现代化发展的特征。学科综合的主要方式为：一是分支学科之间的相互交叉渗透而综合，如为了研究免疫现象的遗传基础，促进了免疫学和遗传学的交叉与综合，形成了免疫遗传学；二是自然科学学科与医学学科之间彼此交叉渗透而综合，如物理学与医学的结合产生了医学物理学、医学电子学、医学影像学、核医学和超声医学等。

在空前高速发展的现代科学技术的带动下，现代医学发展成为精密、定量、高度分化与综合的科学知识与技术体系。随着上述医学学科之间互相促进、互相渗透及联系日益增强，医学与其他科学之间、医学的各学科之间互相交叉、互相渗透和互相联系增多，从而形成了现代医学比较完整的科学体系。在现代生物医学科学体系形成的同时，医学与社会的互相作用，医学与生态环境与社会条件，医学与政治、经济、文化、宗教和历史传统等方面的互相影响，使现代医学发展成系统的生物医学体系与社会体系。

二、现代基础医学的发展与创新

现代科学的快速进步，既促进基础医学有非常迅速的发展和出现大量创新，也促使基础医学不断产生或独立出新的学科。医学分科越来越细和越来越专门化，同时不同学科相互影响与交叉综合的程度也在加深。

（一）病原微生物上的新发现及意义

20 世纪发现了微生物，包括病毒、螺旋体、立克次体等。在这些发现的基础上，人们明确了多种疾病的病因并为探究这些疾病的疗法提供了方向。

1. 螺旋体的发现

19 世纪后半叶是细菌学发展史上极其重要的时期，绝大多数的致病细菌均被发现。到了 20 世纪，由于对显微镜的改进，螺旋体和病毒等微生物亦被显露于人的眼前。

1905 年，肖丁（F. R. Schaudinn, 1871—1906 年）和霍夫曼（E. Hoffmann, 1868—1959 年）在梅毒性下疳的分泌物中发现梅毒螺旋体。1911 年，日本人野口英世完成了梅毒螺旋体的人工培养。他后来又在麻痹狂患者尸体的脑脊髓组织液中发现了螺旋状微生物，梅毒螺旋体的发现使得医学界对梅毒治疗方式的探索方向发生了重要转变。在此之前主要是对症治疗，以消除皮肤表面的创口为主。此后人们寻找能有效杀灭梅毒螺旋体的药物。此外，稻田龙言和井户泰等于 1914—1915 年发现了外耳氏病（Weils' disease）的病原体，并完成了血清疗法的研究；二木谦三、石原喜久太郎等人于 1915 年发现了鼠咬症的病原体。

2. 病毒的发现

病毒是比细菌更小的微生物。最早发现病毒的人是俄国的伊凡诺夫，他于 1892 年在研究烟叶黑斑病的过程中发现了滤过毒。后来，洛塞弗（Loseffler）和弗拉斯（Frasch）于 1898 年研究一种动物病"口蹄疫"时发现了此种病的病毒。由于这种病原体必须寄生在其他生物体的细胞内，因而研究起来非常困难，直到 1931 年才有人将这种病毒在鸡卵内培养成功。1935 年，又有人成功地用鸡卵培养牛痘疫苗。1935 年之后，在澳大利亚用鸡卵培养了流行性感冒病毒，并据此制成流感疫苗。

3. 立克次体的发现

立克次体是立克次体病（如恙虫病、斑疹伤寒、Q 热等传染病）的病原体。在第一次世界大战期间，曾流行斑疹伤寒和战壕热。1915 年，塞尔维亚近 31 万人死于斑疹伤寒。1917—1921 年，苏联发生了 2500 万例斑疹伤寒，在法国北部的军队中战壕热的发病数约占各类疾病总数的 1/3。在第二次世界大战期间，侵苏德军中发生战壕热；东南亚、西太平洋战场发现数万恙虫病病人；欧洲及近东战场多次暴发"Q 热"。立克次体病与战争关系密切。直到 20 世纪初期，人们才逐渐认识到立克次体和立克次体病。

首个被证明的立克次体病是美国落基山斑点热。在 1906 年，美国人立克次（H. T. Ricketts, 1871—1910 年）将落基山斑点热患者的血液接种到豚鼠及猴子体内，使动物感染，同年证实蜱很可能是这种病的传播媒介。在 1910 年，他与怀尔德（R. Wilder）共同在墨西哥合作研究虱传斑疹伤寒，通过交叉免疫试验将落基山斑点热与斑疹伤寒区别开。也在当年，立克次由于感染而死于斑疹伤寒。捷克人普劳沃泽克继续进行研究，他于 1913 年在塞尔维亚从吸过斑疹伤寒病人血的虱子体内发现了立克次在研究落基山斑点热时发现的类似微生物。1914 年，普劳沃泽克与罗沙利马合作研究证实这种微生物就是斑疹伤寒的病原体。在研究斑疹伤寒的过程中，普劳沃泽克与罗沙利马都感染了斑疹伤寒，普劳沃泽克于 1915 年病逝，罗沙利马则获得康复。1915—1916 年，罗沙利马继续研究证实引起虱传斑疹伤寒的微生物可在虱胃肠上皮细胞内寄生繁殖，从而最终解决斑疹伤寒的病原体问题。1921 年，沃尔巴克（Wolbach）等人研究证实欧洲流行性斑疹伤寒的病原体也是普氏立克次体。同时，鼠型斑疹伤寒也开始引起注意。1931 年，蒙蒂洛（Monteiro）建议用 Rickettsiamooseri 命名鼠型斑疹伤寒的病原体，以明确鼠型斑疹伤寒的病原体与欧洲流行性斑疹伤寒的病原体的不同。

"立克次体"最先由巴西学者罗沙利马（Rocha-Lima Da）定名，是纪念为研究斑疹伤寒而献身的立克次和普劳沃泽克这两位医生的。1916 年，罗沙利马提出了用"普氏立克次体"（Rickettsia prowazekii）命名流行性斑疹伤寒的病原体。自从立克次体作为一类新的微生物而被确定后，人很快发现了立克次体样小体广泛存在于各种节肢动物之间，并证实了有些立克次体对人和动物有致病性，有些则仅对动物有致病性。除斑疹伤寒和落基山斑点热之外，人类立克次体病的病原体大多在 20 世纪二三十年代被陆续发现，后来又由人工培养成功。

（二）生物化学的创立与发展

生物化学这一门学科，是直至 1903 年引进"生物化学"这一术语后，才成为一门独立学科的。然而，在 18—19 世纪生物化学学科建立以前，生物化学研究领域的工作就已经开展并获得许多基础性成果。

1. 生物化学的创立

18 世纪下半叶，瑞典药剂师舍勒（W. K. Scheele，1742—1786 年）等首先在植物中分离出柠檬酸、苹果酸、乳酸、尿酸和甘油等，为以后阐明其在人体的代谢打下基础。法国化学家拉瓦锡（A. L. Lavoisier，1724—1794 年）首先发现了氧气，阐明了呼吸作用的本质是吸入和消耗氧气，产生和呼出二氧化碳，并在这一过程中释放能量。进入 19 世纪后，德国化学家维勒（F. Wohler，1800—1882 年）于 1828 年人工合成尿素。1835 年，瑞典化学家贝齐里乌斯（J. Berzelius，1779—1848 年）提出了催化学说，并提出催化作用与催化剂的概念。在这以后，伯特兰（B. Bertrand，1815—1886 年）等发现生物氧化过程也是酶促反应过程。19 世纪下半叶，伯特兰注意到酶促反应中还需要低分子物质（辅酶）的存在（1878 年），为以后研究酶的化学本质提供了线索。1868 年，瑞士生化学家米歇尔（F. Miescher，1844—1895 年）从脓细胞中分离细胞核时，从核中提取出了一种含磷量高、不同于蛋白质的酸性物质，翌年将其命名为核素。1889 年，德国学者阿特曼（R. Altmann，1852—1900 年）从核素中分离出不含蛋白质的酸性物质，称其为"核酸"。1894 年，科塞尔（A. Kossel，1853—1927 年）证明核酸普遍存在于细胞中，而且在不同的细胞中含量不同，其后又弄清了核酸的主要成分是 4 种不同的碱基、磷酸和糖。1897 年，布克奈（E. Buchner）制备的无细胞酵母提取液在催化糖类发酵上获得成功，使巴斯德这一派持有的只有完整的微生物细胞所含的"活体酶"才能起发酵作用的论点被推翻，从而开拓了发酵过程在化学上的研究道路，奠定了酶学的基础。在 9 年之后，哈登（Harden）和杨（Young）二人又发现发酵辅酶（cozymase），使酶学的发展向前推进了一步。19 世纪，对组成人体最重要的物质成分蛋白质的研究亦取得不少成果。1836 年，瑞典化学家柏尔采留斯（J. Berzelius，1779—1848年）首次提出了"蛋白质"一词。1842 年，德国化学家李比希在其《动物化学》一书中将蛋白质列为系统中最重要的物质。从这以后，科学家对蛋白质的组成进行了系列的研究，19 世纪末，组成蛋白质的 20 种氨基酸已发现 13 种。

2. 生物化学的发展

20 世纪 20 年代，生物化学进入一个重大发展时期。在营养方面，研究了人体对蛋白质的需要和需要量，并发现必需氨基酸（essential amino acid）、必需脂肪酸（essential fatty acid）、多种维生素以及人体内一些不可或缺的微量元素等。在内分泌方面，发现各种激素（hormone）。许多种维生素及激素被提纯，而且还被合成。在酶学方面，萨姆纳（J. B. Sumner）于 1926 年分离出了脲酶（urease），并成功地将其制成结晶。接着，胃蛋白酶（pepsin）及胰蛋白酶（trypsin）也相继人工结晶成功。这样，使酶的蛋白质性质得到了肯定，对其性质及功能取得更详尽的了解。在这以后，由于采用了同位素示踪法等先进手段，深入探讨各种物质在生物体内的化学变化，对各种物质代谢途径及其中心环节的三羧酸循环（tricarboxylic acid cycle）有了一定的认识。20 世纪 50 年代，源于生物化学的分子生物学有了快速的发展，使生物化学也有了飞速的进展。

（三）内分泌的研究与激素的发现

内分泌学的创立是 20 世纪人体生理学研究取得的重大成就。20 世纪，在内分泌学领域，伴随着对各类激素的发现和鉴定，有关内分泌在人体功能调节方面的理论也不断地更新和完善。

1. 激素的发现

内分泌的关键概念是激素（hormone，来自希腊语）。人类对激素的科学认识首先是从肠促胰液肽开始的。在 1902 年，英国生理学家贝利斯（W. M. Bayliss，1860—1924年）和斯塔林（E. H. Starling，1866—1927 年），从小肠黏膜提取液中发现了促使胰腺分泌的肠促胰液肽，并将其命名为激素。在 1905 年，贝利斯和斯塔林提出激素在血液中起到化学信使的作用。这一推论第一次明确了激素在人体中起化学信使作用的概念，使人们认识到激素是调控人体各种生理功能的重要物质，内分泌系统是除神经系统之外另一调控人体功能的重要系统。

2. 甲状腺素

甲状腺机能亢进或减退症是引人注目的疾病。爱尔兰人格拉夫（R. J. Graves，1796—1853）于 1835 年曾记载眼球突出同时伴甲状腺肿大的疾病，当时称作 Graves病。1895 年，德国化学家保曼（E. Baumann，1846—1896 年）发现了甲状腺内存在含碘的有机化合物。1915—1919 年，美国生物化学家肯达尔（E. C. Kendall，1886—1972年）从 3 吨新鲜甲状腺中提取出 0.23 克结晶物质，含碘量 65%，结晶物质被称为甲状腺素，不久后证明其具有甲状腺的功能。1926 年，英国生物化学家哈林顿（C. Harington，1897—1972 年）在肯达尔工作的基础上，获得 0.027 微克的甲状腺素，并阐明其化学结构式是酪氨酸衍生物。1927 年，英国化学家巴格尔（G. Barger，1878—1939 年）用化学方法合成了甲状腺素。用甲状腺素治疗黏液性水肿相当成功，为临床治疗学上的重大进展。

3. 胰岛素

胰岛素是一种与糖尿病密切相关的激素。1899 年，德国医学家麦林（B. J. von Mering，1849—1908 年）和俄国医生兼病理学家明可夫斯基（1858—1931 年）首先把胰腺同糖尿病联系起来。他们在给狗做胰腺切除术时，发现狗出现类似人类糖尿病的症状。1909 年，法国生理学家梅耶（J. de Meyer，1878—1934 年）将胰腺分泌的激素命名为胰岛素。1921 年，多伦多大学的班丁（F. G. Banting，1891—1941 年）和贝斯特（C. H. Best，1899—1978 年）制备出胰岛素提取液，能使糖尿病病人血糖降低，尿糖消失，糖代谢恢复正常，从此形成胰岛素分泌不足是糖尿病直接原因的结论。在 1925 年，美国生物化学家阿贝尔（Abel，1857—1938 年）获取胰岛素结晶。

4. 性激素的发现与研究

性腺的功能很早被人所知，然而真正对其有效成分提取和分析却是在 20 世纪。1923 年，美国科学家艾伦（E. Allen，1892—1943 年）和多伊西（E. Doisy，1893—1986 年）在卵泡液中发现雌激素。之后，人们又在羊水、胎盘和孕妇的尿中发现雌激素。1930 年前后，美国生化学家科克（F. Koch，1876—1948 年）从睾丸中发现雄激素。20 世纪二三十年代，性激素的提取和结晶工作取得相当大成绩：1929—1930 年，多伊西分离雌激素成功，德国生化学家布泰南特（A. Butenandt，1903—1995 年）亦几乎同时提取和纯化了雌激素。1931 年，布泰南特和合作者运用隔离法从 15000 升尿中提炼出 15 毫克雄激素。1933 年，他前往波兰任格但斯克研究所所长。翌年，他成功提取孕酮，孕酮亦称黄体酮。这种激素的发现和提取为口服及注射避孕药的研制奠定了基础。

5. 甾体类激素的发现与研究

1855 年，英国医生艾迪生（T. Addison，1793—1860 年）发现了一种可以引致人体多种系统功能紊乱的致死疾病，被称为艾迪生病，后来发现此病与肾上腺皮质功能减退有关。1927 年，哈特曼（F. Hartman）提取出肾上腺皮质激素。从 20 世纪 30 年代起，美国科学家亨奇（P. Hench，1896—1965 年）和肯德尔（E. Kendall，1886—1972 年）以及瑞士籍的波兰学者莱希斯坦（T. Reichstein，1897—1996 年）等人先后从上千吨的牛肾上腺组织中提取和纯化了 30 余种肾上腺皮质激素。到了 20 世纪 50 年代，世界上有 9 个重要的实验室从事这方面的研究工作，到 20 世纪 70 年代末 80 年代初，分离出的肾上腺皮质激素已多达 50 种，其中可的松、氢化可的松等已被开发制成药物，并用于临床治疗。对脑垂体作为内分泌腺的研究始于 20 世纪初，有开拓性贡献的是阿根廷科学家豪塞（B. Houssary，1887—1971 年）。豪塞关于脑垂体激素对动物新陈代谢影响的博士学位论文，于 1911 年被评为当时该领域水平最高的研究。1923 年，豪塞进行了一系列与垂体功能研究相关的实验。他采用手术方法，先后摘除了狗和蟾蜍的脑垂体，发现均产生类似切除肾上腺的效应。在实验中，他先将试验狗的胰腺摘除，使狗患糖尿病，再切除病狗的垂体或垂体前叶，狗的糖尿病就得到了缓解，再注入足够量的脑垂体提取液，又引起糖尿病。豪塞的上述实验证明了垂体必定会分泌某些物质，调节和控制着其他激素的分泌。1943 年，美籍华裔生化学家李卓浩（1913—1987 年）和美国学者埃文斯（H. Evans，1882—1971 年）等从上万个垂体中提取出促肾上腺皮质激素（ACTH），极大地促进这一领域的发展。

6. 神经激素的发现与分离

20 世纪前半叶，学界一度认为脑垂体是调控体内各种激素分泌的中枢，然而亦有人有不同的看法，如英国内分泌学家哈里斯（G. Harris）于 1939 年在发现垂体门脉系统后，曾提出下丘脑可能产生某些化学物质，并经门脉系统输送到垂体，以控制其功能的假说。从 1954 年起，美籍法裔生化学家吉尔曼（R. Guillemin，1924— ）等证实了脑垂体前叶只有与下丘脑的提取物一起培养时，才会产生促肾上腺皮质激素。1962 年，美籍波兰裔化学家沙利（A. Schally，1926— ）在与吉尔曼合作研究下丘脑激素 5 年后，转而领导各自的实验室进行激素的分离工作。吉尔曼的实验室到 1968 年，共用 530 多万头羊，提取了重达近 50 吨的羊脑组织，最后分离得到 1 毫克的促甲状腺素释放因子。从 1969 年起，沙利实验室分离促黄体激素释放因子，他们分离了近 30 万头猪的下丘脑，但只得到了 11 毫克促黄体激素释放因子。不久，沙利实验室在两位客座日本化学家的帮助下，使用新的分析方法，终于鉴定了激素的化学结构。历经 20 多年，到了 1976 年，吉尔曼和沙利的两个实验室在前后数十位科学家的参与下，共分离、鉴定了 3 种神经激素，即促甲状腺素释放因子（TRF）、促黄体激素释放因子（LRF）和生长激素抑制因子（GIF）。

7. 其他激素

20 世纪 30 年代中期，欧拉（Euler）发现并且命名了前列腺素，但直到后来其结构和功能才被揭示出来，使前列腺素作为早期流产和中期引产的药物使用，并且为心血管病和癌症的研究提供了新方向。

（四）维生素的发现及其意义

1910 年之前，科学界普遍认为组织是由蛋白质构成的，碳水化合物和脂肪提供了人体生命活动所需的能量，矿物质是人体骨骼的主要成分，而且认为糖、脂肪、蛋白质和矿物质是构成人和动物的基本物质。1906 年，霍普金斯（F. G. Hopkins，1861—1947 年）发现只靠糖、脂肪和蛋白质远未能维持动物的生命。他于 1912 年用纯粹的蛋白质、淀粉、蔗糖、猪油和盐喂养老鼠。不久，这些老鼠有的死亡，有的停止生长发育。但若在每天的食物中添加牛奶，老鼠则生长良好。他解释说，这是因为牛奶中含有一种促进动物生长的辅助食物因子，这种因子就是后来发现的维生素（vital amine，缩写为 vita-min，意为"生命的胺"）。"维生素"一词是 1912 年由化学家芬克（C. Funk）提出的，vital 在拉丁语中是生命的意思，amine 含有"胺"的意思。维生素被发现后，人们知道除了糖、脂肪、蛋白质和矿物质以外，维生素亦是人体生命活动的基本物质之一。人类到 20 世初才认识维生素，并对其广泛应用。维生素的发现是 20 世纪医学发展中所获得的巨大成就。

1913 年，麦克科拉姆（E. V. McCollum）发现了牛油和鱼肝油内有一种刺激身体发育的物质，这就是后来被命名为维生素 A 的物质。脚气病是以大米为主要食物的国家的常见病。到了 19 世纪末，才有人研究发现米的外皮含有一种特殊物质，能够预防和治疗脚气病，这就是维生素 B_1。在 1918 年，柯恩（Cohn）和门德尔（Mendel）证明新鲜水果和蔬菜内含有一种物质，能够防止坏血病，后来把这种物质称为维生素 C。1932 年，匈牙利化学家圣乔齐（A. Szent-Gyrogyi）将其命名为抗坏血酸。1921 年，罗森海姆（O. Rosenheim）发现鱼肝油内有一种防治佝偻病的物质，即维生素 D。伊文斯（H. M. Evans）和毕肖普（Bishop）于 1923 年发现动物缺乏一种物质会引起生殖障碍，这种物质就是维生素 E。在 20 世纪 40 年代，达姆（C. P. H. Dam）和福克斯（K. E. Folkers）发现维生素 K 具有抗出血的功能。随着营养学知识的丰富，人类知道各种营养素缺乏的病因，从而有可能采取强化食物的措施来防治营养缺乏症。

（五）分子生物学的兴起与发展

分子生物学兴起于 20 世纪 40 年代初期，分子生物学源于生物化学，是从分子水平上研究生命现象的一门科学。早在 20 世纪二三十年代，已经有人开始进行分子生物学的研究。微威尔（W. Weaver）和阿斯伯利（W. T. Astbuly）于 1938 年和 1947 年分别提出分子生物学（molecular biology）的概念。1953 年，美国分子生物学家沃森（J. D. Watson）和克里克（F. H. Crick）以及英国物理学家威尔金斯（M. H. F. Wilkins）发现和阐明了 DNA 分子的双螺旋结构，奠定了分子生物学的基础，被誉为进入 20 世纪以来生物科学中最重大的研究成果，是生物科学中的革命性发现，大大促进生物科学在分子水平上的研究。1955 年，格谋（G. Gomow）提出了遗传密码假说。1962 年，何莱（R. W. Holley）等人破译了遗传密码，阐明蛋白质的合成机制。1965 年，中国在世界上第一次运用化学方法合成了牛胰岛素。此后，美国亦合成了含有 206 个核苷酸的 DNA 大分子。20 世纪 70 年代，发现了反转录酶和限制性内切酶。20 世纪 80 年代，基因工程开始用于治疗疾病，如美、日等国用单克隆技术治疗癌症。人类成功地把大白鼠胰腺细胞中合成胰岛素的基因克隆到大肠杆菌细胞内，以酵母菌为载体，在发酵工业中大量生产胰岛素，既增加了胰岛素的产量，降低了成本，又减轻了病人的经济负担。在人类基因组的研究上，破译人类遗传信息已取得重大进展。为提高人的身体素质，延长人的寿命，解决肿瘤和遗传性疾病等重大难题，对疾病基因和功能基因的研究成为研究重点。

（六）医学遗传学

奥地利牧师孟德尔（G. J. Mendel，1822—1884 年）于 1865 年进行了豌豆杂交试验，发现了遗传分离规律和自由组合规律，包括遗传因子"颗粒性"概念，只是当时并未受到重视。直至 1900 年，欧洲 3 位生物学家各自独立重新发现孟德尔定律，才奠定遗传学的发展基础。1901 年，兰德茨坦纳发现了人类的 ABO 血型是按孟德尔规律遗传。1906 年，"遗传学"这个概念被正式提出。这一时期，摩尔根（T. Morgan，1866—1945 年）利用果蝇研究遗传性状，提出染色体遗传理论。1915 年，摩尔根与助手斯图提万德、布里奇斯和穆勒等共同出版著作《孟德尔遗传学机理》（*The Mechanism of Mendelian Heredity*）。1919 年，摩尔根出版著作《遗传的物质基础》（*The Physical Basis of Heredity*）。1926 年，摩尔根出版现代遗传学的奠基性著作《基因论》（*The Theory of the Gene*）。在这些著作中，摩尔根学派建立起作为现代遗传学理论基础的基因论。

随着遗传学的产生与发展，医学遗传学亦开始萌芽。1924 年，伯恩斯坦（Bernstein）研究了 ABO 血型的遗传规律，提出复等位基因遗传的学说。20 世纪 40 年代中期，人体染色体数目被确定。20 世纪 40 年代末，研究结果提示 DNA 是遗传的物质基础。1953 年，沃森、克利克和威尔金斯提出了 DNA 结构的双螺旋（double helix）模式，标志着遗传学的发展进入分子遗传学时期。1961 年，杰可伯（Jacob）和摩诺得（Monod）提出操纵子学说，促进基因表达调控的研究。20 世纪 70 年代，又发展了体细胞遗传学和遗传工程学。20 世纪 80 年代，应用重组 DNA 技术，开展了基因诊断学研究，深刻揭示了某些疾病的发病机制，如冠心病、肿瘤、糖尿病、原发性高血压、精神分裂症等，已被认为与遗传有密切关系。20 世纪 90 年代，遗传工程扩大为生物工程。1996 年，英国克隆羊获得成功。

（七）免疫学的迅速发展

接种痘苗预防天花的成功，显示出人工免疫预防传染病的可能性。19 世纪 80 年代，巴斯德减毒菌苗的发明为实验免疫学建立了基础。19 世纪 90 年代，贝林和北里柴三郎又将人工被动免疫法用于临床。20 世纪后，一系列菌苗疫苗研制成功，对于预防控制多种传染病有良好的效果。免疫学在试验研究与理论探索方面亦获得重大进展。在19 世纪的最后 10 年里，不少学者将研究重点投入寻找血清中的各类杀菌物质中，对血清中的抗原－抗体反应进行了大量的实验，从而形成了免疫学的一个重要分支，即血清学。由此免疫学在传染病的预防、诊断和治疗方面取得了巨大成功。现代免疫学在 19世纪末 20 世纪初建立起两大理论体系，即细胞免疫和体液免疫理论。20 世纪以后，随着免疫学研究的深入以及免疫化学的发展，免疫学有了更广泛的多领域的进展。上述研究成果，为现代免疫学成为医学发展的前沿学科夯实了基础。

1. 关于变态反应概念的提出

1902 年，波特耳（Portier）和里切特（Richet）用海葵浸液对狗做二次注射，不仅没有保护作用，反而导致狗出现急性休克死亡，他们称为过敏反应。1903 年，阿瑟氏（Arthus）反复在兔皮下注射异种血清，引起局部组织坏死，这就是"Arthus 现象"。1906 年，皮尔夸特（Pirquet）在总结了这些现象后提出了变态反应的概念。

2. 抗体研究的突破进展

1910 年，兰德茨坦纳首先用偶氮蛋白人工抗原研究抗原、抗体反应特异性的化学基，这是免疫化学研究的开始。特斯利厄斯（Tiselius）和卡伯特（Kabat）等创建血清蛋白电泳技术，证明抗体活性存在于血清丙种球蛋白部分，之后又创立了分离、纯化抗体球蛋白的方法，对抗体的理化性质获得进一步的了解。

艾利希于 1897 年就已经提出关于抗体形成的侧链学说。20 世纪 30 年代，荷罗威兹（Haurowitz）和波林（Pauling）等又先后提出直接模板学说和间接模板学说。然而，这一学派片面强调抗原对机体免疫应答的作用，忽视了机体免疫应答的生物学过程。

体液免疫理论体系的奠基人之一，德国医学家埃利希（P. Ehrlich，1854—1915 年）在建立一项定量测定抗体的技术时，揭示了免疫反应就是机体接触抗原（某种感染因子）后，抗体爆炸性剧增的过程。他于 1897 年以"锁"和"钥"做比喻，提出了最早的抗体形成学说——侧链学说。这一学说认为，能够产生抗体的细胞预先就具备合成与一切外来异物结合的抗体（当时称作"受体"）的能力，这种抗体具有与抗原结合的侧链或结合簇。抗体的生成是受抗原刺激的结果，抗体一旦与抗原结合即失去正常功能，细胞就产生更多的抗体。但是，从 1906 年开始，奥地利免疫学家兰德斯坦纳经 30 年的努力，设计合成了 300 多种自然界不存在的人工抗原，并用这类抗原诱发机体产生了多种特异性极强的相应抗体，使埃利希的侧链学说受到了极大的挑战。

1930 年，在布拉格工作的布赖诺（E. Breinl）和豪罗维茨（F. Haurowitz）首先提出了抗体形成是由于抗原进入机体之后，作为一种模板为抗体生成细胞合成抗体提供了模具，这就较为合理地解释了人工抗原刺激机体产生特异抗体的机制。1930 年，美国著名化学家鲍林和德尔布鲁克一起在《科学》杂志上撰文阐述了直接模板学说。10 年后，鲍林对这一学说进行进一步的发展，认为抗体复杂的特异性是由于同一抗体蛋白不同的空间构型所致。虽然鲍林从化学的角度解释了抗体产生的机理，却忽视了机体的生物学因素。

1949 年，澳大利亚免疫学家伯内特（F. Burnet，1899—1985 年）和芬纳（F. Fenner）在他们的著作《抗体的生成》中阐述了对抗体生成的研究和认识。他们认为：机体的一切自身物质都有"我"的标志，机体对抗原的认识可以有两个不同阶段，在胚胎期机体有一个对自身组织进行自我识别的阶段，如果在这一阶段将特异抗原引入，机体就会将异物当成自身物质去识别，从而产生免疫耐受性，不产生抗体。当胎儿成熟出生后，再将特异抗原引入，机体经识别后，就会产生相应抗体，而有效抗原从体内消失后，抗体仍能继续产生。伯内特的这一理论显然考虑到抗体产生的生物学因素，然而这一学说仍然没有越出模板学说的范畴。

20 世纪 50 年代之后，随着分子生物学的建立和分子免疫学的兴起，学界对间接模板学说提出了疑义。第一个向模板学说提出挑战的是丹麦免疫学家耶内（N. Jerne）。1955 年，耶内在《抗体形成天然选择学说》中列举了研究中不能用模板学说解释的观察结果，并提出正常人血清中存在不具特异性的抗体蛋白，当某一抗原引入后，抗原和上述非特异性抗体形成复合物，刺激白细胞，从而使白细胞产生并释放大量相同的特异性抗体。1957 年，美国科罗拉多大学医学院的塔尔梅奇（D. Talmage）进一步提出，当某一细胞合成的抗体与入侵的抗原相匹配时，这类细胞将被特别选出来进行繁殖。这样就为克隆选择学说的建立奠定了基础。与此同时，间接模板学说的创建者伯内特也对他的学说在对抗体产生机制方面的解释不满。他综合了耶内、塔尔梅奇等人的观点并在这个基础上形成了自己的新思路。1957 年，他首次采用"克隆选择"（clonal selection）这一术语阐述其新观点。1959 年，他正式发表了专著《获得性免疫的克隆选择学说》，系统地论述了抗体形成的克隆选择学说。到 20 世纪 70 年代，一系列验证实验终于使这一学说逐渐获得公认。

3. 自身免疫现象被发现

在免疫学的发展过程中，因为 19 世纪抗感染免疫概念的影响，人们对机体免疫性的认识存在片面性。1907 年，多纳特（Donath）和兰德茨坦纳在阵发性血红蛋白尿患者身上发现了抗自身红细胞的抗体。1938 年，多梅什克（Domeshek）发现自身溶血性贫血，提出自身免疫可能是一种极为平常的现象。1942 年，孔斯（Coons）发明了免疫荧光技术之后，患者血清内自身抗体的存在得到了证明。

4. 免疫耐受现象被发现

1945 年，欧文发现了异卵双生的两头小牛个体内存在抗原性不同的两种血型红细胞，被称为血型细胞镶嵌现象。此种不同型血细胞在彼此体内互不引起免疫反应的现象称为天然免疫耐受。免疫耐受性即免疫无反应性。为何在胚胎期接受异型抗原刺激，不引起免疫反应而产生免疫耐受现象？伯纳特（Burnet）在 1949 年从生物学角度提出了一种假说，认为宿主淋巴细胞有识别"自己"和"非己"的能力。1953 年，麦德微尔（Medawer）成功进行人工诱导免疫耐受实验。他把遗传系不同的纯系小鼠的淋巴细胞注入另一纯系胚胎鼠内，这一胚胎鼠出生后可接受供体的皮肤移植，而不产生移植排斥现象。从这时开始，经典免疫学的观点受到了重大挑战，免疫的功能逐渐从抗感染免疫的经典概念中解脱。1958 年，伯纳特在人工诱导免疫耐受的启发下，提出了关于抗体形成的细胞系选择学说，认为引起免疫耐受的抗原有选择地抑制了对之反应的免疫细胞系，从而产生免疫耐受。然而，引起免疫耐受的机制更为复杂。因而，后来有人提出了一些对其进行修正的或不同的学说。

5. 免疫学成为一门独立学科

20 世纪 50 年代，胸腺与免疫的关系被发现，免疫球蛋白的结构亦得到阐明。1956

年，怀特贝克（Whitebeky）建立起多种自身免疫损伤的动物模型。1965 年，克莱因（Klein）和怀特（White）发现 T 淋巴细胞和 B 淋巴细胞；1966 年，克莱曼（H. Claman）与其同事证明了必须借助这两种细胞的合作才能产生抗体，体液免疫（产生 IgG、IgA、IgM、IgD、IgE 5 类抗体）和细胞免疫共同构成抗体的免疫系统。1975 年，英国剑桥大学的科赫尔（Kohher）和米勒斯特（Milstein）发明了制备单克隆抗体的方法；此种单克隆抗体可以导向攻击目标。这些发现使免疫学的概念从单纯的抗感染免疫发展为生物机体对"自己"与"非己"的识别，阐明了免疫抗体的多样性来源于免疫细胞基因的多样性和可变性，明确了免疫系统与神经、内分泌系统内的递质、激素、免疫因子、受体等大分子密切相关，从而对人体的整体功能达到了更为深刻的认识，并使免疫学成为影响生物学与医学的重要基础学科之一。1971 年，世界免疫学会认为，免疫学应从生物学中分离出来独立成科，其包括免疫化学、免疫生物学、免疫遗传学、免疫病理学、临床免疫学、肿瘤免疫学和移植免疫学等。

6. 免疫学的一些成果与技术应用

免疫学取得的一些成果与技术应用如下：
1）腔上囊和胸腺免疫功能的发现。
2）组织相容性研究与器官移植。
3）单克隆抗体杂交瘤技术的建立。

（八）药理学的新进展

20 世纪后半叶，由于基础医学迅猛发展以及新技术在药理学中广泛应用，药理学亦有极大发展。例如对药物作用机制的研究，已由原来的系统、器官水平，深入至细胞、亚细胞、受体、分子和量子水平；已分离纯化得到多种受体（如 N 胆碱受体等）；阐明了多种药物对钙、钠、钾等离子通道的作用机制。

随着药理学在深度上和广度上的发展，产生了许多药理学的分支学科，如生化药理学、分子药理学、量子药理学、神经药理学、免疫药理学、遗传药理学、时辰药理学、临床药理学等。这些分支学科的建立与发展，大为充实与丰富了药理学的学科体系。

三、现代临床医学的发展

现代临床医学有飞速的发展，临床医学不断产生或独立出新的学科，各临床医学学科之间互相影响与相互交叉的程度不断加深，与此同时，基础与临床各学科也在日益互相影响与相互交叉。现代临床医学的分科与综合有了新的更迅速的发展。许多现代临床学科的分科实际上就是在 19 世纪建立起来的。现代临床医学的分科更迅速、规模更大。现代临床医学体系的形成主要是对传统体系的细化。细化的标准各不相同，如治疗手段、治疗对象、解剖部位、病种及各类辅助诊断手段，从而形成现代临床医学庞大复杂的结构状况。医学学科之间互相促进、互相渗透的趋势增强，医学与其他学科之间的交叉、渗透和联系不断增多，现代临床医学各学科间交叉、渗透和联系的综合性也在不断增强，促成现代临床医学的宏大学科体系的形成。

（一）临床诊断技术的发展

随着现代科学技术突飞猛进的发展，并且现代科学技术被应用到医学上，新科技也促进了临床诊断技术的迅速发展。

1. X 射线诊断技术

（1）X 射线的发现和 X 射线诊断学的形成

X 射线是德国物理学家伦琴（W. K. Rontgen，1845—1923 年）发现的。1895 年 11 月 8 日，伦琴在研究真空放电时发现在试验克鲁克斯真空管里产生了新的光线，并发现这种光线的穿透能力强于其他光线，而且能在黑暗处使照相底片感光。由于这时对这种光线的性质并不了解，因此伦琴将其命名为 X 射线。数天后，伦琴应用 X 射线拍下了世界上首张 X 光照片，这张照片清楚地显示了伦琴夫人的手掌骨和金戒指的轮廓。在一个月之后，维也纳的医院也应用 X 射线显示出人体骨折的准确位置。1896 年，美国哥伦比亚大学教授清楚地从 X 射线照片中看到肌肉中的弹片。从这时起，X 射线不仅应用于骨折的定位，还应用于枪弹伤的检查。经过不断研究和改进，X 射线被医学界广为应用，成为不可或缺的诊断手段，从而形成 X 射线诊断学这一新学科。

（2）X 射线诊断学发展为影像诊断学和影像医学

X 射线诊断学的形成，奠定了影像诊断学的基础。X 射线诊断一直是影像诊断学中的主要内容，被普遍应用于全身各器官的检查。

在发现 X 射线以后的最初 20 年间，相关研究人员致力于研制适用于人体透视和照相的仪器。为了解决体内各器官被 X 射线穿透而不能显影的问题，发展了显影对比技术。1898 年，美国医学家坎农（W. C. Cannon，1871—1945 年）发现用铋或钡配合 X 射线检查，可以清楚地观察到动物的食道。20 世纪初，开始使用碘油做不同部位的静脉注射，使 X 射线造影技术的应用范围扩大到血管、胆囊、尿道、肾脏等许多器官。20 世纪 30 年代初，有人又开始了大脑造影。之后，在提高安全性和清晰度方面又进行了不少改进，大大提高了临床诊断水平。

在 20 世纪 50 年代到 60 年代，应用超声与核素扫描进行人体检查，出现超声成像和 γ 闪烁成像。在 20 世纪 70 年代之后，又相继出现 X 射线电子计算机断层扫描体层成像（CT）、磁共振成像（MRI）和发射体层成像（ECT）等新的成像技术，进而形成包括 X 射线诊断在内的影像诊断学。

在 20 世纪 70 年代，因为导管的应用和定位诊断技术的提高，X 射线诊断逐渐与治疗相结合，成为一门新的放射学分支，即介入放射学。这就出现了影像诊断学发展为影像医学的新局面，从而使这一门学科的工作内容与应用范围大为扩展，成为临床医学中不可或缺的重要支柱。

2. 心电图诊断技术

19 世纪，已经有人对心电图有所研究。20 世纪初，荷兰生理学家爱因托芬（W. Einthoven，1860—1927 年）研制成第一台现代意义上的心电图仪（E. C. G）（1903—1906 年）。之后，心电图仪又经数十年的发展，灵敏度不断提高，体积亦不断地小型化，到了 20 世纪 40 年代时已经可由医生手提到病人家里使用。随着心电图仪的不断改进，这一诊断技术在临床上的应用范围亦不断扩大。先是在心脏电位的节律性变化方面的研究和应用，后来又扩展到对异常的非节律性心电图特征的研究和应用，到 20 世纪 50 年代已成为应用最广泛的临床诊断技术之一。20 世纪 60 年代之后，由于计算机技术的发展和渗透，心电图检测技术进入数字化以及与其他检测技术合成的发展阶段，使之不仅成为现代临床诊断的重要技术，还成为对心脏病患者进行自动监测的主要系统。

3. 心导管插入术

20 世纪之前，就有许多人进行过对各心室压力插管检测的动物实验。1905 年，德国学者布莱希罗德（F. Bleichroder）为了获得代谢研究的血样，曾把导管经病人的腿部静脉插入下腔静脉。1929 年，德国医生福斯曼（W. Forssman，1904—1979 年）在一名护士的协助下，在自己身上进行心脏导管插入实验。当导管经腋静脉插入右心房时，他请放射科医生为他拍下人类第一张心脏导管的 X 射片。翌年，福斯曼第一次在活狗身上进行心血管造影。不过，由于传统观念和保守力量的影响，他的研究成果并没有受到重视和支持，还招致责难和非议。10 年之后，美国的两位医生库尔南（A. F. Caurnand，1895—1988 年）和理查兹（D. W. Richards，1895—1973 年）对福斯曼的研究成果进行了一系列的实验研究，并于 1941 年发表了相关论文。他们发展了心导管术的临床应用，提高了心脏病诊断的精确性，使心导管插入术和造影术成为现代临床医学中非常重要的诊断技术。

4. 脑电图诊断技术

德国精神病学家伯杰（H. Berger，1873—1941 年）为现代脑电图术的创立者。"脑电图"（electroencephalogram）一词是伯杰以希腊语和拉丁语拼合而成的。1929 年，伯杰通过完整的颅骨记录到脑的电活动，经过数年研究后，1934 年确认脑有自发电信号。之后，脑电图作为一种诊断脑部疾病的工具得到公认。在 1946 年，法国神经生理学家费萨尔（A. E. Fessard）将脑电图技术引入法国医学中，使脑电图技术在欧洲大陆获得进一步的应用。20 世纪 60 年代，随着脑电图仪的制造工艺和元器件的不断革新和完善，脑电图仪的性能也有了进一步的提高，在临床诊断和科研工作中的应用也取得了更大发展。

（二）化学疗法的出现与抗生素的发现

20 世纪上半叶，出现了化学疗法和抗生素，这是 20 世纪药物学和治疗学上的重大突破。20 世纪下半叶，药理学亦有极大发展。化学药物的突破性大发展使 20 世纪的医疗水平大大提高，从而奠定了现代药物化学的基础。

1. 化学疗法的出现

德国人艾利希是一位化学家，在化学疗法上有突出的贡献。19 世纪末 20 世纪初，各种病原菌几乎都被发现，于是人们期待着既能杀灭这些细菌又不会对人的身体造成伤害的化学药物。1910 年，艾利希经过多次试验研制出 Salvarsan 散，也就是第 606 号砷的化合物，简称"606"。最初他以为满足了人们的心愿，但后来发现"606"并不能杀死细菌，却对梅毒螺旋体有很强的杀伤力。后来，艾利希与同他一起从事砷化物研究的日本人秦佐八郎共同进行了反复的试验，将"606"改进成毒力很小的抗梅毒药物"914"，使长期流行的梅毒得到较有效的控制，开创了化学药物治疗传染病的新阶段。化学疗法的成效推进了化学药物的研究。在 20 世纪初，法国研制出治疗疟疾的药物奎宁。在第二次世界大战中，此药对预防和控制英、美军中疟疾的流行起了非常大的作用。沿着化学药物的研究方向，1935 年德国化学家多马克（G. Domagk，1895—1964 年）发现氨基苯磺酸的衍生物［磺胺类药，俗称普浪多息（Prontlosil）］对葡萄球菌感染很有疗效。20 世纪 40 年代，又实现了人工合成磺胺类药物，从此开拓出既能高效杀菌又对人体无害的人工合成药物的新途径。

从 19 世纪末至 20 世纪 20 年代，一些热带病相继被发现，如疟疾、斑疹伤寒、黄热病等。这些热带病都是以蚊子、虱子、跳蚤作为中间媒介而传播。1939 年瑞士化学家穆勒（P. H. Muller，1899—1965 年）发明了具有极强杀虫能力的 DDT。在第二次世界大战中，DDT 被广泛用于军队中，有效地控制了上述热带病的发生。在第二次世界大战以后，又发明了杀虫药物"666"。

2. 抗生素的发现

抗生即指两种微生物之间存在的对抗关系，抗生素即造成这种对抗关系的物质。在巴斯德时代抗生素概念已有了萌芽，当时就知道空气中的某些细菌能够抑制炭疽杆菌的生长，但是没有引起人们的注意。一直到 1922 年，英国细菌学家弗莱明（A. Fleming，1881—1955 年）发现一种酶，这种酶可以存在于蛋白、盐类或某些细菌体内，可以溶解某些球菌，于是将其称为溶菌酶。1928 年，弗莱明发现他的培养基上的葡萄球菌被青霉菌污染了，青霉菌周围的葡萄球菌菌丝变得透明，甚至溶解消失。他又将青霉菌除掉，却发现上述现象仍可发生。他因而断定这种起杀菌作用的物质是青霉菌在生长过程中产生的代谢物，他称其为青霉素。弗莱明后来又研究证实青霉素具有杀死链球菌等细菌的功能，而对人和动物的毒性很小。弗莱明进行青霉素的研究达 4 年，然而由于青霉素性质非常不稳定，而且在大批量生产青霉素时遇到了许多困难，就中止了研究。1935

年，英国牛津大学病理学家弗洛里（H. W. Florey，1898—1968 年）和德国生物化学家钱恩（E. B. Chain，1906—1979 年）合作，重新研究青霉素的性质与化学结构，找出青霉素不稳定性的原因，并解决了青霉素的浓缩问题，使大批量生产青霉素成为可能。青霉素的出现，使化学治疗进入抗生素时代。1943 年，青霉素首次成功地用于治疗病人，临床证实青霉素对猩红热、梅毒、白喉、脑膜炎、淋病等传染病都有明显的疗效。在第二次世界大战后期，青霉素对病人的救治起到很重要的作用。青霉素出现之后，其他各种抗生素亦被陆续成功研制出来。1944 年，瓦克斯曼（S. A. Waksmann，1888—1974 年）按照弗莱明发现青霉素的原理和方法，从灰链丝霉菌的培养基中发现了可以杀灭结核杆菌的链霉素，使结核病得以控制。1947 年，发现了对胃肠道细菌有特效的氯霉素。1948 年，又发现金霉素。从此以后，四环素、土霉素等抗生素陆续被发现并应用于临床。

（三）核医学的迅速发展

核医学的发端可追溯到伦琴于 19 世纪后期发现 X 射线。1895 年，也就在 X 射线发现后约半年，亨利·贝果勒（Henri Becquerel）就发现了铀的放射性。1898 年，居里夫妇分别提取出放射性的钋和镭。1913 年，索迪（Soddy）提出了"isotope"（同位素）的概念。1930 年，劳伦斯（Lawrence）发明了回旋加速器。在 1932 年，劳伦斯及利文斯顿（Livingston）联合发表论文。1934 年，劳伦斯及居里夫妇都在人工制造放射性核素上取得了历史性的成功。1935 年，黑韦西（Hevesy）首次提出放射性核素示踪原理。许多学者在这一原理的推动下进行了核医学研究，如赫兹（Hertz）在 1938 年首先用 ^{131}I 测定人体甲状腺的摄取率，并提出用这一标准来诊断甲状腺功能亢进或减退症在 1942 年，赫兹首次用 ^{131}I 治疗甲状腺功能亢进症。黑韦西因而被后人尊称为核医学的奠基人。

20 世纪中叶之后，核医学进入高速发展时期。1946 年，列德（Reid）及路易斯（Louis）发现 ^{125}I，为体外放射免疫分析创造了基本的物质条件。费米（Fermi E.，1901—1954 年）建立了第一个核反应堆。理查德（Richard）发明了第一个 99mTc 放射性核素发生器，成功地制备出医用放射性核素，为放射性药物的研制发展创造了条件。同年 12 月，西特林（Seidlin）、马利内里（Marinelli）以及休时利（Qshry）发表了题为《放射性碘治疗：在功能性转移性甲状腺腺癌中的作用》的经典文章。核医学的先驱马歇尔布鲁萨（Marshall Brucer）认为这篇文章标志着核医学的诞生。1951 年，卡森（Cassen）发明了闪烁扫描仪。1953 年，罗伯特内卫（Robert Newell）首次提出"nuclear medicine"（核医学）这一完整的概念。1957 年，恩杰（Anger）发明了 γ 照相机。20 世纪 50 年代末，伯逊（Berson）与耶罗（Yallow）发明利用 RIA 法测定人血清中胰岛素的方法。各种医用 RIA 药盒陆续商品化。1961 年，第一台 Anger 照相机投入临床使用。1975 年，特波哥旋（Ter-Pogosium）发明了 PET。1977 年，杰查（Jaszak）发明了 SPECT。1995 年，姆雷那（Muehllehner）发明了 SPECT-PET。2000 年，GE 公司成功研制了 SPECT-PET-CT，西门子公司成功研制了 PET-CT。

（四）现代内科学全面迅速的发展

现代内科学广泛利用了科学技术尤其是基础医学的新理论、新技术，因而得到全面深入的发展，特别是在疾病的病因、发病机理的认识上有了前所未有的进步，疾病的诊断和治疗技术亦有极大的提高和空前的发展。现代内科学不断出现新的专科，有的专科之间出现新的交叉或融合。另外，由于基础医学研究的不断深入，越来越多的成果应用到临床，相关的专业知识空前迅猛增加。不少病种均成为相对独立的内科学分支领域，如遗传性疾病、内分泌类疾病等。同时，随着学科的发展，对各系统、各器官疾病的医治分工也越来越细，使现代内科学内容更为丰富，分支更加细密，手段愈加先进。

1. 诊断手段的发展

20 世纪，对疾病的诊断手段已有很大发展。从各种大型诊断技术到各种小型实用检测技术，如 X 射线、CT、MRI、心电图、脑电图、心导管插入术等的建立和应用；内镜的不断改进和广泛应用；高效液相层析、放射免疫测定、酶联免疫吸附测定、聚合酶链反应和酶学检查等技术的建立与完善；单克隆抗体的制备；临床生化分析技术向超微量、高速度的方向发展以及多道生化分析仪的应用；心、肺、脑电子监视系统的使用；电子计算机的广泛应用以及医用电子仪器的计算机化；放射性核素检查新技术的应用；超声诊断技术的快速发展以及多普勒超声、多普勒彩色血流显像、食管内多平面超声心电图的应用；临床心脏电生理检查、血管内超声显像、经皮活组织检查等有创性检查技术的应用。这些诊断手段的发展，提高了内科疾病诊断的正确性、准确性、高效性和快速性。

2. 治疗手段的发展

随着 20 世纪科学技术日新月异的发展，治疗手段有了迅速的发展。

（1）药物治疗的新发展

20 世纪，药物治疗取得极大进展。例如各种抗生素的发现和应用，激素的发现、分离、制备以及在治疗上的应用，维生素的发现、分离、人工合成以及在临床上的应用，各种受体阻滞剂的研制和应用，抗精神病类药物发展；质子泵阻滞剂、钙通道阻滞剂和血管紧张素转换酶抑制剂品种的不断出现，各类免疫抑制剂或免疫增强剂的制备和应用，用基因重组技术生产的红细胞生成素、生长激素、胰岛素和组织型纤溶酶原激活剂的出现、HMG-CoA 还原酶抑制剂的开发。药物种类的不断增加，为内科疾病的治疗提供了更多的选择，取得更好的疗效。

（2）物理和机械治疗的新发展

在现代医学上，各种物理、机械的治疗技术亦取得相当大发展，如有电疗、磁疗、放射疗法和介入疗法等。如把导管介入技术用于治疗的介入疗法，由美国放射学家多特（C. T. Dotter）于 1964 年首先在动物身上进行实验并获得成功。后人对其多次改进。1974 年，格林齐希（Andreas Gruentzig）研制出一种圆柱形可膨胀的双球囊导管，他应用这种导管扩张外周动脉狭窄、肾动脉狭窄，取得了满意的效果。在 1977 年，他又将此法用于治疗冠状动脉狭窄，获得极大成功。后来，经逐步改良经皮冠状动脉腔内成形术（PTCA）目前已广泛应用于临床，成功率达 70% 以上，心绞痛复发率 30% 以下，支架应用率 60%～80%。导管心内消融术发展亦相当快，激光、冷冻、化学、射频消融治疗心律失常亦较为普及。

人工心脏起搏器，是 20 世纪内科治疗史上的一项重大机械治疗技术。1932 年，美国胸科医生海曼（A. S. Hyman）自制一台电脉冲发生器，并用家兔进行了心脏复苏试验并取得成功，海曼将其命名为人工心脏起搏器。1950 年，加拿大医生使用体外起搏器连接电极导管，经实验狗的颈静脉刺激窦房结区，使狗恢复了心跳节律。这些试验为人工心脏起搏器用于人体奠定了基础。1952 年，美国哈佛大学医学院的医生祖尔（P. M. Zoll）应用人工心脏起搏器，采用体外经胸壁起搏的方法，成功挽救了一位濒于死亡的房室传导阻滞患者，开创了人工心脏起搏器的临床应用。人工心脏起搏器后来又经多次改进，产生了埋藏式人工心脏起搏器，并研制出自动起搏复律除颤器，使人工心脏起搏器得到更为广泛的应用。截至 20 世纪 90 年代，世界上依靠人工心脏起搏器维持生命者已达到 200 万人。

骨髓移植、异基因骨髓移植、周围血干细胞移植已经在临床应用。血液净化技术亦不断改进和普及应用。用体外振波法击碎肾结石、胆结石等，已部分代替外科手术治疗。

3. 病因和发病机制研究的发展

现代内科学一个获得许多成果的领域，是对一些疾病的病因和发病机制的研究。由于分子生物学、免疫学、遗传学、内分泌和物质代谢研究等方面所取得的进展，使不少疾病的病因和发病机制得以进一步阐明。如人虽然很早以前就已认识到遗传是许多疾病的致病因素之一，但只有在运用现代的研究方法和技术之后，才深入到基因和分子水平认识遗传性疾病和与遗传有关的疾病。例如，发现 300 多种由于酶或蛋白质异常或缺乏引起的遗传性疾病；还发现了胰岛素依赖型糖尿病、强直性脊柱炎等的发病都可能与 HLA 某些位点有密切的关系。在人类疾病中虽然只有一部分具有明显遗传特征，但在原则上几乎所有疾病均受遗传因素的影响。除了分子机制外，神经体液机制和细胞机制在发病中的作用也被逐步阐明。对自身免疫性疾病、原发性和获得性免疫缺陷和免疫机制障碍等的认识也不断深化。对生物膜（细胞膜、基底膜等）在疾病发生发展中的意义亦有了进一步解释。新的病种不断被发现，如胰生长抑素瘤、肾素瘤以及遗传病和免疫病中就有 30 余种新的综合征。这些新的进展与发现，为相当多疾病的诊断和防治展现了新的前景。

4. 疾病谱研究的发展

20 世纪 50 年代以后，急、慢性传染病和寄生虫病的发病率和死亡率已经明显下降，心因性和社会因素性疾病显著增加，使疾病谱和死亡谱起了根本性的变化。在现代社会中，急、慢性传染病和寄生虫病已不再是威胁人们健康的主要疾病，而心、脑血管疾病，肿瘤和意外死亡已上升至前三位。这些病与心理紧张、吸烟、酗酒等心理、行为和生态失衡、环境污染等社会因素关系极为密切。世界卫生组织于 1991 年对全球主要死因的调查结果显示：不良生活方式和行为占 60%，环境因素占 17%，生物遗传因素占 15%，卫生服务因素占 8%。心脏病研究结果亦提示：社会、心理、生物学、理化等因素在高血压、冠心病的发生和发展中起重要作用，危险因素包括社会文化因素和个人行为、性格紧张状态等心理因素。人们因而开始更多地研究某些疾病在人群中的发病率、死亡率和疾病谱。内科疾病研究中规模较大的工作之一是对冠心病的调查研究。美国、日本、意大利、希腊、荷兰、芬兰等国对冠心病进行了大规模的追踪调查，而且使用统一的观察方法和诊断标准。除冠心病之外，还对高血压、高血脂、动脉粥样硬化、心律失常、心力衰竭等心血管疾病进行了同样的调查和研究，从而探明了心血管疾病的多种诱发因素，建立了多病因理论，促进了对这些疾病的有效防治。

5. 专科疾病诊治的新发展

自 20 世纪 30 年代以来，随着各种消化道内窥镜的研制及临床应用，消化系统疾病的诊治开始获得进展。1932 年，德国医师申德勒（Rudolf Schindler，1888—1968 年）研制出可弯曲胃镜，使胃镜在临床检查中的应用得以推广。随着内镜的不断改进，通过直接观察、电视、照相、采取脱落细胞和活组织检查等手段，提高了一些疾病的早期诊断和确诊率，同时还减轻了病人接受检查的痛苦。内镜除了用于诊断外，亦可用于治疗。1939 年，瑞典科学家就试验用内窥镜对食管静脉曲张的患者进行观察，还借助特制内镜注射器对曲张静脉注射硬化剂，以达到治疗目的。试验虽然取得成功，但接受治疗的患者非常痛苦，难以推广应用。20 世纪 60 年代后，随着纤维内窥镜的出现，上述治疗再度复兴。内窥镜下止血、造瘘、取出异物或结石、切除息肉、高频电灼术等治疗手段不断发展。这时，腔内手术也广泛开展，可进行阑尾切除、腹腔粘连剥离、胆囊摘除和肠梗阻术等。这些技术、方法的应用，使消化内科的诊治手段日益增多。

自 20 世纪 50 年代以来，血液学和血液病的研究也取得了重大发现和发明，取得了许多较为重大的成果。其中人类白细胞抗原系统（又称"组织相容性抗原系统"）的发现，就是继人类红细胞血型系统被揭示之后的又一重大突破。研究发现，白细胞抗原与人体免疫的关系十分密切。当然，人类白细胞抗原系统的研究源于组织器官移植的排斥反应，因而因该系统的发现而首先受益的亦是器官移植。然而研究证实，幼年性糖尿病、强直性脊髓炎、多发性硬化病、类风湿性关节炎等 30 多种疾病，都与特定的白细胞抗原密切相关。这些血液学和血液病的研究成果，大力促进了临床诊断和治疗的发展。

（五）外科学的现代化进展

进入现代医学发展时期以后，外科学取得巨大发展。19 世纪麻醉法、消毒法、止血法的发明，血型的发现，20 世纪尤其是在第二次世界大战中输血法和血库的广泛应用，为现代外科学的迅速发展夯实基础和铺平道路。随着现代外科学极为迅速的发展，外科学的知识和技术已超出任何一个外科医生所能完全掌握的程度与范围。这样，就必须有所分工，将外科进一步分为不同专科，而且出现分工越来越细的趋势。如按人体部位，分为胸心外科、腹部外科等；按人体系统，分为泌尿外科、骨科、脑神经外科、血管外科等；按病人年龄，分为小儿外科、老年外科等；按手术方式，分为整复外科、显微外科、腔镜外科、移植外科等。由于对麻醉的要求越来越高，出现了麻醉专业。新的专科不断产生，有的专科之间又出现了互相影响与相互交叉的情况。

1. 麻醉学的新进展

现代麻醉学的新进展有：麻醉装置和设备的改进、麻醉剂的发展、低温麻醉的应用等。

（1）麻醉装置和设备的改进

在 1900 年，美国外科医生库欣（Havrvey Cushing，1869—1939 年）和克赖尔（George Crile，1864—1943 年）首先使用外科手术全程监测血压的方法，保证病人的安全。20 世纪初，绍尔布鲁赫（Ferdinand Sauerbruch）设计了用于胸外科手术的负压箱。1904 年，布劳尔（Leopold Brauer）设计制造出第一台用于开胸手术的正压麻醉仪。然而，这两种方法却因设备复杂、体大沉重且费用昂贵而难以推广。1908 年，蒂格尔（M. Tigel）改进了布劳尔的仪器并使仪器体积大大缩小。1923 年，瓦特斯（R. M. Waters）设计出复式二氧化碳吸收装置，初步解决二氧化碳的排出问题。1928 年，格德尔（A. E. Guedel）和瓦特斯介绍了气管插管进行支气管内麻醉的方法。1934 年，弗伦克纳（P. Freckner）设计了一系列气管和支气管插管、气动式通气机及呼吸压力测量仪等。1944 年，英国科学家平松（Pinson）设计出由活塞泵调节的自动呼吸机。这些麻醉装置、设备的发明与应用，大大提高了麻醉的质量和安全性，使开胸等大手术得以施行，并能使手术水平得到提高。

（2）麻醉剂的新进展

局部麻醉应用于 19 世纪末，然而当时使用的局麻药可卡因毒性比较高，应用并非很安全。20 世纪初，陆续研制出了一些毒性小而效果好的局麻药。例如 1905 年，艾因伯尔（Einbore）合成了奴佛卡因，之后普鲁卡因、利多卡因等亦相继合成。1908 年，美国人克里勒（Crile）发明了全身麻醉和局部麻醉相结合的方法。20 世纪 30 年代，出现了静脉内全身麻醉法。1934 年，伦迪（Lundy）首先使用硫喷妥纳静脉麻醉获得成功。此后，又发现了若干可供静脉麻醉的药物。20 世纪 40 年代，意大利药理学家博维特（Daniele Bovet）人工合成了一种类箭毒化合物琥珀酰胆碱，临床应用可使浅麻醉下的手术患者肌肉松弛，且无毒副反应，解决了以往深麻醉不安全而浅麻醉又使肌肉极度紧张的麻醉学难题，使以前难以施行的外科手术能够施行。

低温麻醉是现代麻醉学领域的一项重大进展。1940 年，史密斯（Smith）等人最早将低温麻醉应用在外科手术上，对恶性肿瘤患者施行截肢手术取得成功，但并没有引起人们的充分重视。1950 年，美国人比奇洛（W. G. Bigelow）对数百只动物进行低温条件下生理变化的实验研究，获得一系列实验数据，为低温麻醉的发展奠定了基础。1952 年，美国明尼苏达大学医学院刘易斯（F. J. Lewis）等人成功为一个 5 岁儿童在低温下停止循环施行心内直视房间隔缺损修补术。低温麻醉的成功，为心脏外科和其他外科领域的发展开拓了更宽广的路。

2. 血库的建立

1901 年，兰德茨坦纳发现了 ABO 血型。最早将兰德茨坦纳的血型理论用于指导临床输血的人是卡雷尔（A. Garrel，1873—1944 年）。1906 年，他将输血者的动脉连接在受血者的静脉上，取得成功。这种直接输血法操作复杂，而且输血量不易控制。1915 年，德国的路易森（Lewisohn）提出了混加柠檬酸钠溶液，使血不凝固的间接输血法，也就是把抽出的血注入加了柠檬酸钠的容器里，再把血液输入受血者体内。柠檬酸钠的抗凝血作用解决了血液的储藏问题。根据这一原理，列宁格勒输血研究所和美国芝加哥的医院于 1937 年都先后建立起血库。20 世纪 40 年代之后，血库在许多国家普遍建立。血库通常采用分型的血液加入柠檬酸葡萄糖的混合物，在冷藏的条件下保存储备血液，以备急时之需，使输血简便易行。第二次世界大战中，由于战伤救治之需，血库和输血技术被普遍应用。

3. 器官移植和人造器官的出现与进展

（1）器官移植的成功

1913 年，法国的卡列尔（A. Carrel，1873—1944 年）医师就提出过将器官取下培养移植的观点。1933 年，异体角膜移植获得成功。1954 年，单卵双生兄弟之间的肾移植首次在美国取得成功。20 世纪 60 年代之后，由于血管吻合技术所获得的进展，显微外科技术取得的突破，离体器官保存方法的改进，运用免疫移植法控制排斥反应的成功，以及人体组织移植规律的发现等，使得器官移植术取得了显著的进展。1963 年至1967 年，肝移植（Starzl，1963），肺移植（Hardy，1963），胰腺移植（Lillehei，1966）和心脏移植（C. N. Barnard，1967）先后取得成功。20 世纪 80 年代以来，骨髓移植治疗白血病也取得了很大成就。在器官移植的基础上，细胞移植和胚胎器官移植已成为器官移植学中的新热点。20 世纪 90 年代中期，转基因器官作为器官移植供体的研究正在开展。不少国家投入巨资发展"器官移植用转基因猪项目"。此项目研究的最终目标是建立转基因猪的生产基地，即器官农场。这种器官农场将提供肾、心脏、脾、胰腺和肝等移植器官。

（2）人造器官的出现与应用

器官移植是拯救器官严重受损病患者生命的主要手段，然而捐献的器官极为有限，并且费用甚为昂贵，难以满足病人的需要，人造器官因此出现。20 世纪五六十年代以来，由于现代科学技术被广泛应用于医学领域，促成一门由生命科学与工程技术相结合的新学科——生物医学工程学的产生，进而使人造器官成为可能。1945 年，荷兰学者柯尔夫（W. J. Kolff）将人工肾用于治疗急性肾衰竭并获得成功，他后来又在美国开始研究人工心脏。20 世纪 50 年代以来，人工心肺机、人工低温术应用于临床，使体外循环心内直视手术能够进行。1962 年，斯达尔（Stall）采用人造球形瓣膜更换二尖瓣取得成功。1982 年，美国医生为一位 61 岁老人植入"贾维克－7"型人工心脏。人工关节、人工股骨和人工感官的研制与应用亦获得较大进展。在生物医用材料和内置体方面，尤其是医用高分子材料有了快速的发展。心脏瓣膜、心脏起搏器、人工乳房和美容生物材料等的研制亦逐渐完善，并且获得了广泛应用。

4. 显微外科的出现与发展

显微外科技术是 20 世纪外科学的一项新科技。20 世纪 20 年代，因为光学放大系统的引入，外科手术进入了微观世界。1921 年，瑞典医生尼伦（Nylen）和霍尔姆格伦（Holmgren）首次使用双目手术显微镜为耳硬化症患者进行内耳开窗手术。此次手术充分显示了显微外科的优越性，其意义超出了耳鼻喉科的范围。1950 年，佩里特（Peritt）在手术显微镜下进行了微观水平的角膜缝合，促进了缝合材料向显微化的发展。1960 年，美国医生雅各布森（Jacobson）首先用动物做实验，缝合直径为 2.6 ～ 3.2 毫米的小血管，取得良好效果。1962 年，蔡斯（Chase）在显微镜下缝合直径为 1.2 ～ 1.7 毫米的小血管又获得成功。这一系列的突破性进展为显微外科的发展和独立学科体系的形成奠定基础。

随着显微外科手术精确性的不断提高，外科手术的适用范围扩大，尤其是在小血管的缝合上达到极高水平，进而推动了创伤、整形和移植外科的发展。然而，显微外科真正的迅速发展在于断肢再植的成功。1963 年，中国的陈中伟等人接活完全断离的右前臂成为世界上首次报道断肢再植成功的病例。1966 年，中国的杨东岳等人首次应用显微外科技术在人体成功地完成第二足趾游离移植再造拇指的手术，开辟了显微外科的再造领域。

5. 微创外科的兴起

微创外科学在现代兴起。1987 年，法国医生莫雷（P. Mouret，1950—　）在进行腹腔镜胆囊切除术时第一次完成了微创手术，微创外科技术快速发展起来。

6. 心脏外科的发展

现代心脏外科的发展是现代外科技术发展的一个标志。现代心脏外科真正发展起来始于 20 世纪 50 年代后，这是由于低温麻醉和体外循环技术的创立，以及心脏停搏液的研制和发展。1961 年，美国的斯塔尔（A. Starr，1926—　）和艾德华兹（M. Edwards）设计和制造了最初的人工心脏瓣膜，并成功地为一名瓣膜患者做了二尖瓣置换。斯塔尔等人后来又研制出一系列各种类型的人造瓣膜。法国科学家卡尔庞捷（A. Carpentier）等人几乎在同一时期开创用戊二醛法保存生物瓣膜。这类进展促进了人造心脏瓣膜在外科手术中的应用。

7. 激光技术的应用

1960 年，美国物理学家梅曼（T. Maiman，1927—2007 年）研制出世界上第一台红宝石激光器。1961 年，有人开始在眼科手术中将激光器作为手术刀使用。此后，激光在外科手术中的应用范围不断扩大，如植皮术、清创术、胸外科手术、矫形外科手术和肿瘤切除术等。

（六）现代妇产科学的新发展

现代妇产科学有重大发展，主要是指生殖医学取得了根本性的进展及各种相关技术的快速发展。此外，与现代医学学科之间不断分化综合的趋势一样，现代妇产科与其他临床学科的交叉融合也是其发展的重要特征，如妇产科与儿科的渗透交叉。

1. 妇产科学的早期发展

妇产科学这门古老的学科，历经漫长的发展进程。随着 13—16 世纪解剖学的创立与发展，人认识了子宫、输卵管和卵巢的结构，亦逐渐开始进行各种手术。18 世纪，产钳的推广应用使得产科从妇科中独立了出来。19 世纪，剖宫产术真正成为处理难产的有效方法并开始应用于临床。美国外科医师麦克威尔（Ephraim Mcdowell，1771—1830 年）是公认的产科手术学创始人，他于 1809 年首次成功地切除了一个约 7 公斤重的卵巢肿瘤，从而开创了腹部手术。1852 年，美国妇科医师西姆斯（James Marion Sims，1813—1883 年）第一次为有膀胱阴道瘘的女病人施行手术。英国外科医师威尔斯（Thomas Spencer wells）、泰特（Robert Lawson Tait）和弗劳登（W. A. Freund）分别于 1858 年、1871 年和 1878 年开始进行卵巢、输卵管和子宫手术。波罗（Eduardo Porro）于 1876 年、萨格尔（Max Saenger）于 1882 年分别提高了剖宫产的技术水平，使之更加有效和安全。不过，一般认为，19 世纪之前的妇产科学处于单纯的医术阶段，真正科学意义上的妇产科学的开始则以伦海兹（Roonhyze）在 1912—1924 年所著的《现代妇产科学》为标志。

2. 生殖医学的革命性突破发展

20 世纪，医学在人类生育问题上获得一系列进展。人工授精、体外受精以及无性繁殖等技术所取得的重大进展，为生殖医学带来一场革命性的跨越式发展。

1890 年，美国人杜莱姆森（Dulemson）首先将人工授精技术试用于临床。20 世纪上半叶，人们利用不暴露身份捐献精子的方式来进行人工授精。到 20 世纪 30 年代，人工授精技术有了突破。1953 年，美国阿肯色大学医学中心的谢尔曼（Sherman）和伯奇（Burge）开辟了冷冻精子在人工授精方面的应用前景。1978 年 7 月 25 日，世界上首例试管婴儿在英国诞生，从此体外受精技术进入临床应用。到了 1995 年，全世界的试管婴儿已经超过了 10 万例。

3. 妇产科技术的新发展

1907 年，剖宫产手术获得新的进步，弗兰克（Frank）首创腹式腹膜外剖宫产手术。1908 年，拉兹克（Latzko）设计了从膀胱侧窝进入子宫下段的手术，后经多人改进成为之后使用的侧入式腹膜外剖宫产手术。1925 年，亨塞尔曼（Hinselmann）发明了阴道窥镜，并最先应用于临床观察。1941 年，美国的帕帕尼古劳（G. N. Papanicolaou）和特兰特（H. F. Trant）建立了宫颈脱落细胞学诊断子宫颈癌的技术。1951 年，美国的希罗德卡尔（Shirodkar）设计了宫颈环扎手术。1949 年，加拿大的巴尔（Murry Llewlly Barr）等人发现了巴氏小体（巴氏小体为男女性别和性染色病的鉴定提供了新方法）。1952 年，英国的贝维斯（Douglas Bevis）发明羊膜腔穿刺术。1966 年，英国的斯蒂尔（Steele）成功地培养了羊水细胞，并进行了染色体核型分析，为预测性别提供了标准。1968 年，美国的瓦伦蒂（Carlo Valenti）首次对胎儿进行了染色体的诊断试验。20 世纪 80 年代之后，此类诊断技术得以广泛应用。因为这些技术的发展，使得 20 世纪下半叶胎儿医学得以建立，从而使围产医学成为产科又一新的发展领域。这些发展，使得从孕妇到产妇，从胎儿到新生儿的医疗保健水平均有新的跨越，并使妇产科与儿科的交叉渗透日渐明显。

4. 妇女保健学的开创

妇女保健学是在妇产科学的基础上发展起来的一门学科。其主要内容包括探究发现影响妇女健康的各种高危因素，并为危害妇女健康的各种常见病提供预防措施，研究提高妇女身心健康水平的对策与管理方法。世界卫生组织已经将妇女身心健康状况列为评价世界各国医疗卫生水平的标准之一。

（七）现代儿科学的建立与发展

现代儿科学取得了多方面的进展，儿科的这种发展趋势与现代医学的高度分化又高度综合的发展趋势一致，如儿科在不断的分化组合中产生新的专科。

1. 儿科学的建立与早期发展

英国医师卡多根（William Cadogan，1711—1797 年）、阿姆斯特朗（George Armsteong），瑞典医师罗森斯泰因（Swedu Nils von Rosenstein，1706—1773 年）等是 18 世纪儿科专业的先驱。进入 19 世纪后，法国的毕拉德（Charles Michel Billard，1800—1832 年）、英国的韦斯特（Charles West，1818—1891 年）等对儿科学有重要贡献。1860 年，美国儿科医师雅各比（Abraham Jacobi，1830—1919 年）在美国建立起第一所儿童医院，被认为是 19 世纪美国儿科学的奠基人。进入 20 世纪以前，人们认识到儿童的健康问题与成人不同，儿童对疾病和免疫的反应因年龄而异，从而使儿科作为一门专门学科而诞生。其重要标志是儿童疾病诊疗机构的形成及儿科学理论著作的出版。美国荷尔特（Holt）于 1896 年所著的《儿科学》，为儿科学第一部比较完整的教科书。儿科学权威著作《尼尔逊儿科学》，更清晰地展现了世界儿科学理论和实践的发展过程以及重大成就。

2. 儿科学的现代化发展

儿科学经历了 18—19 世纪的创建与早期发展之后，在 20 世纪又获得迅速的发展。20 世纪初到 20 世纪 50 年代，儿科学主要在人工喂养、营养不良、佝偻病、小儿腹泻和传染病等诊治上获得重要成就，婴幼儿的体液及电解质平衡等问题也受到重视。20

世纪 50 年代之后，儿科学加强了对各种疑难疾病诊治的研究。

德国学者卡梅勒（W. Camerer，1842—1910 年）提出了不论年龄大小，儿童的营养需要量皆按体重计算的原则，这一原则后来被称为"Camerer 氏定律"。德国另外两位学者休布纳（L. Heubner，1843—1926 年）和鲁布纳（M. Rubner，1854—1932 年）通过研究正常和异常小儿的营养需要量，发现了代谢率与体表面积成正比的规律。这些研究成果为小儿的人工喂养及营养不良的诊治提供了理论依据。

对儿童传染病的研究亦取得相当大的成就。如脊髓灰质炎，1913 年前后，意大利学者莱瓦迪蒂（C. Levaditi，1874—1953 年）和兰德茨坦纳等人发现脊髓灰质炎患儿死后的脊髓材料可使猴子发生感染，还证实了其病原体的可滤过性，说明它是一种病毒。又如麻疹，1950 年，美国学者赫克通（Ludving Hektoen，1863—1951 年）就证明了麻疹的病原体是一种非细菌类的因子。1954 年，美国医学家恩德斯（J. F. Enders，1897—1985 年）成功分离出麻疹病毒，为麻疹病毒疫苗的研制开拓了道路。以上研究成果，为防治儿童病毒性传染病，降低其发病率、致残率和死亡率创造了条件。

临床儿科学加强了对各种疑难疾病诊治的研究。1953 年 DNA 双螺旋结构被揭示之后，分子生物学领域的新技术不断地被应用于临床，为提高儿科疾病的诊治水平发挥了重要的作用。其中，应用最广而且成效最大的是基因诊断，使种类繁多、发病机制未明的遗传代谢性疾病能够明确诊断。

3. 儿科学专科的形成

现代儿科学已经发展成为多分支、多专业的学科。按研究内容的不同，分为儿童健康学和临床儿科学等；按各年龄期的特点，分为围产期医学、新生儿医学、青少年医学和青春期医学等；按研究专业的不同，分为小儿呼吸系统疾病学、小儿消化系统疾病学、小儿血液病学、小儿肾脏病学、小儿肝脏病学、小儿神经病学、小儿急救医学等。

（八）传染病防治水平的迅速提高及传染病的新情况

20 世纪，传染病防治水平迅速提高，急性传染病的防治获得重大进展，城乡的疾病谱和死因谱发生了明显的改变。急性传染病的死因顺位，20 世纪 80 年代已下降至第10 位。虽然急性传染病的发病率与死亡率已明显下降，但出现了新的情况，如新的传染病出现，有的旧传染病又再发展。

1. 科学技术的发展对防治传染病及防疫所起作用

随着医学科学发展，人对传染病及疫症的致病原因与防治方法的研究有了重大进展。现代医学科学为人类防治传染病起了非常重要的作用。

前文已经提到，17 世纪显微镜的发明与应用，使人们能够观察到一些微小生物，如细菌、螺旋体和滴虫等。19 世纪，法国科学家巴斯德首先将细菌与传染病联系起来。巴斯德关于细菌与传染病之间联系的研究为近代传染病理论的建立做出了巨大贡献。对病原菌理论的发展做出重要贡献的另一位学者是德国细菌学家科赫。1877 年，科赫拍摄了第一张细菌的显微镜照片并发明了细菌培养技术。科学家应用这一技术，在19世纪末和20世纪初，几乎分离出所有常见致病菌。许多科学家进行病原微生物学的研究，许多的病原体被陆续发现：1878年发现了回归热的病因，1879年发现了淋病的淋球菌、麻风杆菌，1880年发现了伤寒杆菌、疟原虫、链球菌、葡萄球菌、肺炎双球菌，1882年发现了结核杆菌、炭疽杆菌，1883年发现了白喉杆菌、霍乱弧菌，1884年发现了破伤风杆菌，1887年发现了脑膜炎双球菌，1894年发现了鼠疫杆菌，1897年发现了痢疾杆菌等。19世纪末，科学家对那些还未找到的最常见流行病的病原体，如麻疹、脊髓灰质炎、天花和流行性感冒等，用"病毒"一词来指这些微小的"感染因子"。1929年，美国医生用黄热病病原体感染猴子获得成功，并阐明了其传染因子是可滤过病毒。黄热病因而成为人类认识的第一种病毒性疾病。20世纪30年代，电子显微镜发明之后，病毒研究有长足进展。1939年，科学家在电子显微镜下观察到烟草花叶病毒的形态之后，"病毒"一词的含义从"致病毒素"转变为一类更小、更简单的微生物"实体"。科学水平的提高提升了防治传染病的能力。

前文还提到，欧洲医生于16世纪开始大量使用矿物药，医药化学也在此基础上发展起来。后来，抗生素的发明和使用，微生物学的迅速发展，寄生虫病学研究的长足进步，免疫学的迅速发展，疫苗的发明与使用，各种化学药物出现，流行病学的发展，健康教育的开展，使防治传染病的水平空前提高。

2. 传染病的新情况

19世纪末，大部分致病性细菌已被发现。到了20世纪初，又发现几种病毒性疾病。20世纪60年代以后，新的传染病不断出现。新发现的传染病和病原体有30多种，其中一部分在世界范围内流行，如艾滋病、O139型霍乱和致病性大肠埃希菌引起的出血性肠炎等。20世纪70年代中期以后，美国又陆续发现了军团病、艾滋病和莱姆病等新的传染病。艾滋病已波及全世界187个国家和地区。根据世界卫生组织公布的材料，1995年，全世界有117万人患艾滋病，感染人数达1800万。到1996年7月1日，感染人数达2180万。这又再度引起世界对传染病的关注。

有的旧的传染病如结核病，原来已被控制，后来却在世界范围内蔓延。世界卫生组织1994年度报告指出："结核病正威胁着世界三分之一人口的健康，如果不立即采取预防措施，将在今后的10年内，夺去3000万人的生命。"报告警告，未来数年各国将出现多种耐药型结核病。研究发现，艾滋病毒对人体抑制结核病菌的细胞有杀伤作用，是结核病得以滋生、蔓延的重要原因。

在第二次世界大战时，青霉素获得广泛应用。但到了1946年，出现耐青霉素的葡萄球菌，必须使用新的抗生素才能奏效。然而随着新的抗生素的应用，能够抵抗新的抗生素的细菌突变体又再出现。周而复始。更新的药物不断出现，更新的细菌突变体又不断出现。每一种致病菌都有几种突变体，能够对许多种抗生素产生耐药性。有些细菌除一种药物外，对其他所有的药物都有耐药性。耐药菌又能够将其耐药基因传给后代，而且还能影响到其他细菌，导致耐药菌越来越多。1995年，世界感染结核菌的人数已经达到17亿，全球因结核病死亡的人数约300万。20世纪70年代，曾在南非出现的几种耐药性肺炎菌株已经蔓延到欧洲和美洲。由于使用一种抗生素对疾病不起作用，只能同时使用几种抗生素。

在很长一段时间内，人只见微生物有害的致病作用，而未见微生物对人的生理方面有利的作用。后来，由于生物学的发展，各种高科技的应用，以及药物对宿主微生态平衡的影响，使人们逐渐认识到正常微生物存在的普遍性和重要性。在正常情况下，绝大多数微生物对人体是有益和必需的，而致病性的只是少数。微生物的致病性取决于宿主、环境和微生物自身这三个方面。长期大量使用抗生素，除了导致上述耐药性的问题之外，亦抑制或消灭了正常的微生物群，扰乱了正常微生物群的生态平衡，导致菌群失调症或菌交替症或二重感染。

20 世纪 60 年代后期，社会认为传染病已被基本消灭，余下的传染病是可通过免疫和抗生素得以控制的，今后人与疾病的斗争应转向以心脑血管疾病、恶性肿瘤以及退行性病变为重点。城乡的疾病谱和死因谱发生了明显的改变。急性传染病的死因顺位，在 20 世纪 80 年代已下降至第 10 位。然而到了 20 世纪末段，传染病又再度成为人在健康方面的重大危害，人与传染病的斗争仍很激烈。传染性疾病仍然是发病率高、危险性大的疾病。在世界卫生组织发布的危害人群健康最严重的 48 种疾病中，传染病和寄生虫病占 40 种，发病人数占病人总数的 85%。1996 年世界人口死因分析表明，全年世界上有 1700 万人死于传染病和寄生虫疾病，占总死亡人数的 32.7%，其中儿童数量较多。由此看来，人与传染病的斗争必定不会在短时间内告终。人类跨入 21 世纪初，更面对突至的重大传染病严重急性呼吸综合征（SARS）的危害。

（九）精神病学的新发展

精神病学（psychiatry）一词，源自希腊语。psyche 为精神、灵魂之意，iatria 为治疗之意，精神病学即为治疗灵魂疾病之意。现代科学精神病学的发展，仅有 100 多年。

1. 各种学派及其学说

精神病学有各种学派，其中包括：

1）弗洛伊德（S. Freud，1856—1939 年）提出精神解剖学说（无意识、潜意识和意识）、本能学说（"性力"和"情综"）、精神结构学说（本我、自我和超我），形成了精神分析学派。这一学派认为精神作用影响潜在意识，性的本能与这种作用有重要关系。弗洛伊德的学说不仅对精神病学、心身医学，而且对心理学乃至整个西方文化都产生了很大影响，并在不断受到批判和在修正中发展，还被用于治疗精神病人。其学生荣格（C. D. Jung）后来根据精神分析学说来治疗精神病人。

2）美国精神病生物学家梅耶（A. Meyer，1866—1950 年）创立的精神生物学派，把病人作为一个完整的人来理解和认识，认为精神病是由于适应习惯遭到破坏而引起的人格不平衡所造成的，治疗的目的在于重建健康的适应习惯。

3）巴甫洛夫学派以条件反射为中心的高级神经活动学说，对精神病做出生理学解释，成为当时流行的"行为疗法"的理论基础之一。

2. 胰岛素疗法和电休克疗法等疗法的产生与应用

20 世纪 30 年代之前，有效的精神病疗法很少。1918 年，奥地利人瓦格纳－贾雷格（Wagner-Jauregg）曾使用接种疟原虫的方法治疗麻痹性痴呆。1933 年，萨凯尔（M. Sakel）被报道使用胰岛素治疗精神病人。1935 年，梅杜纳（Meduna V. M. von）开创用卡地阿唑痉挛疗法治疗精神分裂症。1938 年，格莱蒂（Gerletti）和比利（Bini）在痉挛疗法的基础上发展出电休克疗法。胰岛素疗法和电休克疗法，成为在化学治疗应用之前精神病的两大治疗方法。

3. 生物精神病学的发展

自 20 世纪 50 年代以来，随着科学技术的发展，分子生物学的巨大成就和新技术的应用等，使神经生理、神经生化、神经免疫、神经内分泌、精神药理学以及医学遗传学等获得极其迅速的发展。医学家可以深入到神经细胞膜和氨基酸、酶、受体等分子结构研究脑的功能，有力地推动了精神病生物学基础的研究。随着脑的各种影像技术以及分子遗传学的新发展，使生物精神病学提高到了新的水平。

4. 社会精神病学的创立

社会精神病学是在社会学、生态学、文化差异等方面研究精神疾病。从 20 世纪进入 21 世纪的数十年里，由于医学模式的转变，使社会环境、社会心理因素对精神疾病和行为影响的问题日益受到重视，并逐渐将社会因素流行病学、社区防治等作为精神病学研究的重点，从而促进社会精神病学的创立与发展。人们也认识到社会心理因素不仅影响心理健康，同时影响机体各系统的功能，从而使心身医学在 20 世纪 70 年代以来得到迅速发展。

（十）现代肿瘤病学的重大发展

20 世纪，现代肿瘤病学获得了重大发展。现代科学技术的快速发展，促进基础医学研究与临床医学的迅速发展，使肿瘤的病因学、流行病学、诊断、治疗和预防等研究不断深入开展，肿瘤病学亦日渐完善，并且形成许多新的分支。

1. 肿瘤病因和基础研究在现代的进展

20 世纪之前，医学界已开始探索肿瘤的致病因素。1775 年，英国内科医生卜西瓦泊特（Percivalpott）发现长期扫烟囱的男孩易患阴囊癌，因而提出肿瘤的发生与环境因素有关。19 世纪，应用显微镜后形成了肿瘤学的基本框架。20 世纪以来，肿瘤学有了长足发展。首先确定了致癌因素有化学性、物理性和生物性等，并且以突变学说来解释肿瘤的起源。1915 年，日本的山极胜三郎（Yamigiwa）和市川厚（Lchikawa）给兔耳长期涂抹煤焦油诱发了皮肤癌，证明了化学因素的致癌作用。1933 年，英国的库克（Cook）等成功分离出了煤焦油中的致癌成分苯并芘。1941 年，提出了多因素致癌的概念。随后，人类又证明了从巴豆油中分离出的佛波酯对表皮细胞有致癌性，并证明烟草与肺癌有关，黄曲霉素与肝癌有关。某些化工产品、工业污染物等亦都被证实为致癌的因素。1953 年，美国的沃森（Watson）和英国的克利克（Crick）提出了 DNA 的双螺旋结构模型，而该模型又为 DNA 复制和遗传持续性在分子水平上提供了依据。这为分子生物学的迅猛发展奠定基础，肿瘤学的研究亦随之进入一个新的时期，形成分子肿瘤学。1954 年，著名的"接触抑制"现象被发现，成为正常细胞和恶性细胞的重要行为区别。免疫监视是抑制肿瘤发展的一个重要因素，亦于 20 世纪 50 年代末被提出来。1964 年，与鼻咽癌有密切关系的 EB 病毒被发现。20 世纪 70 年代初，发现 RNA 肿瘤病毒中有逆转录酶。1972 年，制备出第一个重组 DNA 分子。1975 年，建立了单克隆抗体。20 世纪 80—90 年代的一个研究热点是病毒与癌变的关系，如乙型肝炎病毒与肝癌关系的分子水平研究、乳头瘤病毒与宫颈癌关系的分子水平研究等。癌细胞分子生物学研究亦有重大进展，对癌基因、抑癌基因和生长因子的研究，进一步揭示细胞转化和恶性演进的本质。癌转移的分子机制及其防治的基础研究已经成为一个重要领域，其中突出的关注点是对肿瘤血管的研究。

2. 临床肿瘤学的持续发展

对肿瘤的病因和基础研究的进展，推动临床肿瘤学的发展。在细胞病理学的基础上，组织病理学奠定癌的现代诊断基础。20 世纪 40 年代，出现了脱落细胞学。20 世纪 50 年代电子显微镜的应用，使肿瘤诊断提高到细胞水平和亚细胞水平。免疫学 20 世纪 60 年代的进步，引发以甲胎蛋白为代表的肿瘤标记的研究热。20 世纪七八十年代 CT、MRI、数字减影血管造影等的出现，使肿瘤诊断进入"亚临床诊断"，长度为 1 厘米乃至 0.5 厘米的内脏癌症亦能被检出。近年来分子生物学的进步，使癌症的分子诊断和基因诊断有了可能。现代治癌的三大方法：手术、放射治疗和化学治疗，建立于 19 世纪末 20 世纪初。20 世纪 80 年代，又有了肿瘤的第四大疗法——生物治疗，其中基因治疗还进入了临床试验。

（十一）皮肤病学的沿革与进展

18 世纪中叶之前，皮肤病属于外科学的范畴，一般是由外科医师承担诊治。1777 年，洛莱（Antoine-Charles Lorry）医师发表了有关皮肤病的论文。18 世纪末，许多内科医师开始注意观察和记录发生于皮肤的疾病，这种趋势一直持续至 19 世纪，使皮肤病学成了内科学一个分支。其创始人是新维也纳学派的黑布拉（Ferdinand von Hebra，1816—1880 年）。20 世纪初，一些内科医师开始专门致力于皮肤病学的临床和研究，使皮肤病学成为独立于内科学之外的一门临床学科。阿里巴特（Jean Louis Alibert，1768—1837 年）医师和英国威兰（Robert Willan，1757—1812 年）医师等都是皮肤病学的奠基人。而将细菌作为皮肤病的重要病源者，则以萨布劳德（Raymond Sabouraud，1864—1938 年）医师和乌拿（Paul Unna，1850—1929 年）医师为代表。

梅毒在传统上为皮肤病的一个重要部分。法国里考德（Philippe-Ricord，1799—

1889 年）医师进一步确定淋病和梅毒是两种不同的疾病，并将梅毒分为三期。法国富尼埃（Jean-Alfred Fournier，1832—1914 年）医师对梅毒溃疡症和检验毒性脊髓空洞所致共济失调有较深入研究。英国哈钦森（Jonathan Hutchinson，1828—1913 年）是研究先天性梅毒的先驱。德国动物学家绍丁（Fritz Schaudinn，1871—1906 年）发现了梅毒的病源苍白螺旋体。细菌学家尼斯尔（Albert Neisser，1855—1916 年）于 1879 年分离出淋球菌，证实其为淋病的病源菌。到了 19 世纪末，梅毒成为内科学中一个相对独立的范畴。由于大多数性传播疾病的诊治也由皮肤科医师承担，因而性病学也逐渐被纳入皮肤病学的范畴。多数国家因而将皮肤病学和性病学合并，定名为皮肤性病学。

皮肤性病学在 20 世纪上半叶发展缓慢，主要是对各种皮肤病和性病进行临床表现的描述、分类和命名。这是因为多数皮肤病和性病发生于体表，临床易于观察，似乎不必进一步深入检查，并且在当时除皮肤组织病理检查之外，还没有其他特殊检查手段，加之各种皮肤病和性病只限于经验性治疗，缺乏显著疗效。因而在探求疾病本质和提高疗效方面，皮肤性病学落后于其他临床学科。到了 20 世纪下半叶，因为各基础学科的迅速发展及其与皮肤性病学之间的有效结合，皮肤性病学的研究手段不断丰富，使一些皮肤病和性病的病因、发病机制、诊断和治疗等基础和临床的研究成为可能。由于分子生物学技术逐渐与皮肤性病学融合，现代医药学明显加快了新药的研发进度，大为推动了皮肤性病学的临床和研究工作，皮肤性病学的发展非常迅速。

（十二）康复医学的建成与发展

康复医学是出现在 20 世纪中期的一个新概念。这是一门以消除和减轻人的功能障碍，弥补和重建人的功能缺失，设法改善和提高人的功能的医学学科。它的形成与发展经历了漫长的历史。1910 年之前，初期的运动疗法、作业疗法、电疗法和光疗法已经逐渐形成，教育康复、职业康复、社会康复也已经开始。康复医学在近百年来迅速发展。1917 年成立于纽约的"国际残疾人中心"是现代康复医学确立和发展的起点。到了 20 世纪 80 年代以后，康复医学进入成熟壮大时期。

在第二次世界大战时期，大量伤病员通过康复治疗，功能恢复较快，逐渐形成了物理疗法、作业疗法、言语疗法、心理疗法、医疗体育锻炼等综合疗法，有力地推动了康复医学的发展。康复的概念也由单纯的身体康复发展到躯体、心理、职业和社会适应等的全面康复，并逐渐得到了医学界的广泛认可。第二次世界大战后，"国际物理医学与康复学会""国际康复医学会"先后成立，并于 1970 年在意大利召开了首届世界康复医学大会，有力地促进了康复医学的进一步发展。

电子技术的快速发展和新材料的广泛应用，促进了康复功能检查和治疗器械与方法的不断增加，还有康复专业人员的日益增多，康复医学得以迅速发展。

（十三）循证医学的出现及发展

循证医学（Evidence-Based Medicine）可溯源至 19 世纪中期法国大革命后的拿破仑

时代，把临床实际效果作为判断某种疗法是否正确的唯一标准。不过，有很多重要的治疗后果不能被精确测量。如疼痛的程度及其疗效，就只能主要由患者本人根据主观感觉来评说，医生通常不能对此做出评价。有些复杂的结果，如生活的质量等，不能被适当地定义。

　　社会的发展，使医生在医学实践中不能只凭临床经验或过时和不够完善的理论知识行事，而必须遵循科学原则和依据处理医学上的问题。20世纪70年代，以阿奇科克伦（Archie Cochrane）为代表的一些流行病学家经过大量研究后提出，在现有的临床诊治措施中，仅20%被证明有效，呼吁临床实践需要证据。典型的例子是硝苯地平等第一代钙通道阻滞剂可以扩张动脉血管，降低血压，从而降低心脏后负荷，所以长期以来被想当然地用于急性心肌梗死的治疗。但是，随机对照试验研究反而表明，此类药物增加急性心肌梗死的死亡率。大量临床随机对照研究得出的结论，使得临床医生开始怀疑常用的诊治方法是否合适，认识到通过循证医学对这些方法进行再验证的必要性。自20世纪70年代后期起，迅速发展和日益完善的临床流行病学以其先进的临床科研方法学，强调临床科研设计（design）、测量（measurement）和评价（evaluation）的科学性，推动了临床科学研究，同时亦总结出一系列严格评价的方法和标准，有力地促进临床医学信息科学的发展与循证医学的发展。

　　20世纪80年代初期，在临床流行病学发源地之一的麦克马斯特大学，以临床流行病学创始人之一、著名内科学家萨奇特（Dr. David L. Sackett）为首的一批临床流行病学家，在这所大学医学中心的临床流行病学系和内科系率先为年轻的住院医师举办了循证医学培训班，在学习应用临床流行病学原理与方法的基础上，进行循证医学培训，并取得相当好的效果。经过反复实践，循证医学已经成为临床医生的一种新型培训措施。20世纪90年代，循证医学被公认为是医学的重要领域。

（十四）医学心理学的新发展

　　一般认为，医学心理学是心理学和医学相结合的一门学科，是从医学的观点研究、诊断、治疗和预防精神障碍和人的身心疾病及其相关问题的应用学科。19世纪下半叶，心理学的一个重要分支——医学心理学已然出现。1896年，美国心理学家韦特模（L. Witmer）第一次提出并使用了临床心理学的概念，在宾夕法尼亚大学设立了心理门诊。自此，心理学开始应用于医学以解决临床问题。

　　20世纪为医学心理学获得重大进展的时期，形成了几个重要学派。其中包括：

1. 心理动力学派

　　其在20世纪初发展起来，在西方心理学界产生了极大的影响。其创始人是奥地利医生弗洛伊德。他强调心理因素对躯体的影响，提出被压抑的情绪和心理冲突可成为导致人体机能失调的致病动因，并创立以精神分析法治疗疾病的方法。

2. 行为学派

它也是一个重要学派，其创始人是美国心理学家华生（J. B. Watson）。他于 1913 年创立了行为主义理论，并经斯金纳（B. F. Skinner）的发展而完善起来。这一学派提出经典性和操作性两个学习理论，以及后来发展起来的社会学习理论。沃森认为，人的一些变态行为是通过学习获得的。所以，变态行为和心身疾病等也可以通过教育和训练得到矫正。这些重要的理论和发现为行为治疗的开展做出贡献。

3. 心理学派

20 世纪 30 年代以后，出现了以著名生理学家坎农（W. B. Cannon）、塞里（H. Selye）、巴甫洛夫、沃尔夫等为代表的心理学派。这一学派研究情绪变化和心理应激因素对机体生理机能的影响，尤其受自主神经控制的内脏活动以及内分泌和免疫系统的影响，认识到不良情绪的长期反复出现，会引起生理机能紊乱和病理改变，受影响程度取决于个体的遗传素质和人格特征，初步阐明心身之间的关系，为临床治疗提供了新方法。此一学说为心身医学的创立奠定了基础。

4. 人本主义心理学派

第二次世界大战后，心理测验、心理咨询和心理诊断出现，并获得迅速发展。人本主义心理学派也发展起来。其主要代表人物是美国心理学家马斯洛（A. H. Maslow）。马斯洛关于人类需要的层次论，正视人的各种生理和心理、物质和精神的需要。这使医学心理学得到了更大发展。

5. 行为医学

1976 年，行为医学的概念被提出来。1978 年，出现健康心理学的概念，并创办了《行为医学杂志》。行为医学研究在现代发展迅速。

（十五）运动医学的建立与发展

运动医学作为一门完整和有理论基础的独立学科，在 20 世纪 30 年代正式建立。1928 年，国际运动医学联合会成立。20 世纪 50 年代以来，运动医学发展较快，欧美的一些国家建立了许多运动医学中心和运动医学研究所，不少大学纷纷开展运动医学的临床工作和科学研究，个别大学还开展了相关教学。运动医学是医学与体育运动相结合的一门边缘科学，为医学的一个学科。其研究与体育运动有关的医学问题，运用医学的技术和知识，对运动训练进行监督和指导，防治运动伤病，并研究医疗和预防性体育运动，以达到增强人的体质、保障运动员身体健康和提高运动成绩之目的。运动医学主要包括：研究影响运动者的健康状况和运动能力的因素，解决如何防治运动性疾病和运动损伤及伤后的康复训练，如何消除疲劳，如何通过合理利用食物营养来提高运动能力。生活在现代的人们，通过体育运动来提升健康水平的意识提高，社会增强了对运动医学的关注，促进了运动医学的发展。

（十六）军事医学的发展

军事医学是以一般的医学原理和技术研究军队平时与战时特有的卫生保障的科学，包括临床医学和预防医学两方面内容。在古代军队中，已有卫生组织和医生为军人疗伤治病，但是军队的医学为经验医学，19 世纪之后才上升为科学的军事医学。此后，一般医学与科学技术的发展为军事医学的迅速发展提供了条件。现代战争使得外科，尤其是战伤外科有了相当大的发展，特别是在 20 世纪人类经历两次世界大战之后战伤外科发展很快，军事医学得到较快的发展，在这基础上为战争服务的现代军事医学逐渐发展成熟。随着武器的发展和新式武器的出现，产生性质或程度不同于以前的创伤，这就要研究治疗和防护的方法，提高救治率。由于战争规模的扩大，出现更多的重伤员时要快速后送，这就要求研究战伤病理和战伤外科学，实施合理的分级治疗，使伤死率（伤员死亡率）降到最低的限度。野战需要研制轻便、实用、易携的医疗技术设备，以适应部队机动作战的医疗条件。

前文提到过，医药学在 20 世纪有了极大的发展，制成了破伤风类毒素，合成了磺胺剂、多种抗疟药和杀虫剂 DDT，生产了青霉素，成功研究了新鲜血液保存技术，倡导了对创伤早期清创和延期吻合术，推广了对开放性骨折采取石膏封闭疗法等。在第二次世界大战中美军的伤死率降为 4.5%，并且几乎消灭了破伤风，控制了虱媒传染病和疟疾，第一次在战争中出现因病死亡人数少于战伤死亡人数的情况。第二次世界大战之后，随着抗生素品种的增多，创伤弹道学知识的增加，显微外科的发展，加上直升机等先进救护手段的运用，使伤口感染率、截肢率和伤死率均下降。

四、现代预防医学的建立与发展

预防医学从建立到发展大致经历了较长的历史时期。

（一）现代预防医学的形成

经验预防是预防医学思想形成的阶段。在 16 世纪之前，受经济发展水平与科学技术发展水平的制约，预防措施多偏向于个人，此种以个体为对象预防疾病的科学称为"卫生学"（hygiene）。

16 世纪中叶之后，随着自然科学的不断加速进展，基础医学也不断加速发展，从而为预防医学的发展提供了理论基础与实验手段，促使预防医学建立在科学实验的基础上。预防医学亦开始分成流行病学和卫生学两大分支学科。到了第一次卫生革命时期，卫生学发展为公共卫生学。20 世纪 50 年代之后，流行病学的研究对象亦由传染病扩大至非传染病，随后又扩大至与健康有关的事件与状态。

（二）现代预防医学的发展

19 世纪下半叶至 20 世纪上半叶，生物医学模式已经居主导地位。在一定社会措施的基础上，在生物医学模式的指引下，采用预防接种、杀菌灭虫和抗菌药物三大主要手段进行疾病防治，经过几十年的时间，已使急、慢性传染病和寄生虫病的发病率和死亡率明显下降，获得以控制急、慢性传染病和寄生虫病为主的成功，使人类平均期望寿命提高了 20～30 岁。个体医学发展为群体医学，个体养生防病扩大到社会预防措施，群体预防成为解决卫生问题的主要方法，卫生学的概念也扩展为"公共卫生学"。1856年，英国的大学首次开设公共卫生课程，并建立起一套比较完整的理论与方法，从而使预防医学从医学中独立出来，公共卫生学成了一门新兴的独立学科。

使卫生学成为一门精确学科的是德国公共卫生学家皮腾科费尔（M. Pettenkofer，1818—1901 年），他是实验卫生学的奠基人。

研究职业病的劳动卫生学、研究食品的食品卫生学、食品营养学等相继产生。从 19 世纪下半叶开始，比较发达的工业国家已开始注意学校卫生。到了 19 世纪末 20 世纪初，卫生学中又划分出社会卫生学，其任务是研究公民的健康状况、患病率和死亡率以及人类与之对抗的方法。第二次世界大战之后，社会卫生学逐步改用社会医学。社会医学的基本思想逐步渗透至疾病预防、治疗、康复等各环节。

20 世纪下半叶，随着疾病谱和死亡谱的改变，心因性和社会性疾病的显著增加，逐渐显露出生物医学模式的缺陷，进而推动了生物医学模式向生物—心理—社会医学模式的转变。随着医学模式的转变，医学界从生物、心理和社会三方面提出疾病综合防治的概念，促进社会医学、医学社会学和整体医学的建立和发展，世界卫生组织亦将健康定义为"健康是身体上、精神上和社会适应上的完好状态，而不仅是没有虚弱和疾病"。在新的生物—心理—社会医学模式的指引下，人类在继续进行第一次卫生革命的同时，开始了以预防慢性非传染性疾病（例如心血管病、脑血管病、恶性肿瘤等）为主的第二次卫生革命。这一次卫生革命，使人对预防医学的认识更为深刻，预防医学进一步扩大至社会医学、行为医学和环境医学的社会预防阶段。

20 世纪末，以预防暴力、酗酒、吸毒和性滥等社会病为主的第三次卫生革命开始。一个全新的卫生概念"社区卫生"被提了出来。这一概念强调预防医学事业是社会事业，卫生部门无法独立解决所有健康问题，必须全社会多部门参与卫生防御工作。因为社区是社会的基础，所以要为社会服务必须先做好社区卫生服务。当把预防医学工作从实验室扩大至社会、由生理预防扩大至社会心理预防，从单纯技术服务扩大至社会服务，才可以全面地保护和促进人的健康。

（三）医学科学技术的进展所起的作用

随着医学科学发展，对传染病及疫症的致病原因与防治方法的研究有了突破性进展。近现代医学科学对人类的防治传染病及防疫起了革命性的作用。

前文还提到，欧洲医生于 16 世纪开始大量使用矿物药，医药化学也在此基础上发展起来。后来，抗生素的发明和使用；微生物学的迅速发展，寄生虫病学研究的长足进步；免疫学的迅速发展与疫苗的发明和使用，如接种牛痘以消灭天花，研制卡介苗以预防结核病，肝炎的研究与乙肝疫苗的研制，研制疫苗以消灭脊髓灰质炎，等等；以及各种化学药物出现，流行病学的发展，健康教育的开展，这一切使防治传染病的水平空前提高。现代医学科学的飞速发展，使以医学科学为基础的现代公共卫生事业与防疫方式有了根本性的进步。

（四）现代预防的特点与疾病预防

现代预防工作有三个层次：一级预防、二级预防和三级预防。后两级预防实际上包含了治疗的内容。

1. 一级预防

一级预防亦称为初级预防，又称为病因学预防，指预防疾病的发生。一级预防主要是针对无病期采取各种措施消除和控制健康危害因素，增进人群健康，防止健康人群发病。一级预防的常见措施包括疫苗接种、改善环境、消除污染、改善执业环境和劳动卫生标准等。

2. 二级预防

二级预防着重于对疾病的早期发现诊治，预防病程绵延、病情恶化和传染病波及他人以及预防并发症和后遗症。二级预防又称为临床前期预防，即在疾病临床前期采取早期发现、早期诊断及早期治疗的"三早"预防措施，以预防疾病的发展和恶化，防止疾病复发或转化为慢性病，主要针对病因不明或者病因经过长期作用而发生的慢性病，如肿瘤和心血管疾病等，疾病普查、高危人群筛检及特定人群定期健康检查等是二级预防的有效措施。

3. 三级预防

三级预防指着眼于康复，力求减轻疾病的不良后果，预防后遗症的发展。

（五）对传染病流行与疫情的防控

本章第三节阐述了在 20 世纪传染病的新情况，急性传染病的死因顺位，在 20 世纪 80 年代已下降至第 10 位。虽然急性传染病的发病率与死亡率已明显下降，但出现了新的情况。从 20 世纪 70 年代中期以来，美国又陆续发现军团病、艾滋病和莱姆病等新的传染病。艾滋病已波及世界，对人类威胁极大，已成为全球性极其严重的医学问题。一些旧的传染病如结核病，原来已被控制，后来却又在世界范围内蔓延，其中最严重的结核病发病地区是南亚和东南亚。据估计，20 世纪 90 年代，两地大约有 120 万人死于结核病。世界卫生组织警告：各国在未来数年将出现多种耐药型结核病。经研究发现，艾滋病毒对人体抑制结核病菌的细胞有杀伤作用，此为结核病能够滋生及蔓延的重要原因。

值得注意的是，2003 年在中国及全世界 30 多个国家和地区流行的严重急性呼吸道综合征（SARS）蔓延迅速，危害相当严重。各种疫情在世界许多地方传播。这一切再度引起人们对传染病及新发生疫情的强烈关注。

美国在 20 世纪 90 年代就将"疾病控制中心"（Disease Control Centers）改名为"疾病控制和预防中心"（Centers for Disease Control and Prevention，CDC），并使之成为政府的正式机构，标志着对疾病预防认识的深化和提高，亦是控制传染病流行的需要。

全球化的出现，使传染病已经跨越国界传播，卫生与防疫不再是能靠一国之力就可以解决的。环境的变化、交通的便利，增加了传染病在世界范围内传播的机会和速度。如 SARS 等传染病和食源性疾病的控制就需要各国间的斡旋与合作。在一段较长时期内，卫生外交主要是隔离检疫制度的建立与实施，最早可远溯至 14 世纪为阻止黑死病传播而采取的隔离检疫制度。19 世纪之后，传统的国家隔离检疫制度已经难以控制传染病的流行，欧洲一些国家的政府开始通过国际合作来解决传染病问题。1851 年，欧洲首次召开国际卫生大会，讨论应对黑死病、黄热病以及霍乱的国际合作与协商，后来还成立地区性国际卫生组织来完成国际卫生治理及防疫的协商。19 世纪末，在埃及的亚历山大里亚、土耳其的康斯坦丁堡、摩洛哥的丹吉尔和波斯的德黑兰建立了 4 个政府间卫生委员会以负责处理地区性国际卫生问题，其中 1831 年成立于亚历山大里亚的埃及隔离检疫委员会后来成为世界卫生组织东地中海地区办公室。1902 年，在美国成立的国际卫生署被认为是首个常设国际卫生机构，先后更名为泛美卫生署和泛美卫生组织，其成员国包括美国、智利、古巴、墨西哥和哥斯达黎加。美洲国家联盟呼吁成立卫生署来起草统一的卫生法案和规定。世界卫生组织成立后，泛美卫生组织成为世界卫生组织的美洲地区办事处，并由世界卫生组织提供进一步发展卫生事业的资金，后来还负责推行世界卫生组织的一些卫生、环境、营养和社会发展项目。

（六）对慢性非传染性疾病的防治

随着经济社会的发展和人口老龄化进程的加快，以及更多不良生活方式的出现，城乡的疾病谱和死因谱发生了明显改变。疾病谱是指疾病类型的分布，即不同种类的疾病发生的频率。死因谱是指各种死亡原因占总死亡原因的百分比由高到低的排列顺序。明显改变的疾病谱和死因谱显示，慢性非传染性疾病的死因顺位逐渐上升，在现代工业化社会中，心脏病、恶性肿瘤和脑血管病等非传染性疾病上升到了人类疾病谱和死因谱的前三位。高血压心脑血管疾病、肿瘤、糖尿病、慢性阻塞性肺疾病等慢性非传染性疾病已造成重大的疾病负担。慢性非传染性疾病受到社会和心理等多种因素的影响，有着自身的、不同于传染病的特点，从而导致慢性非传染性疾病的发病率攀升。20 世纪以来，人们的生活方式和行为习惯的改变，社会竞争的日趋激烈等，使高血压、心脑血管疾病、肿瘤和慢性阻塞性肺病等慢性非传染性疾病的发病率急剧增加。慢性非传染性疾病由于发病原因及防治过程较为复杂，很难得到快速控制，在预防方面也受到各种难以控制的因素的影响，如不良的生活方式、性格因素、抑郁和环境污染等。另外，心理因素也对疾病产生了至关重要的影响。慢性非传染性疾病的发生、发展、转归和防治，与病人的情绪、心理状态和社会环境因素密切相关。心理、社会因素对健康和疾病起着极其重要的作用，而且这些因素的作用会因不同的疾病、不同的病人或同一疾病的不同阶段而各不相同。因而，人对慢性非传染性疾病的治疗与预防，是从生物、心理和社会各个层次综合考察人的健康和疾病的，用新的医学观念来指导卫生保健工作，并采取综合措施来防治。防治工作的主要趋势是，以预防为主，促进健康和防治疾病相结合，促使人们改变不良的生活方式和行为方式。

提倡健康的生活方式与进行健康管理，是预防慢性非传染性疾病的较为有效的方法，如保持科学合理的膳食和健康的生活方式，对防治心血管疾病、糖尿病及某些恶性肿瘤最为有效。与此同时，预防慢性非传染性疾病还要解决人类食物正面临的微生物污染、农兽药残留、环境污染、包装材料、保鲜剂安全性、转基因食物、保健食品以及食品添加剂等引发的安全问题。

倡导心理健康，对心理和精神健康进行管理，亦为预防慢性非传染性疾病的较有效的方法。

五、生物医学工程学

生物医学工程学科是解决医学中的有关问题，保障人类健康，为疾病的预防、诊断、治疗和康复服务的一门学科。生物工程是生物技术的总称。通过现代生物技术手段能够改造或重新创造设计细胞的遗传物质或培育新品种。

自 20 世纪 50 年代以来，随着 DNA 分子双螺旋模型的确立和分子生物学的建立，一系列与生物遗传性相关的技术亦随之出现。1956 年，奥乔亚（S. Ochoa，1905—1993 年）和科恩伯格（A. Kornberg，1918—2007 年）分别发现能催化合成 DNA 和 RNA 的工具酶，并采用了人工方法成功合成 DNA 和 RNA，使人首次掌握遗传物质基础的制造技术。20 世纪 60 年代，瑞士学者阿尔伯（W. Arber，1929—　）等发现限制性核酸内切酶。在 20 世纪 70 年代，数百种限制性核酸内切酶被发现，最终导致重组 DNA 技术的创立和遗传工程的迅速发展。美国学者穆里斯（K. Mullis，1945—　）等人于 1983 年发明了聚合酶链式反应技术（polymerase chain reaction，PCR）。此项技术由于能在很短时间内精确复制上百万个相同的 DNA 片段，于是极大地扩展了遗传物质鉴定和操作的可能性。历经不到 10 年的时间，这一技术成为分子生物学实验室里的常规技术，并在医学及其他领域得到广泛应用。1996 年，克隆技术获得突破性进展，英国威尔穆特（I. Wilmut，1944—　）领导的科学家小组第一次成功用体细胞无性繁殖了绵羊"多莉"。克隆技术的出现使人更大限度地改变生命过程成为可能。20 世纪 90 年代后，随着人类基因组计划的实施和信息技术的发展，生物技术实现由传统到现代的发展。现代生物技术实现了由基因工程、分子生物学、生物化学、遗传学、细胞生物学、胚胎学、免疫学、有机化学、无机化学、物理化学、物理学、信息学以及计算机科学等多学科技术融合发展的工程学。到了 20 世纪末，基因诊断和基因治疗成为一种新方向，干细胞技术在临床的广泛应用将导致新的医疗技术革命，还有纳米生物医学的出现。

基因治疗（gene therapy）是利用基因转移技术将正常的外源基因导入靶细胞内，纠正或补偿基因缺陷，达到治疗疾病目的的一种技术。

干细胞研究正朝着现代生命科学与医学的各个领域交叉渗透，从一种实验室概念逐渐转变成能够可见的现实。从理论上来说，能够用干细胞来治疗各种人类疾病。干细胞可用于培育不同的人体细胞、组织或器官，有望成为移植器官的新来源，解决供体不足的难题。组织器官移植有望成为人类攻克某些重大疾病的措施。干细胞及其衍生组织器官的临床广泛应用将引发新的医疗技术革命。

纳米生物医学的出现有重大意义。1990 年 7 月，在美国召开的第一届国际纳米科技会议标志着纳米科技（nano-science and technology）的正式诞生。纳米技术与生物医学的结合，将促进临床医疗诊断技术及方式的重大变革，能使治疗水平有大幅度提高。

六、新科技带来的医学重大发展——生物医学信息技术

生物信息学的产生最早可以追溯至 1956 年在美国田纳西州的盖特林堡召开的首次"生物学中的信息理论讨论会"。会议初步产生了生物信息学的概念。1987 年，林华安（Hwa A. Lim）为这一领域正式提出"bioinformatics"的称谓。人类基因组计划的实施，生物学的快速发展以及数学、物理、计算机科学、信息科学的深入应用，使生物信息学逐渐发展成为一门独立的学科并成为生物科学发展的前沿领域。生物信息学是在生命科学、计算机科学和数学的基础上逐步发展形成的一门新兴交叉学科，为理解各种数据的生物学意义，运用数学与计算机科学手段进行生物信息的收集、加工、存储、传播、分析与解析的科学。随着信息技术的飞速发展，医院信息系统（Hospital Information System，HIS）在医院的应用越来越广泛。信息技术的发展使医疗服务模式产生重大变革。医疗机构可以不受地域的限制，通过信息网络上的虚拟医院、远程医疗、远程会诊、远程教育和移动医疗等方式将各种服务拓展到各地，组成医疗卫生服务网络。在预防医学方面，信息技术使预防监测系统的建立成为可能。

七、医学伦理学的新发展与生命伦理学的兴起

医学伦理即医学道德。医学伦理学的主要内容是关于医生对病人的责任、病人对医

生的义务、医学界同行之间的责任和医学界对公众的责任。医学伦理学的形成和发展基本上经历了医德学、近代医学伦理学和生命伦理学三大阶段。医德学历史悠久，从前所说的医学伦理学，主要是指医德学。古希腊著名医学家希波克拉底所著《希波克拉底誓言》可以说是西方最早的医学伦理学专著。19 世纪初，医学伦理学发展成为一门正式的学科，即近代医学伦理学。时至 20 世纪 60 年代末，医学伦理学发展到第三阶段，即生命伦理学。

（一）医学伦理学的兴起与发展

英国医生珀西瓦尔（T. Percival，1740—1804 年）在 1794 年制定了一个医师的道德规范，于 1803 年将其修订更名为《医学伦理学，或适用于内外科医师职业行为的基本准则与箴言学》（*Medical Ethics，or a Code of Institutes and Precepts，Adapted to the Professional Conduct of Physicians and Surgeons*）并正式出版。"医学伦理学"一词亦是由其所创。

1946 年，德国纽伦堡战犯审判法庭鉴于德国纳粹借医生以医学的名义杀人的问题，制定了《纽伦堡法典》，提出了关于人体实验的基本原则。1948 年，世界医学会全体大会以《希波克拉底誓言》为基础，制定并发表了第一个《日内瓦宣言》，作为全世界医务工作者的共同守则。1949 年，世界医学会在伦敦通过《世界医学会国际医德守则》。1965 年，国际护士学会通过《国际护士守则》。1964 年，第 18 届世界医学大会在芬兰的赫尔辛基通过《赫尔辛基宣言》，提出以人作为实验对象的道德守则。1968 年，世界医学大会通过《悉尼宣言》，规定了死亡的道德责任和器官移植的道德标准。1972 年，世界齿科医学会议通过《齿科医学伦理的国际原则》。1975 年，世界医学大会通过《东京宣言》，规定了给予拘留犯非人道的对待时，医师的行为准则。1977 年，世界精神病学大会通过关于精神病学医生道德原则的《夏威夷宣言》。1981 年，世界医学大会通过《病人权利宣言》。2000 年，世界生命伦理学大会通过《生命伦理学宣言》。虽然这些法典、宣言、原则、守则与传统的医学道德原则的内容不完全相同，但是宗旨一致，就是要求掌握医疗技术的医生皆应具备良好的医学道德。

（二）生命伦理学的兴起

生命伦理学是 20 世纪六七十年代兴起的一门学科。其兴起与发展体现了人类对新的生命科学技术的应用进行社会化控制的要求。20 世纪 50 年代后，由于生命科学的迅速发展，生物工程技术越来越多地应用到医学领域，引发了对医学伦理的思考，如试管婴儿的血缘认定、器官移植的合法性等问题，并与传统的伦理观念产生碰撞。医学伦理学完全突破传统的狭义范围，产生了新的分支学科——生命伦理学。它还涉及法律、公共政策、哲学、宗教、文学、生物、医学、药物、经济和环保等许多领域。生命伦理学研究的内容主要是医学伦理的难题，如人体实验、人工授精、体外受精、代理母亲、克隆人、器官移植、安乐死、脑死亡标准、遗传病的诊断和重组 DNA 的研究等。生命科学技术对传统道德观念和伦理学的挑战引起国际社会的普遍关注。科学技术的发展与时代的进步为人类带来福音的同时，也给人的伦理与价值观带来挑战与疑问，然而现代医学中许多问题的解决以及许多先进的研究成果是否能造福人类，不但取决于医学技术本身，还在一定程度上取决于人们伦理道德的转变和新价值观的建立，当然更要防止伤害人自身。面对生命伦理学中的难题，人类可从科学技术、伦理道德和立法等方面考虑办法、研究对策。如在科学技术规范上采取有效的措施；在伦理道德上，科学家要讲科学研究道德，公众要提高或转变相应的科学伦理道德观念，保证科学技术的研究和应用有利于造福人类；制定政策法规，规范科学家和公众的科学伦理道德行为，正确应用强制性手段，保证科学研究的健康发展。这些均为生命伦理学研究的内容。

例如，当人在开始设计人类基因组计划时就意识到对伦理、法律和社会将产生重大影响。1995年，联合国教科文组织（UNESCO）成立了"国际生物伦理委员会"。由这一委员会起草、UNESCO发表的《关于人类基因组与人类权利的国际宣言》，成为人类基因组计划的世界宣言，宗旨是保护人类基因组，基本原则有4条，即人类的尊严与平等、科学家的研究自由、人类和谐、国际合作。人类基因组学研究涉及的伦理和法律问题突出地表现在基因研究和基因知识应用中必须坚持知情同意或知情选择原则；基因组研究成果的应用要防止遗传歧视；保护个人和家庭的遗传信息的隐私权。

又如，1996年，苏格兰爱丁堡的一个生物工程研究所的研究人员宣布成功地培育了一只克隆羊，即利用克隆技术培育出一只与亲代一样的绵羊。科学家们认为克隆人在理论上亦可能，这就向医学伦理学提出了一个崭新的挑战性课题。

再如，1998年，当美国科学家在《科学》杂志上发表了他们成功地利用人类胚胎组织分离培养出具有很强分化潜力的胚胎干细胞的研究成果时，再一次引起世界范围的伦理道德与法律的激烈争论。干细胞基因治疗这种新的治疗方式，无疑为多种人类疾病的治疗带来了希望，但亦可能带来对人的伤害。有关干细胞研究的伦理道德争论至今还在延续。

科学的发展不会止步，并将为人类不断带来新的希望与福音，但也要坚决防止对人类的伤害，这就赋予生命伦理学重大的历史使命。

八、卫生行政机构及公共卫生管理体系

世界进入现代后，不同的国家及地区纷纷建立起现代的卫生行政机构及各层级公共卫生管理机关，制定公共卫生与医政管理的法规制度，进而形成现代卫生行政与公共卫生管理体系。随着国际公共卫生合作关系的增强，国际卫生公约的出现，国际公共卫生机构及合作体系也建立起来。

（一）各国及各地区的现代卫生行政机构与公共卫生管理体系

19世纪，欧洲和北美的国家已建立起系统的卫生行政机构。当时的主要工作是组织公共卫生事务和卫生检疫。19世纪后期，欧美各国通过立法提升医生的准入标准。1837年，德国成立了卫生部，并在1867年正式开始行使职权。1858年，英国通过《医疗改革法案》，为具有认可资格的医生设立了唯一的注册机构。1900年，美国在其每个州都有了不同类型的医疗注册法。在第一次世界大战后，英国成立了新的卫生部来发展社会医学，重建医疗卫生服务体系并管理公共卫生事务。苏联建立了有自身特色的卫生行政体系，卫生行政机构对医疗服务的掌控紧密。中华民国亦在内政部下设卫生署，曾短暂设立过卫生部。在第二次世界大战后，各国及地区纷纷设立了各自的卫生行政机构及各层级公共卫生管理机关，制定卫生管理的法规，构建起自己的卫生行政体系。

包含在公共卫生体系内的有各种医学团体。进入现代以后，各种现代医学团体相继组建。现代的医学会脱胎于欧洲中世纪以来的行业协会，成立的目的是规范行业内部人员及其行为，保护行业的利益。这些医学团体，由第十三章介绍过的19世纪欧洲和北美各国建立起各自的医学会、内科和外科医师学会、药剂师学会和护士学会传承而来。这种医学行业协会模式，在19世纪末20世纪初被移植到世界其他国家和地区。医学会又按地区或学科设立分会，创办学术刊物，召开学术会议，为医学行业提供学术交流和知识传播的渠道。

（二）国际卫生机构与体系

进入20世纪之后，随着国际公共卫生合作关系的增强，出现了国际卫生公约，国际公共卫生机构及合作体系也建立起来。

在国际上，国际公共卫生办公室于1907年在巴黎成立，有秘书处以及由成员国高级公共卫生政府官员组成的委员会。第一次世界大战后，国际联盟设立卫生组织，总部设在瑞士的日内瓦。其推动了国际卫生公约的发展。第二次世界大战爆发后，国际联盟不复存在，其卫生组织也停止活动。第二次世界大战后，经联合国经济与社会理事会决定，于1946年在纽约举行的国际卫生会议上，64个与会国家代表签署了《世界卫生组织组织法》。1948年，世界卫生组织成立，总部设在日内瓦，其宗旨是使全世界人民获得尽可能高水平的健康，其主要职能包括：促进流行病和地方病的防治；提供和改进公共卫生、疾病医疗和有关事项的教学与训练；推动确定生物制品的国际标准。世界卫生大会是世界卫生组织的最高决策机构，一般于每年5月在日内瓦举行会议，由会员国派代表团参加，主要职能是决定本组织的政策。卫生大会任命总干事，监督本组织的财政政策，以及审查和批准规划预算方案。它同样审议执行委员会的报告，对可能需要进一步行动、研究、调查或报告的事项做出指示。

九、医疗保障体系与医疗保险制度

医学从来都不仅是一门技术技能，其还一直具有社会服务功能。医学发展到现代以后，不仅是科学技术体系，还是社会服务体系。在现代医学这一庞大复杂的社会服务体系中，医疗保障体系全方位涵盖了人的生老病死诸方面。而维系医疗保障体系运行必须依靠强大的经济力量与物质资源，财政资源投入和医疗保险制度以及慈善事业，是主要的经济来源。

（一）医疗保障体系

实行全民医疗保障是人类社会普遍追求的理想目标，但往往受制于社会的经济发展程度与物质生产水平，也受社会分配方式的影响。进入现代社会后，医疗费用的迅猛剧增，对医疗保障体系造成了重大冲击，有时呈现出医学科学的发展加重了人们的医疗负担的现象，医疗卫生资源分配不均衡的矛盾更加突出。这些问题对现代各国的医疗及社会各方面影响巨大，成了各国政府需要努力面对的课题。

（二）医疗保险制度

医疗保险制度是一个国家或地区按照保险原则为解决居民防病治病问题而筹集、分配和使用医疗保险基金的制度。法国在 1810 年就成立了疾病自愿保险委员会。现代医疗保险制度开始于 19 世纪后期。德国在 1880 年开始建立医疗保险。1881 年，德国颁布了《工人伤残、疾病、养老社会保险纲要》，1883 年颁布了《疾病保险法》等，在世界各国中第一个建立起了健康保险制度。进入现代社会后，医疗保险制度有了更大规模的发展。英国于 1911 年设置为工人提供的国家卫生保险，并在第二次世界大战后形成了国家卫生系统。苏联在 20 世纪 30 年代建立起政府主导的医疗保险系统。这一时期的美国，发展出商业医疗保险，医生组织于 1940 年前后开始组建自己的保险系统以覆盖院外治疗，美国于 1965 年建立起覆盖老年人和贫困人口的医疗照顾和医疗救助两个政府主导的保险系统。第二次世界大战后，一些发展中国家也以不同的形式建立起医疗保险制度。

在现代医疗中，实验室检查和其他各种检查手段不可缺少，只有医院能提供这些检查，检查和治疗手段不断增加，还有其他各种原因，造成医疗费用上升。各国应对这一问题采用不同的解决方式。如在美国，商业医疗保险是人们生活中不可或缺的。英国则选择建立国家卫生系统。欧洲的许多国家也通过政府提供医疗保障来维持医疗制度的运行。如英国在国家卫生系统建立之初，有 900 余所私人医院，后来这些医院中的大多数以房屋自有和土地国有的方式被吸收进国家卫生系统。

每一种医保制度都有其利弊，既有优点，也存在缺陷。解决个人医疗负担或者医保资金的问题是每个现代国家都要面对的重大课题。

十、现代医学教育

现代医学教育奠基于 19 世纪的欧洲，然而现代医学教育体系及其高等教育基本模式到了 20 世纪初才正式建立起来。虽然各国的现代医学教育形式有别，但是医学教育的结构大致相同或类似。实现了大学—医学院—医院的高等医学教育一体化。大多数医学院校的医学生，被要求至少花 2 年修医科大学的预科以达到本科大学水平，然后在医学院学习两年的基础课、在医院参加 2 年的临床工作以及 1 年的临床实习工作。现代医学教育是一个正在发展中的过程，其模式与形态也还在变化发展之中。

在现代医学教育中，美国医学教育有一定的代表性。进入 20 世纪后，美国这个医学教育水平曾低于欧洲医学教育先进水平的国家，凭其领先的经济、文化和科学发展水平，促进医学教育水平居于世界领先水平。第十二章已提到，美国医学教育的变革，在 19 世纪下半叶已然发轫，并使美国医学教育于 20 世纪走在世界医学教育的前端。美国医学教育水平的领先首先表现在延长学习年限上。芝加哥医学院最先提出减少收入也要保持较高标准，医学院延长了学习年限。埃利奥特（Charles W. Eliot）于 1869 年担任哈佛大学校长后，延长了医学院的教育年限，引入三年制的教学规划，哈佛大学的医学教育逐渐进入快速发展的轨道。然后是加强大学与医学院的联系。这方面有一个标志性的创举，那就是约翰·霍普金斯大学医学院的建立。1893 年，约翰·霍普金斯大学医学院开办，并首次要求进入医学院的学生必须获得学士学位，从而将医学教育提升至研究生教育的层次。医学院还强调实验室与临床研究结合，这种高起点的办学标准赢得了医学教育的卓越成效。约翰·霍普金斯大学医学院吸引了在美国很有影响的医学家加入。约翰·霍普金斯大学医学院这种既是教育中心，又是研究中心，还是临床中心的医—教—研结合的模式，成为现代高等医学教育的基本模式。最后是医学教育体制上的变革。全国医学院协会（NAMC）于 1890 年成立。协会要求所有学校均必须进行入学考试，实行 3 年制学制，每学年为 6 个月。1894 年，协会又决定增设 4 年制的研究课程。不久，4 年制成为美国医学教育的标准学制。1907 年，卡内基基金会受美国医学会委托，指派弗莱克斯勒全面考察美国的医学教育。他于 1910 年出版了题为《美国和加拿大的医学教育》的报告。该报告详细分析了各个医学院的现状，提出改善医学教育的措施，指出应当资助那些有发展前景的医学院并关闭不合格的。

当时美国最主要的两大基金会洛克菲勒基金会和卡内基基金会均开始大力资助医学教育，使得美国医学教育迅速开始重大发展。

20 世纪 20 年代，美国医学教育的基本模式建立起来。医学院一般隶属于综合大学，并有自己的附属医院或教学医院。医学生要至少花 2 年的时间修医学预科以达到本科大学水平。他们在医学院的学习包括 2 年基础课、2 年临床课和 1 年临床实习。后来，美国的医学教育逐渐发展为在本科科学学位的基础上加 4 年医学教育、3 年住院医师培训再加 3 年专科培训的模式。美国现代医学教育模式对现代医学教育的发展产生巨大影响。

20 世纪下半叶，一些学校开始修改课程体系，主要目标是减少基础核心课程，使基础课之间互相结合，亦使基础与临床工作相结合，老师有更多时间开设选修课，使学生在执行大纲时有更多的主动权。

教育者认识到根据学习中的具体问题和实际情况引导学生学习，能产生最佳的学习效果，他们在原来的设计补充教材、增加课堂讨论的基础上，提出还应增强学生收集信息的能力、独立思考的能力以及分析和解决问题的能力。20 世纪 60 年代，加拿大安大略省麦克马斯特（McMaster）大学的巴洛斯（Howard Barrows）博士设计了一种问题驱动教学法（PBL）的培训医师的方法。这是一种教学理念和方法，旨在促进自主学习、分析、推理、小组成员之间的交流以及解决问题的技巧，使学生通过如何界定、查找需要了解的问题，评价多元化来源的信息，解决相关问题，同时鼓励成员之间讨论。1981年，巴洛斯来到美国南伊利诺伊大学医学院，并将 PBL 引入医学院的教学体系。自那时起，美国已有 60 多所医学院及其他与健康有关的机构，如护理、牙科和兽医学院采用此方法。在医学教育实行这样的改革，提高了医学生的医学水平与实际能力，同时对医学生自身的学习能力与综合素质要求随之增高，各专业有越来越多的课程，课时增加，医学生必须适应高强度、跨学科、研究能力要强和具有综合能力等要求的学习形式，医学生的学习压力剧增，这对生源素质的要求升高，高淘汰率的训练模式形成。这样培养出来的医学人才肯定有益于医学水平的提高。当然，这也强化了医学教育精英化的程度。

20 世纪医学教育出现了一个比较显著的变化，医学院对医学研究投入加大，但是渐渐走向一个过度强化的方向，出现偏重科研的倾向。有人批评，一些医学院校出现通科医生慢慢被专职医学研究人员替代的趋向，这些医学院校强调的是培养研究人员，并非临床医生。本应训练实习学生的临床教授，只处理少见的或是需要高度专业化技术治疗的疾病，而非救治普通病人。这些医学院校似乎已经忘却其主要任务是保障公民的健康。

于是，医学院校的办学模式回归医学教育本旨的呼声又再次增高。

20 世纪 60 年代开始，美国医学教育再现改革，有了更多的时间分配给大众医学、社会医学、医学伦理学以及医学史这类课程。20 世纪 80 年代后，哈佛医学院一直在探索课程改革，主要关注点在医疗实践的科学基础和医患关系方面。哈佛医学院将医学的主要科目——内科、外科、儿科、妇产科、精神病学、神经学、放射学，统一归类在"主要临床经验"之下，提供涉及重要疾病的基础科学和临床医学的跨学科综合课程，增加了在教师指导下与病人接触的时间。同时，还为医学生提供了如何认识和理解多元文化中社会、经济、科技的变化的相关课程，使学生能吸收来自全球的经验，将他们培养成临床医生、学者和科学家。英国医学总会于 1993 年提出了一个医学教育指导性文件——《明天的医生》，强调本科医学课程既应当包括适于培养普通医生的"核心内容"，又应当在教育上有益于未来医生个人的发展。课程应该具有智力上的挑战性，并更大地满足学生进步的需要。课程必须给学生提供相应的知识，并使他们理解临床与基础科学，如他们必须了解与理解正常和异常的结构与功能，包括人类疾病的自然史、身体的防御机制、疾病的表象和反映。学生必须了解生物学的变化，理解科学方法，包括设计实验时所用的技术与伦理原则。他们必须掌握相关的行为科学与社会科学知识，并有能力运用这些知识整合与评价证据，以此为医疗实践打下坚实的基础。这包括理解决定疾病与相应治疗的基因、社会和环境致病因。

第十五章　现代中国医学

本书所载的中国现代医学，是指中华人民共和国成立后这一时期的中国医学。

一、现代中国医疗卫生体系的建立与发展

中华人民共和国成立后，中国现代的医疗卫生体系建立并发展起来。

（一）中国现代卫生行政管理体系的构建

中华人民共和国成立后，在全国组建了各级卫生行政管理机构。1949 年 11 月 1 日成立中央人民政府卫生部，1954 年 11 月 10 日改为中华人民共和国卫生部，领导全国的卫生工作。全国各省、区、市、行署、县也分别成立相应的卫生行政机构。各级卫生行政管理系统的建立，在领导和协调各项卫生工作中起到了重要作用。

1952 年，中央爱国卫生运动委员会成立。随后，国家相继成立了其他卫生行政机关，如国家计划生育委员会、国家医药管理局等。1986 年，国家中医管理局成立。

（二）卫生方针

1950 年 8 月，第一届全国卫生工作会议确立了面向工农兵、预防为主、团结中西医的中国卫生工作三大方针。1952 年，第二届全国卫生工作会议又提出了卫生工作与群众运动相结合的方针，与前三项方针形成了指导中国卫生事业发展的四项卫生方针。1949—1966 年，中国先后召开关于防疫、妇幼卫生、工业卫生和医学教育等专业性全国会议，颁布了一系列卫生法规和条例，基本上形成了一套中国的发展卫生事业的方针政策。1997 年，中共中央、国务院作出了关于卫生改革与发展的决定，提出了中国的卫生工作方针：以农村为重点，预防为主，中西医并重，依靠科技与教育，动员全社会参与。

（三）国家医疗保障机制的建立与变化

中华人民共和国成立后，国家逐步在城市建立起劳保医疗制度和公费医疗制度。1951 年 2 月，政务院公布了《中华人民共和国劳动保险条例》，标志着以企业职工福利

基金为支撑的劳保医疗制度的建立。其享受对象是全民所有制企业的职工及离退休人员，城镇集体企业参照执行，职工直系亲属按规定享受部分项目的半费待遇。1952年，这种医保政策推广到解决国家工作人员的医疗保障问题上来。1952年6月27日，周恩来总理签发了《关于全国人民政府、党派、团体及所属事业单位的国家工作人员实行公费医疗预防的指示》，决定自1952年7月开始实行以国家干部为主体、财政提供经费的公费医疗制度。其覆盖范围为各级政府机关、党派、人民团体及文化、教育、科研、卫生等事业单位的工作人员和离退休人员，复员、退伍、返乡二等乙级以上革命残疾军人和国家教委核准的高等学校在校学生。开支内容包括了疾病预防和治疗、非责任伤害、妇女生育等内容。在1953年，将此待遇范围扩大到大学本科和专科在校学生。随着国家财政状况的根本好转，劳保医疗和公费医疗扩大了实施范围，放宽了条件，并提高了待遇。1953年1月，劳动部颁布了《劳动保险条例实施细则修正草案》，把劳保医疗制度惠及全民所有制的直系亲属。其覆盖范围包括全民所有制工厂、矿厂、铁路、航运、邮电、交通、基建、地质、商业、外贸、粮食、供销合作、金融、民航、石油、水产、国营农牧场、造林等产业和部门的职工及其供养直系亲属。然而，1955年后，中国公费医疗和劳保医疗的支出急剧增加，国家于是陆续出台政策修补医疗保障制度。1957年6月，国务院发布了《关于取消随军家属公费医疗待遇的批复》。同年9月，中共八届三中全会发布《关于劳动工资和劳保福利问题的报告》，提出"劳保医疗和公费医疗实行少量收费（门诊、住院和药品），取消一切陋规（如转地治疗由医院开支路费，住院病人外出由医院开支路费等），以节约开支"等相关政策。1965年10月，财政部和卫生部共同发布了《关于改进公费医疗管理问题的通知》，规定"享受公费医疗待遇的人员治病的门诊挂号费和出诊费，改由个人缴纳，不得在公费医疗经费中报销"，"实行营养滋补药品（包括可以药用的食品）自费（除医院领导批准使用之外），以合理使用药品和节约经费开支"等措施，使公费医疗费用得到一定程度的控制。

进入20世纪80年代以后，中国的医疗保障机制发生了一系列变化。1985年4月，国务院批转了国家卫生部起草的《关于卫生工作改革若干政策问题的报告》，确立了"放宽政策，简政放权，多方集资，开阔发展卫生事业的路子"的医疗卫生决策指导原则。1989年，国务院批转了卫生部、财政部、人事部、国家物价局、国家税务局《关于扩大医疗卫生服务有关问题的意见》（国发〔1989〕10号文），文件提出了调动医院和医生积极性的5条意见：①积极推行各种形式的承包责任制；②开展有偿业余服务；③进一步调整医疗卫生服务收费标准；④卫生预防保健单位开展有偿服务；⑤卫生事业单位实行"以副补主""以工助医"。

1997年1月，中共中央出台《关于卫生改革与发展的决定》，提出了在医疗领域要改革城镇职工医疗保险制度、改革卫生管理体制、积极发展社区卫生服务、改革卫生机构运行机制等决策思路，强调要重视医疗保障、医疗卫生服务和药品流通三大体制统筹协调的必要性。作为贯彻《关于卫生改革与发展的决定》的总体文件，国务院办公厅在2000年2月转发国务院体改办、卫生部等八部委《关于城镇医药卫生体制改革的指导意见》，确定了实行医药分业等几项原则。此后陆续出台13个配套政策，包括《关于城镇医疗机构分类管理的实施意见》《关于卫生事业补助政策的意见》《医院药品收支两条线管理暂行办法》《关于医疗机构有关税收政策的通知》等。

（四）农村三级医疗保健网的建立与重构

中华人民共和国成立之初，在全国 2100 多个县里，有 1300 个县级卫生院，平均有 10 张病床。县以下的广大农村，除了少数开业医生和 100 余个卫生所、处，再无医疗卫生机构。自 1950 年起，中国着手建立和健全县级医疗卫生机构。自 1953 年起，逐步把县卫生院分立为县医院、县卫生防疫站和县妇幼保健站（所），部分县逐步设立中医院、县卫生进修学校、药品检验所以及专科防治所，并且将县、区、乡的开业医生组织起来，成立联合诊所，在农村培训卫生员和接生员。在人民公社化时期，普遍成立公社卫生院，联合诊所大多转为公社卫生院。生产大队成立卫生所（合作医疗站），部分卫生员被培训为"赤脚医生"。20 世纪 60 年代末到 70 年代初，已形成了以县级卫生机构为中心的县、公社（乡）、大队（村）农村三级医疗保健网。然而，中国农村的医疗卫生发展仍较落后。

自 1979 年以来，中国的农村三级医疗保健网又经历了整顿、建设、改革、发展的全面重构过程。国家从 1949 年到 1996 年，在全国 2000 多个县（旗）普遍建立了医院，55000 多个乡都有卫生院，89% 的村建立了卫生室（站）。1996 年，全国有县综合医院 2067 个，县卫生防疫站 1729 个，县妇幼保健所 1545 个，农村卫生院 5.13 万个。

（五）医学学术团体

中华医学会是中国最主要的医学学术团体，至 1994 年会员达 30 万余人，各省、地、市分会 386 个，79 个专科学会，176 个学组，学会出版的医学专业期刊有 55 种。

全国性的重要医药学术团体还有：中国药学会、中国中医药学会、中国中西医学会、中国生理学会、中国解剖学会、中国防痨协会、中国生物医学工程学会等。

二、中国现代医疗卫生机构与医疗卫生队伍的构建与发展

中华人民共和国成立后，重构了在中国近代建立的卫生机构和卫生队伍，并使其有全新发展，中国的卫生机构数、卫生机构床位数以及卫生人员数均有一定的增加。国家从 1949 年到 1995 年，全国卫生机构总数从 3670 个发展到 190057 个。在此参考《中国卫生年鉴》将中华人民共和国成立后至 20 世纪结束之间几个历史节点的中国医疗概况列出。

根据表 15-1 全国卫生机构、床位数，并参考张宇的《中国医政史研究》[①]，制成

---

① 张宇：《中国医政史研究》，黑龙江中医药大学 2014 年博士学位论文，第 130-132 页。

中国 1949—2000 年卫生医疗机构和卫生医疗技术人员情况各图（见图 15 – 1 至图 15 –
4），略述中国 1949—2000 年卫生医疗机构和卫生医疗技术人员的情况。

表 15 – 1　1949—2000 年全国卫生机构、床位数[①]

年份	1949	1957	1965	1975	1985	1990	1995	2000
机构数总计（个）	3670	122954	224266	151733	200866	208734	190057	324771
医院	2600	4179	5746	8399	12227	14705	16010	16732
卫生院	—	—	36965	54026	47387	47749	51797	49777
疗养院	30	835	887	297	640	650	582	471
门诊部	769	102262	170430	80739	126604	129332	104406	240934
专科防治所、站	11	626	822	683	1566	1781	1895	1839
卫生防疫站	—	1626	2499	2912	3410	3618	3629	3602
妇幼保健机构	9	4599	2795	2025	2724	2820	2832	2598
药品检验机构	1	28	131	310	1420	1892	1995	1790
医学科研机构	3	38	94	141	323	337	427	405
床位数总计（万张）	8.46	46.18	103.33	176.43	248.71	292.54	314.06	317.70
医院	8.00	29.47	63.31	97.79	150.86	190.12	210.28	220.67
卫生院	—	—	13.25	62.03	72.06	72.29	73.31	74.12
疗养院	0.39	6.89	9.84	3.72	10.62	12.30	11.60	9.69

　　注：①1995 年及以前的卫生机构数总计及门诊部、所均不包括私人办诊所（2000 年私人办诊所
133209 个），②1995 年及以前的卫生院机构、床位数系农村乡镇卫生院数字（无城市街道卫生院）。

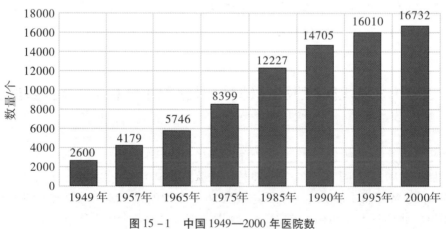

图 15 – 1　中国 1949—2000 年医院数

---

①　刘新明、刘益清：《中国卫生年鉴》，人民卫生出版社 2001 年版，第 455 页。

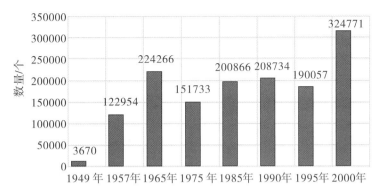

图 15 - 2　中国 1949—2000 年医疗卫生机构数

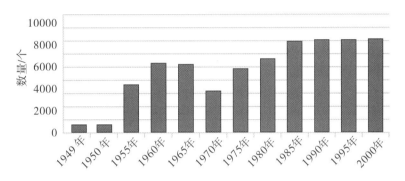

图 15 - 3　中国 1949—2000 年专业公共卫生机构数

注：中国专业公共卫生机构一般指疾病预防控制中心、专科疾病防治机构、妇幼保健机构、健康教育机构、急救中心（站）、采供血机构、卫生监督机构和卫生部门主管的计划生育技术服务中心。

图 15 - 4 为参考 1949—2000 年中国卫生人员数量制成的柱状图。

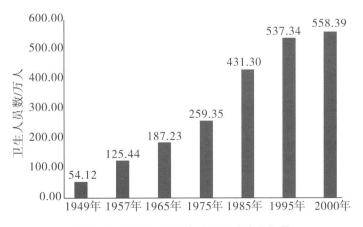

图 15 - 4　1949—2000 年全国卫生人员数量

　　从以上各图表可发现，中国卫生人员数量在 1949—2000 年间不断增加，而专业公共卫生机构数在 20 世纪 60 年代中期前稳步增加，20 世纪 60 年代中期—70 年代中期有所减少，20 世纪 70 年代后期以后又恢复逐步增加的趋势。

　　根据图 15 - 4 中 1949—2000 年全国卫生人员数量柱状图，列出 1949—2000 年全国卫生人员占全国总人数的比例情况（1949—1985 年全国总人数参考《中华人民共和国人口统计资料汇编》[1]，1990—2000 年全国总人数参照《2002 中国人口》[2]）。从中可以看出，同时期全国卫生人员占全国总人数的比例，也是在 1949—2000 年期间不断上升，在 20 世纪的 60 年代中期—70 年代中期增加速度放缓，70 年代后期以后增速再次加快（见图 15 - 5）。1949—2000 年全国卫生人员（万人）占全国总人数（万人）比例为：

1949 年：54.12/54167 = 0.0999%；

1957 年：125.44/64653 = 0.1940%；

1965 年：187.23/72538 = 0.2581%；

1975 年：259.35/92420 = 0.2806%；

1985 年：431.30/104532 = 0.4126%；

1995 年：537.34/121121 = 0.4436%；

2000 年：558.39/126743 = 0.4406%。

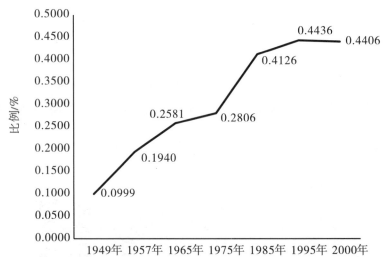

图 15 - 5　1949—2000 年全国卫生人员占全国总人数的比例

　　注：1949—1985 年全国总人数参考《中华人民共和国人口统计资料汇编》[3]，1990—2000 年全国总人数引自《2002 中国人口》[4]。

---

　　① 国家统计局人口统计司、公安部三局：《中华人民共和国人口统计资料汇编》，中国财政经济出版社 1988 年版。

　　② 国家统计局人口和社会科技统计司：《2002 中国人口》，中国统计出版社 2003 年版。

　　③ 国家统计局人口统计司、公安部三局：《中华人民共和国人口统计资料汇编》，中国财政经济出版社 1988 年版。

　　④ 国家统计局人口和社会科技统计司：《2002 中国人口》，中国统计出版社 2003 年版。

将表 15 - 1 的 1949—2000 年全国卫生机构的床位数占相应年份全国总人口数的比例列出，见表 15 - 2、图 15 - 6。

表 15 - 2　1949—2000 年全国卫生机构床位数占全国总人数比例

年份	全国卫生机构床位数占全国总人数比例/%
1949	0.0156
1957	0.0714
1965	0.1424
1975	0.1909
1985	0.2379
1995	0.2593
2000	0.2507

注：1949—1985 年全国总人数参考《中华人民共和国人口统计资料汇编》①，1990—2000 年全国总人数参考《2002 中国人口》②。

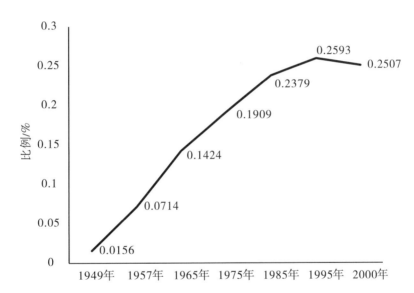

图 15 - 6　1949—2000 年全国卫生机构床位数占全国总人数比例的变化

注：1949—1985 年全国总人数引自《中华人民共和国人口统计资料汇编》③，1990—2000 年全国总人数引自《2002 中国人口》④。

①　国家统计局人口统计司、公安部三局：《中华人民共和国人口统计资料汇编》. 中国财政经济出版社 1988 年版。

②　国家统计局人口和社会科技统计司：《2002 中国人口》，中国统计出版社 2003 年版。

③　国家统计局人口统计司、公安部三局：《中华人民共和国人口统计资料汇编》，中国财政经济出版社 1988 年版。

④　国家统计局人口和社会科技统计司：《2002 中国人口》，中国统计出版社 2003 年版。

其中，中国医院床位数占全国总人数的比例见表 15 - 3。

表 15 - 3　1949—2000 年全国医院床位数占全国总人数比例

年份	全国医院床位数占全国总人数比例/%
1949	0.0148
1957	0.0456
1965	0.0873
1975	0.1058
1985	0.1443
1995	0.1736
2000	0.1741

注：1949—1985 年全国总人数参考《中华人民共和国人口统计资料汇编》[①]，1990—2000 年全国总人数参考《2002 中国人口》[②]。

三、中国现代防疫体系的建立与发展

在 1949 年 11 月 1 日成立的中央人民政府卫生部中，负责卫生防疫的机构是公共卫生局，于 1949 年 12 月成立。1950 年 1 月，政务院颁布《中央人民政府卫生部试行组织条例》，将公共卫生局改为保健防疫局。工作包括：

1）关于急性、慢性传染病之预防及管制事项。

2）关于地方性疾病之预防及管制事项。

3）关于各地传染病医院之管理及改进事项。

4）关于公路、铁路、海港和航空之检疫管理事项。

5）关于生物制品之鉴定及管理事项。

6）关于病理细菌化验及化学分析、检验等事项。

中央人民政府卫生部成立后，陆续在华东、中南、西北、西南 4 个大行政区军政委员会和东北、华北人民政府设立了主管卫生工作的卫生部，负责各区的卫生防疫工作。

1950 年 4 月 14 日，卫生部发出《关于 1950 年医政工作的指示》，对各地提出了恢复与建立卫生机关的要求：防疫保健及医疗机关根据预防为主的方针，有计划地逐步恢复与建立。东北与华北根据需要与可能，应建立一部分县级卫生机关，其他地区则以恢复为重点。有卫生机关的县，如有可能，可重点试行建立区的卫生所。

---

① 国家统计局人口统计司、公安部三局：《中华人民共和国人口统计资料汇编》，中国财政经济出版社 1988 年版。

② 国家统计局人口和社会科技统计司：《2002 中国人口》，中国统计出版社 2003 年版。

1950 年，全国有 88 个卫生防疫队，共有防疫人员 1100 人；有鼠疫防疫队 12 个，防疫人员 1400 人，还有卡介苗接种推广人员 1600 人。各地还有中西医参加的地方防疫队。

1950 年 3 月，卫生部成立中央防疫总队，下设 8 个防疫大队，平时各大队分散活动，协助地方防疫。中央防疫总队属于直属卫生部的专职防疫队伍，其工作原则是：中央建制，中央供给，到什么地方工作，受当地政府领导和指挥。

1950 年 8 月，红十字会也组织了有关防疫医疗的队伍。

1953 年 5 月 26 日，卫生部保健防疫局改名为卫生防疫司，下设 7 个科室。1954 年 11 月 10 日，根据《中华人民共和国国务院组织法》，中央人民政府卫生部改称中华人民共和国卫生部，其中原卫生防疫司的设置不变。卫生防疫司的职能主要包括：

1）关于组织爱国卫生运动工作。

2）关于对烈性传染病和急性传染病的防治、管理和流行病的调查研究工作。

3）关于疫区消毒和预防性的消毒及消灭病媒动物的工作。

4）关于国内国外疫情报告、统计、分析工作。

5）关于寄生虫病研究和防治工作。

6）关于计划、督促有关国境检疫工作。

7）关于生物制品的生产、检定（包括抗生素）、供应和有关医学菌种的保管工作。

8）关于卫生防疫机构的建设计划、人员编制、设备标准及工作的规章制度等审定工作。

9）关于其他卫生防疫工作。

1953 年，中央防疫委员会改称爱国卫生运动委员会并成立办公室，1954 年 10 月 12 日按中央通知与卫生部卫生防疫司合署办公，1957 年和 1960 年又先后成立了血吸虫防治局和北方地方病防治领导小组。

在各省、自治区、直辖市，均于卫生厅（局）内设立卫生防疫处，其主要任务是根据卫生工作的方针、政策、法规，制定实施细则，并检查执行情况，组织经验交流，组织防治和控制当地危害人民健康的严重疾病，组织各项卫生监测和卫生监督工作。

在各县和市辖区在卫生局（科）内设立卫生防疫股（组），主要任务是认真贯彻落实"预防为主"的方针，具体实施卫生防疫工作计划，进行督促检查，组织经验交流。

在农村乡和城市街道卫生院内设卫生防疫组，任务包括开展爱国卫生运动，实施卫生管理，做好疫情报告，传染病管理和预防接种工作。对劳动卫生、食品卫生、学校卫生和环境卫生实施卫生检查、监督指导和开展卫生宣传教育。

从 1953 年开始，一种新的防疫机构——卫生防疫站开始在全国普遍设立。

至 1956 年底，各省、自治区、直辖市及其所属地（市、州）、县（旗），除个别少数民族和边远地区外，都建立了卫生防疫站。铁路及较大的厂矿企业也成立了卫生防疫站。县以下的乡级卫生院也都建立了卫生防疫组。

1978 年，卫生部下设卫生防疫局，局下设防疫处、卫生处、生物制品处等机构。1981 年，卫生防疫局改为卫生防疫司。1988 年，卫生部"三定"方案规定，卫生防疫司的任务是：拟定有关卫生防疫工作的法规、条例并监督实施；制定全国各级卫生防疫机构设置标准和技术标准；负责急性、慢性传染病和寄生虫病的防治控制工作。1981年，中央将北方防治地方病领导小组改为中共中央地方病防治领导小组，在卫生部内成立了地方病防治局，办公室设在内蒙古，同年成立血吸虫病防治局。

中央爱国卫生运动委员会及其办公室亦于1978年4月8日经国务院批准恢复建制，1988年更名为全国爱国卫生运动委员会。

1994年，卫生防疫司改为疾病控制司，其职责是：制订全国重大传染病、寄生虫病及其他严重危害人体健康疾病的防治规划，并实施监测；制定疾病控制的政策与规章制度，并指导实施和进行监督检查；遇有重大疫情和自然灾害，组织全国的技术力量，协助地方政府和有关部门控制疾病的发生、蔓延。①

疾病控制司下设防疫一处、二处、三处，还有计划免疫处、综合计划处、非传染性疾病控制处等。

在地方卫生防疫机构方面，1978年以后，卫生防疫站的工作有了新的发展，1979年，卫生部颁布了《全国卫生防疫站工作条例》。1980年，国家编委和卫生部联合下发《各级卫生防疫站组织编制规定》。卫生部于同年下发《关于加强县卫生防疫站工作的几点意见》。这些规定促进了卫生防疫站的恢复和发展。1982年，卫生部成立了国家预防医学中心（1985年改为预防医学科学院），为全国卫生防疫机构提供业务技术指导。1985年，全国已建立各级、各类卫生防疫站3410个，专业防治所1566个，拥有卫生防疫人员194829人。

卫生部于1980年发布《国境卫生传染病检测试行办法》，规定流行性感冒、疟疾、登革热、脊髓灰质炎等为检测的传染病。次年，卫生部发布《中华人民共和国国境口岸卫生监督办法》。

1986年12月2日，经第六届全国人大常委会第十八次会议审议通过，颁布了《中华人民共和国国境卫生检疫法》，1989年发布了《中华人民共和国国境卫生检疫法实施细则》，以法律、法规的形式规定了卫生检疫机构的职责、检疫对象、主要工作内容、疫情通报、发生疫情时的应急措施以及处理程序。同时，对出入境人员与运输工具检验检疫、物品检疫查验、临时检疫、国际间传染病监测、卫生监督和法律责任也做了相应的规定，《中华人民共和国国境卫生检疫法》发布施行。

1988年5月4日，中华人民共和国卫生检疫总所成立。同年6月26日，卫生部发文确定第一批15个省、自治区、市卫生检疫机构划归卫生部直接领导，至1992年全部上划完毕。1992年，各地卫生检疫所更名为中华人民共和国×××卫生检疫局。1995年，中华人民共和国卫生检疫总所更名为中华人民共和国卫生检疫局。截至1998年，卫生检疫机构由原有的17个检疫所发展到直属国家卫生检疫局的114个国境卫生检疫所，全国从事国境卫生检疫工作的人数达5000多人。

1998年3月，全国人大第九届第一次会议批准了国务院机构改革方案。其中，原国家进出口商品检验局、国家动植物检疫局和国家卫生检疫局合并，组建成国家出入境检验检疫局，并在1998年4月成立。新的国家出入境检验检疫局是主管全国出入境卫

---

① 曹荣柱：《卫生部历史考证》，人民卫生出版社1998年版，第43页。

生检疫、动植物检疫和商品检验的行政执法机构。国家出入境检验检疫局设立于各地的直属局于 1999 年 8 月 10 日挂牌成立。

2001 年 4 月，卫生部下发《关于疾病预防控制体制改革的指导意见》，提出在全国建立疾病预防控制机构系统。疾病预防控制机构按行政区划分级设置。国家设立中国疾病预防控制中心，省（自治区、直辖市）、市（地区、自治州、盟等）分别设立相应的疾病预防控制中心，县（市、旗、区等）则设立疾病预防控制中心（或预防保健中心、卫生防疫站）。疾病预防控制工作亦要纳入社区（乡镇）卫生服务。

2002 年，卫生部批复成立中国疾病预防控制中心，此中心以中国预防医学科学院为基础组建，其职责包括拟订并实施全国重大疾病预防控制和重点公共卫生服务工作计划及实施方案，指导建立国家公共卫生监测系统，参与和指导地方处理重大疫情及突发公共卫生事件，建立和完善国家级疾病预防控制和公共卫生信息网络等。中国疾控中心下设 18 个专业所（中心）：传染病预防控制所、病毒病预防控制所、寄生虫病预防控制所、性病艾滋病预防控制中心、慢性非传染性疾病预防控制中心、营养与食品安全所、环境与健康相关产品安全所、职业卫生与中毒控制所、辐射防护与核安全医学所（卫生部核事故应急中心）、农村改水技术指导中心、健康教育所、妇幼保健中心、公共卫生政策研究办公室、公共卫生监测与信息服务中心、免疫规划中心、结核病预防控制中心、疾病控制与应急处理办公室、公共卫生管理处。

四、中国现代医学教育

中华人民共和国成立后，重构了医学教育体系，医学教育有着自身特色，并逐步形成了一个多层次、多专业、多形式的医学教育体系。

（一）医学教育体系的重构及沿革

中华人民共和国成立后，政府接管了所有医药院校，并对原院校的结构和布局进行了调整。国家在 20 世纪 50 年代前期进行全国性的院系调整，并充实师资，增加设备，扩大办学规模；1953—1957 年，全面系统地进行教学制度、内容、方法、组织管理等方面的改革，统一各级各类医学教育的培养目标、教学计划和教学大纲。1957 年，全国高等医药院校的专业设置发展到 6 类，中等卫生学校的专业发展到 11 类；制定和编写了高等、中等医学教育的教学大纲 140 余类，教材 145 种；建立了大批教研室、研究室和实验室，扩建与新建了一批附属医院。1958 年，医药院校的数量空前增加，全国除西藏外，每个省、自治区、直辖市都有一到数所医学院校，但教学质量有所下降。1962 年全国高等医药院校已有 50 所、中医学院 18 所，医学专科学校 15 所，中等卫生学校 229 所。学校结构逐渐完备，规模基本稳定，学制渐趋统一。在"文化大革命"期间，医学教育受到重创。"文化大革命"结束后，医学教育得到恢复并有了新的发展。1978 年 9 月，根据《全国重点高等学校暂行工作条例》，确定了全国重点医学院校。1978 年，医学院校恢复了研究生制度，并开始向国外派遣留学人员，包括访问学者、进修人员、研究生和本科生。1979 年起，开始招收外国留学生。1981 年，根据学位条例，正式授予高等医药院校的硕士和博士学位。1999 年，中国高校开始扩招。

中国在发展普通医学教育的同时，亦发展成人医学教育和继续医学教育。从 1982 年起，中国陆续建立了 7 个卫生干部培训中心。从 1984 年起，各省份陆续建立了职工医学院，全国各县都建立了县级卫生进修（职工中专）学校。

中华人民共和国成立之初，中国的高等院校采取统一的办学模式，参照苏联的教育模式办校。在中国的高等教育领域，系统地移植了苏联的教育模式，比照苏式高等教育集权管理、国有化体制和高度分工的专门教育体系来构筑中国高等教育制度，而且以此在 20 世纪 50 年代初制定并实施全国高等学校的调整方案。于是，全国除保留少数文理科综合大学外，皆按相同专业合并建立独立性高校，医学院校也都是单独设立。如将在广州的中山大学医学院和岭南大学医学院于 1953 年合并成为华南医学院，一年后又将广东光华医学院并入华南医学院。

中华人民共和国成立初期，其医学教育体系是参照苏联医学教育模式重构的。苏联的医学教育模式对中国现代医学教育体系的影响非常深刻。苏联的医学教育实行中央集中领导下的管理体制，接受中央统一指导。这一教育体制在沙皇时代就已现轮廓，俄国向来均无兴办私立大学，大学国有为俄国教育管理体制的一大特征。十月革命以后，大大强化了这一管理体制。20 世纪 30 年代，苏联高等教育系统实行分专业由各专业部与教育部双重领导的体制。医学系从大学独立出来，成为独立的医学院，并归保健人民委员部主管。全国实行统一的课程计划和教学大纲。在医学教育领域内进一步实行专业化教育，医学院分设医学、卫生和妇幼保健 3 个系，学制一律定为 4 年，以便同卫生系统按医疗预防、卫生防疫和妇幼保健划分的卫生服务体制相一致。从 1934 年开始把医学院的学制延长至 5 年，到了 1945 年，学制进一步延长至 6 年。苏联的中等医学教育是在完成 8 年制或 10 年制普通教育后进行，中等卫生学校实行专科化培训，专业通常分设医士、护士、儿科护士、助产士、医士助产士、公共卫生医士、牙科医士和实验室技士等。学制一般为 3 年，如若只完成 8 年制普通教育者则学制为 4 年。

20 世纪 50 年代，中国医学教育参照苏联医学教育的分科体制，采取了分科重点制，并增办了两年制专修科。将高等医药院校的专业设置为医疗（后称临床医学）、口腔、儿科、卫生、药学、中医、中药 7 种。初期大多数医药院校采用自编教材，少数院校使用翻译过来的外国教材。1954 年提出学习苏联模式，翻译了 52 种苏联教材，1956 年在这些苏联教材的基础上，国家开始组织编写高、中等医药院校的各科教材，制订统一的教学计划和大纲，1959 年决定编写专科使用教材，1964 年全国共编写出版了高、中级各科试用教材及实验实习指导和教学参考书总计 206 种，至此有了一套完整的医学教育统编教材。

1957 年 9 月，卫生部召开的高等医学院院长会议，确定了中国医学教育的学制，医学专业为 5 年，少数是 6 年，北京医学院、上海第一医学院、中山医学院改为 6 年制。不久四川医学院也被批准改为 6 年制。中国首都医科大学定为 8 年制，其他院校均为 5 年制。医学专科学校为 3 年制。儿科、卫生、口腔专业为 5 年制，少数为 6 年。中医学专业为 5 年，少数为 6 年。中药、药学专业为 4 年，少数为 5 年。1966—1970 年高等医学院校 4 年没有招生，1971 年开始正式招收药学和医学两个专业的工农兵学员。1978 年后，高等医学教育学制方面已经进行数次改革和调整，中国高等医学教育的学制一般为 5 年和 3 年，部分高校为 7 年制及 8 年制。1988 年在部分医学院校开始实施长学制，设置了 7 年制高等医药教育，将学制进一步规范为 3 年制、5 年制、7 年制。到 2002 年，全国共有 50 余所医学院开办 7 年制高等医学教育。在执行中，还有少数医学院校有 8 年制的医学教育。后来，有一些院校被批准试办 8 年制医学教育。

1954 年卫生部规定了中等医药学院的学制，招收初中毕业的学生，医士助产士学制为三年半，医士、护士、助产士、检验士、药剂士、卫生医士、保育护士学制为 3 年，有的县办中等医药学校的学制可以稍短于上述规定。但助产士学制不应少于 4 年，医士学制不应少于两年半，其他学制不应少于 2 年。1963 年卫生部将医士、卫生、助产士的学制延长至 4 年，其他学制为 3 年。1980 年 9 月卫生部又颁发《关于调整中等卫生学校学制和专业设置的意见》，规定了中等卫生学校的学制，招收初中毕业生的一般为 4 年，有的专业仍保持 3 年，招收高中毕业生的一般为 3 年。

（二）医学教育概略

此外，笔者参考《中国卫生年鉴》将中华人民共和国成立后至 20 世纪结束之间几个历史节点的中国医学教育概况列出（表 15－4）。

表 15－4　1949—2000 年全国高中等医药院校数及在校学生、招生数①

年份	1949	1957	1965	1975	1985	1990	1995	2000
高等医药院、校（所）	22	37	92	88	116	122	126	100
在校学生数（人）	15234	49107	82861	86336	157388	201789	256003	422869
招生数（人）	—	9861	20044	34932	42919	46772	65695	149928
其中：中医学院数（所）		5	21	17	24	31	30	—
在校学生数（人）		1020	10155	13538	28450	34048	39786	
中等医药学校（所）	—	182	298	480	515	563	551	489
在校学生数（人）	15387	81079	88972	139113	220963	306405	402319	568101
招生数（人）	—	19373	36604	66890	87925	91818	133357	178810

注：①在校学生数和招生数：包括医药院校和其他院校医药专业学生数，②中医学院是 1956 年开始建立。

---

① 刘新明、刘益清：《中国卫生年鉴》，人民卫生出版社 2001 年版，第 499 页。

图 15 – 7 为根据表 15 – 4 数据制作的柱状图。

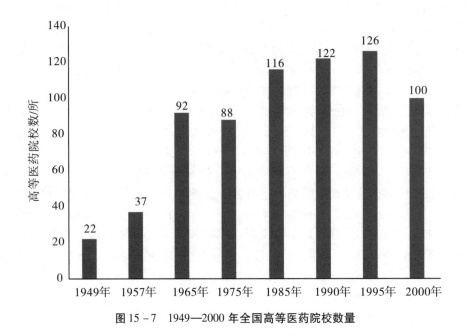

图 15 – 7   1949—2000 年全国高等医药院校数量

根据表 15 – 4 的 1949—2000 年全国高等医药院校的在校学生数与全国总人口数的比例关系，列出表 15 – 5。

表 15 – 5   1949—2000 年全国高等医药院校每年在校学生占全国总人数的比例

年份	全国高等医药院校每年在校学生占全国总人数的比例/‰
1949	0. 0281
1957	0. 0760
1965	0. 1142
1975	0. 0934
1985	0. 1506
1995	0. 2114
2000	0. 3336

注：1949—1985 年全国总人数参考《中华人民共和国人口统计资料汇编》①，1990—2000 年全国总人数参考《2002 中国人口》②。

---

① 国家统计局人口统计司、公安部三局：《中华人民共和国人口统计资料汇编》，中国财政经济出版社 1988 年版。

② 国家统计局人口和社会科技统计司：《2002 中国人口》，中国统计出版社 2003 年版。

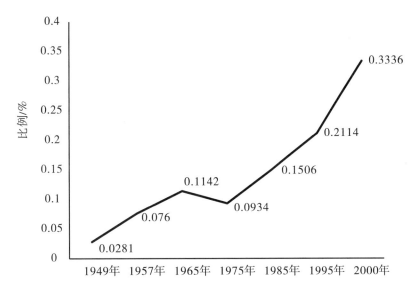

图 15 - 8　1949—2000 年全国高等医药院校在校学生占全国总人数的比例

注：1949—1985 年全国总人数参考《中华人民共和国人口统计资料汇编》①，1990—2000 年全国总人数参考《2002 中国人口》②。

　　1949—2000 年全国高等医药院校的招生人数与全国总人口数的比例关系列为表 15 - 6。

表 15 - 6　1949—2000 年全国高等医药院校招生人数占全国总人数比例

年份	全国高等医药院校招生人数占全国总人数比例/‰
1949	—
1957	0.0153
1965	0.0276
1975	0.0378
1985	0.0411
1995	0.0542
2000	0.1183

注：1949—1985 年全国总人数参考《中华人民共和国人口统计资料汇编》③，1990—2000 年全国总人数参考《2002 中国人口》④。

① 国家统计局人口统计司、公安部三局：《中华人民共和国人口统计资料汇编》，中国财政经济出版社 1988 年版。

② 国家统计局人口和社会科技统计司：《2002 中国人口》，中国统计出版社 2003 年版。

③ 国家统计局人口统计司、公安部三局：《中华人民共和国人口统计资料汇编》，中国财政经济出版社 1988 年版。

④ 国家统计局人口和社会科技统计司：《2002 中国人口》，中国统计出版社 2003 年版。

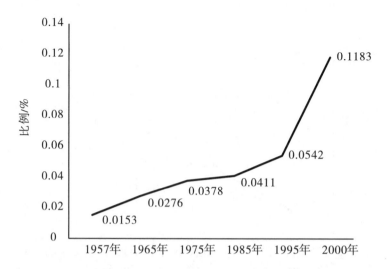

图 15 - 9　1957—2000 年全国高等医药院校招生人数占全国总人数比例变化

注：1957—1985 年全国总人数参考《中华人民共和国人口统计资料汇编》①，1990—2000 年全国总人数参考《2002 中国人口》②。

五、中国医学科学研究

中华人民共和国成立后，新建了从中央到地方的一批医学研究机构。其中，全国性最高学术机构有中国医学科学院、中国预防医学科学院及中国中医研究院等。在科技部设有医药卫生类专业组和学科组，在卫生部设有各类医学科学委员会，还设有各类医学科学研究咨询机构。综合性大学设置的医药院校和独立设置的医药院校，这是中国医学研究体系的重要组成部分，集结了中国医疗卫生系统约 50% 的具有高级职称的专家、学者。

此处参考《中国卫生年鉴》，将中华人民共和国成立后至 20 世纪结束期间几个历史节点的中国医学科研概况列出（见表 15 - 7）。

表 15 - 7　1947—2000 年全国医学科学研究所机构、人员数③

年份	1947	1957	1963	1975	1985	1990	1995	2000
机构数（个）	4	38	120	141	323	337	427	405

①　国家统计局人口统计司、公安部三局：《中华人民共和国人口统计资料汇编》，中国财政经济出版社 1988 年版。

②　国家统计局人口和社会科技统计司：《2002 中国人口》，中国统计出版社 2003 年版。

③　刘新明、刘益清：《中国卫生年鉴》，人民卫生出版社 2001 年版，第 462 页。

（续上表）

年份	1947	1957	1963	1975	1985	1990	1995	2000
总人员	300	4512	8250	12389	33434	38717	38326	29688
科技人员	—	4299	5770	8140	23392	28606	27617	21646
卫生技术人员	—	—	—	6033	19628	23308	21378	15898
其他技术人员	—	—	—	2107	3764	5298	6239	5748
平均每院（所）								
人员数	75.0	118.7	68.8	87.8	103.5	114.9	89.8	73.3
科技人员	—	113.1	48.1	57.7	72.4	84.9	64.7	53.4
卫生技术人员	—	—	—	42.8	60.8	69.2	50.1	39.3
其他技术人员	—	—	—	14.9	11.7	15.7	14.6	14.2

注：1947 年 4 个科学研究机构系指设在南京的中央卫生实验院和设在北京、沈阳、兰州 3 个中央卫生实验分院。

根据表 15 - 7 的 1947—2000 年全国医学科学研究所机构数列出的柱状图（见图 15 - 10）。

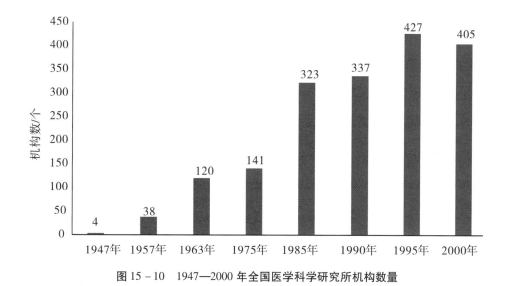

图 15 - 10　1947—2000 年全国医学科学研究所机构数量

根据表 15 - 7 的 1947—2000 年全国医学科学研究所总人员数列出的柱状图（见图 15 - 11）。

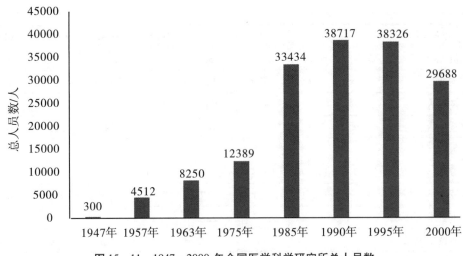

图 15 - 11　1947—2000 年全国医学科学研究所总人员数

根据表 15 - 7 的 1957—2000 年全国医学科学研究所科技人员数列出的柱状图（见图 15 - 12）。

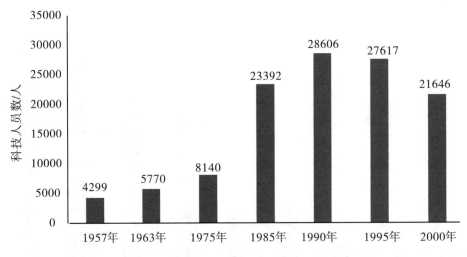

图 15 - 12　1957—2000 年全国医学科学研究所科技人员数

1957—2000 年全国医学科学研究所科技人员数与全国总人口数的比例关系列为表 15 - 8。

表 15 - 8　1957—2000 年全国医学科技人员数占全国总人数的比例

年份	全国医学科技人员数占全国总人数的比例/‰
1957	0.0665
1963	0.0834

（续上表）

年份	全国医学科技人员数占全国总人数的比例/‰
1975	0.0881
1985	0.2238
1990	0.2502
1995	0.2280
2000	0.1708

注：1957—1985 年全国医总人数参考《中华人民共和国人口统计资料汇编》[1]，1990—2000 年全国总人数参考《2002 中国人口》[2]。

根据表 15 - 8 的 1957—2000 年全国医学科技人员数占全国总人数的比例做出图15 - 13。

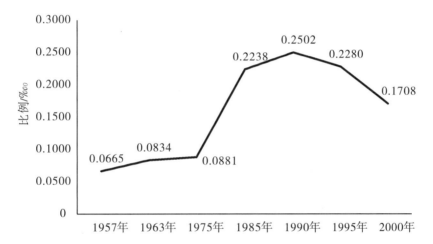

图 15 - 13　1957—2000 年全国医学科技人员数占全国总人数的比例

注：1957—1985 年全国总人数参考《中华人民共和国人口统计资料汇编》[3]，1990—2000 年全国总人数参考《2002 中国人口》[4]。

---

① 国家统计局人口统计司、公安部三局：《中华人民共和国人口统计资料汇编》，中国财政经济出版社 1988 年版。

② 国家统计局人口和社会科技统计司：《2002 中国人口》，中国统计出版社 2003 年版。

③ 国家统计局人口统计司、公安部三局：《中华人民共和国人口统计资料汇编》，中国财政经济出版社 1988 年版。

④ 国家统计局人口和社会科技统计司：《2002 中国人口》，中国统计出版社 2003 年版。

六、现代中医药学

现代的中医药学在临床诊疗技术和中药技术等方面有重大发展。

（一）中医药技术人员与机构的迅速增加

中华人民共和国成立后，大量的中医药技术人员被分配到医疗、教学、科研、管理机构工作，兴办中医院，培养了大批中医药技术人员，并对大批在职中医师进行了培训。至2000 年，中医师 259988 人、中西医结合高级医师 13139 人、中药师 89041 人、中医士65976 人、中药剂士 46973 人、中药剂员 11192 人。中医医疗机构：县及县以上中医医院2461 间、高等中医药院校附属医院 42 间、中西医结合医院 63 间。（见表15 – 9）

表15 – 9　2000 年全国中医药人员、机构、床位数

类别	情况	单位	数字	合计
中医药卫生技术人员	中医师	人	259988	506075
	中西医结合高级医师	人	13139	
	中药师	人	89041	
	中医士	人	65976	
	中药剂士	人	46973	
	中药剂员	人	11192	
	其他中医	人	19766	
中医医疗机构	县及县以上中医医院	个	2461	2975
	高等中医药院校附属医院	个	42	
	中西医结合医院	个	63	
	中医门诊部（所）	个	321	
	其他中医院	个	88	
中医药研究机构	研究所一级（独立）	个	60	60
中医床位	县及县以上中医医院	张	238562	274502
	高等中医药院校附属医院	张	18030	
	中西医结合医院	张	11978	
	中医药研究院（所）	张	2058	
	中医门诊部（所）	张	1213	
	其他中医院	张	2661	

（二）中医临床诊疗技术与中药技术的新发展

1. 中医临床诊疗技术的重大发展

1）中医诊断技术的客观化。这是现代中医诊断学发展的一个重大标志。各种中医脉象仪相继出现，灵敏度、精确度亦不断提高。有用病理切片研究舌象，对解释各种舌象的形成机理有参考价值。电子显微镜技术和血液流变学也被引入舌象的观察研究。还有学者应用纤维胃镜来研究舌质与胃部疾病的关系，应用体外血栓仪诊断血瘀证和进行活血化瘀的研究，应用电子元器件构成的逻辑线路制成模拟式中医辨证机。

2）中医治疗技术获得了较大进展。如白内障针拨套出术的成功应用，使几乎失传的"金针拨障术"这一中医眼科的传统手术得以传承发展。用五倍子提取物等制成的"消痔灵"注射液治疗内痔，取得较好疗效；内痔吸引套扎器的研制，为无痛治疗痔核提供了新手段，丰富与发展了中医学对肛肠疾病的治疗技术与经验。有学者依据中医活血化瘀的治则，研制出"605"药剂，对治疗硬皮病、血栓闭塞性血管炎有一定疗效，对皮肤烧伤瘢痕的治疗也有较好效果。还有学者根据明代陈实功《外科正宗》中"三品一条枪"处方，按古法炼丹术煅制成"三品"的饼、杆剂型，用于早期宫颈癌的治疗。各种中医治疗仪器也得到迅速发展，如针刺治疗仪、真空治疗仪等，为中医治疗开拓了新的领域。

3）计算机中医诊疗程序得到研制和应用。计算机技术还应用于中医古籍整理、中医教学等领域。

2. 中药剂型在传统剂型的基础上不断改进提高

1）引入了西药剂型，如片剂、胶囊、橡皮膏、注射剂和大输液等。
2）根据中药特点创制出新剂型，如冲剂、袋泡剂、口服安瓿剂和雾化剂等。
剂型的改进对促进中成药的发展具有重要意义，为中药治疗急症开辟了新的途径。

（三）中医药学术机构和中医药团体

1950 年，北京中医学会成立。1955 年，《中医杂志》创刊。1955 年，成立了中医研究院（1985 年更名为中国中医研究院）。1965 年，国家科学委员会中医中药专业组成立。1979 年，中华全国中医学会成立，于 1988 年更名为中华全国中医药学会，这是中国最大的全国性中医药学术团体。1981 年，中国中西医结合学会成立。1982 年，中国针灸学会成立。

第十六章 现代非洲和拉丁美洲社会中的传统医学

当世界进入近现代社会，东方的非洲和拉丁美洲开始其现代化的历程，非洲和拉丁美洲各国医疗亦开始其由传统向现代的转型，此时期这些国家地区的传统医学仍发挥着作用。

一、非洲的传统医学

非洲传统医学历史悠久，当地的许多国家均有自身的传统医药。现代非洲大陆的大多数人仍在使用传统医药进行治疗，当地的传统医药在保护当地人身体健康方面发挥了很大作用。现今多数的非洲国家通常是传统草药医生、巫医与现代医疗并存，以现代医学为主导。城市医院多是依靠聘用外籍医师负责治疗，然而在广大的乡间、林牧地和矿区主要还是依靠巫医进行诊治，依靠当地传统草药医生开展治疗亦较为普遍，不过这类草药医师没有掌握系统的医学知识。

非洲传统医学，把宗教的概念与民间医生所掌握的有关病因、分类、诊断治疗以及对人体解剖和生理知识混合在一起，对于一些药材亦有一套炮制和应用的技术，皆以非洲的社会文化和宗教的基本原则为基础，并且通过口头相传以传承延续。非洲的传统医学医生采取的医疗方式常常是宗教仪式，或占卜，或与草药混合使用。语言的作用在非洲传统医学中有重要地位，这是非洲传统医学的一种特色，如引起声波的"咒语"和使人产生幻觉的鼓声均为重要的医学手段。非洲的许多国家在长期生活中积累了不少使用本地草药治疗疾病的经验。非洲草药能够通过一些方法用于人体的各个部位，剂型包括口服剂、灌肠剂、吸入烟气、阴道制剂、经尿道给药的液体制剂、皮肤制剂，还有用于眼、耳、鼻的洗剂与滴剂。

二、拉丁美洲的传统医学

拉丁美洲的传统医学具有悠久的历史。当地的自然条件优越，气候潮湿，雨量充足，植物资源丰富，草药有 5000 余种。以墨西哥为例，这里是美洲大陆印第安人古文明中心之一，玛雅文明、托尔特克文明和阿兹台克文明均由墨西哥古印第安人创造，有包括医药文化在内的丰富传统文化。这里地处热带，雨量充沛，有草药2500种，大部分为南美热带植物。占墨西哥总人口10%的印第安人，仍然采用传承下来的传统医药，利用天然植物、动物和矿物防治疾病。虽然传统医药在城市及富有阶层的人中不被重视，然而在印第安人居住区以及经济水平不高的人群中使用传统医药者仍然较为普遍。墨西哥国家卫生部卫生计划与发展司下设传统医学处，负责传统医学管理、政策制定、科研培训和传统医药运用等工作。墨西哥的瓦哈卡及恰帕斯州卫生部门设有传统医学管理机构，这是因为两个州的印第安人数量比较多。

参 考 文 献

[1] 北京中医学院. 中国医学史：中医专业用［M］.上海：上海科学技术出版社，1978.

[2] 波特. 极简医学史［M］.王道还，译. 北京：清华大学出版社，2016.

[3] 伯恩特·卡尔格－德克尔. 医药文化史［M］.北京：生活·读书·新知三联书店，2019.

[4] 查时杰. 马礼逊与广州十三夷馆［M］.桂林：广西师范大学出版社，2010.

[5] 陈新谦，张天禄. 中国近代药学史［M］.北京：人民卫生出版社，1992.

[6] 程之范. 中外医学史［M］.北京：北京医科大学，中国协和医科大学联合出版社，1997.

[7] 邓铁涛，程之范. 中国医学通史：近代卷［M］.北京：人民卫生出版社，1999.

[8] 邓铁涛. 中国防疫史［M］.南宁：广西科学技术出版社，2006.

[9] 范行准. 明季西洋传入之医学［M］.上海：上海世纪出版集团，上海人民出版社，2012.

[10] 范行准. 中国医学史略［M］.北京：中医古籍出版社，1986.

[11] 费赖之. 在华耶稣会士列传及书目［M］.冯承钧，译. 北京：中华书局，1995.

[12] 傅维康. 中国医学史［M］.上海：上海中医学院出版社，1990.

[13] 广东省地方史志办. 广东省志·卫生志［M］.广州：广东人民出版社，2003.

[14] 国家教育委员会. 中国名校［M］.北京：外文出版社，1995.

[15] 亨特. 广州"番鬼"录［M］.冯树铁，译. 广州：广东人民出版社，1993.

[16] 黄佛颐，广州城坊志［M］.广州：广东人民出版社，1994.

[17] 季啸风. 中国高等学校变迁［M］.上海：华东师范大学出版社，1992.

[18] 嘉惠霖，琼斯. 博济医院百年［M］.沈正邦，译. 广州：广东人民出版社，2009.

[19] 教育部发展规划司. 中国教育统计年鉴［M］.北京：人民教育出版社，2008.

[20] 杰克·戈德斯通. 为什么是欧洲？世界史视角下的西方崛起 1500－1850［M］.关永强，译. 杭州：浙江大学出版社，2010.

[21] 卡斯蒂廖尼. 医学史［M］.程之范，译，桂林：广西师范大学出版社，2003.

[22] 凯特·凯利. 科学革命和医学：1450—1700.［M］.王中立，译，上海：上海科学技术文献出版社，2015.

[23] 克尔·瓦丁顿. 欧洲医疗五百年［M］.李尚仁，译. 台湾：左岸文化出版社，2014.

[24] 肯尼斯·卡尔曼. 卡尔曼医学教育史［M］.管远志，译. 北京：中国协和医科大学出版社，2014.

[25] 李经纬，程之范. 中国医学百科全书：医学史.［M］.上海：上海科学技术出版

社，1987.

[26] 李经纬．中医史［M］.海口：海南出版社，2007.

[27] 李尚仁．帝国与现代医学［M］.北京：中华书局，2012.

[28] 李廷安．中外医学史概论［M］.上海：商务印书馆，1947.

[29] 李文波．中国传染病史料［M］.北京：化学工业出版社，2004.

[30] 李志刚．基督教早期在华传教史［M］.台北：台湾商务印书馆，1985.

[31] 李志平，张福利，刘武顺，等．中西医学史［M］.北京：人民卫生出版社，1999.

[32] 梁永宣．中国医学史［M］.北京：人民卫生出版社，2012.

[33] 刘明翰，朱龙华，李长龙．欧洲文艺复兴史：总论卷［M］.北京：人民出版社，2010.

[34] 罗伯特．玛格塔：医学的历史［M］.李坡，译．太原：希望出版社，2003.

[35] 罗伊·波特，等．剑桥医学史［M］.张大庆，等，译．长春：吉林人民出版社，2000.

[36] 洛伊斯·N.玛格纳．医学史［M］.2版．刘学礼，译，上海：上海人民出版社，2017.

[37] 玛丽·道布森．医学图文史：改变人类历史的7000年［M］.苏静静，译．北京：金城出版社，2016.

[38] 孟君，张大庆．大众医学史［M］.济南：山东科学技术出版社，2015.

[39] 王吉民，伍连德．中国医史［M］.天津：天津印字馆，1931.

[40] 王振国，张大庆．中外医学史［M］.2版．北京：中国中医药出版社，2013.

[41] 吴志良，汤开建，金国平．澳门编年史［M］.广州：广东人民出版社，2009.

[42] 薛公绰．世界医学史概要［M］.北京：学苑出版社，1995.

[43] 余前春．西方医学史［M］.北京：人民卫生出版社，2009.

[44] 余前春．西方医学史［M］.北京：人民卫生出版社，2009.

[45]《中国卫生年鉴》编辑委员会．中国卫生年鉴［M］.北京：人民卫生出版社，2008.

[46]《中国教育年鉴》编辑部．中国教育年鉴［M］.北京：人民教育出版社，2005

[47] 张大庆．医学史［M］.2版．北京：北京大学医学出版社，2013.

[48] 张大庆．医学史十五讲［M］.北京：北京大学出版社，2007.

[49] 张孙彪．中国近代医学社会史探微［M］.厦门：厦门大学出版社，2016.

[50] 张友元．简明中外医学史［M］.广州：广东高等教育出版社，2009.

[51] 甄志亚．中国医学史［M］.北京：人民卫生出版社，1991.

[52] 中华人民共和国卫生部．中国卫生统计年鉴［M］.北京：中国协和医科大学出版社，2008.

[53] 朱潮．中外医学教育史［M］.上海：上海医科大学出版社，1988.

[54] 朱建平，黄健．医学史话［M］.北京：社会科学文献出版社，2012.

[55] Bowers, J Z. Western medicine in a Chinese Palace：Peking Union Medical College, 1917 – 1951［M］.Philadelphia：The Josiah Macy, Jr. Foundation, 1972.